Rüdiger von Hülst · Sven Tischendorf
Der GmbH-Geschäftsführer von A–Z

Rüdiger von Hülst
Sven Tischendorf

Der GmbH-Geschäftsführer von A–Z

Alle wichtigen Rechtsfragen praxisnah aufbereitet – mit Tipps für die Vertragsgestaltung

3., aktualisierte und überarbeitete Auflage

Lexika Verlag®

Die Deutsche Bibliothek – CIP-Einheitsaufnahme

Ein Titeldatensatz für diese Publikation ist bei
Der Deutschen Bibliothek erhältlich.

Lexika Verlag erscheint im Robert Krick Verlag GmbH + Co. KG, Eibelstadt

Druck: Schleunung Druck, Marktheidenfeld
Printed in Germany
ISBN 978-3-89694-443-6

Vorwort

Die Rechtsform der Gesellschaft mit beschränkter Haftung (GmbH) hat eine „Generalüberholung“ erhalten. Branchenkenner hatten die GmbH für Deutschland bereits tot- und einen Siegeszug der englischen Limited vorhergesagt. Unkomplizierte und rasche Gesellschaftsgründungen für einen Euro sollten so möglich sein. Doch frei nach Shakespeares „Viel Lärm um nichts“ ist die Limited schnell wieder von der Bildfläche verschwunden. Denn: Der Gesetzgeber hatte reagiert und die Rechtsform der GmbH durch das Gesetz zur Modernisierung des GmbH-Rechts und zur Bekämpfung von Missbräuchen (MoMiG) sowie flankierend mit Wirkung ab dem 1. Januar 2009 erneut deutlich verringerten Körperschaftssätzen (gerade) für den deutschen Mittelstand wieder besonders attraktiv gemacht.

Ein Hauptanliegen der GmbH-Novelle, die seit 1. November 2008 in Kraft ist, besteht in der Erleichterung und Beschleunigung von Unternehmensgründungen. Verwirklicht wird dies unter anderem durch geringere Anforderungen an die Gründungsformalien sowie das aufzubringende Gründungsstammkapital. Damit einher gehen wesentliche Änderungen zu Haftungsfragen und insolvenzrechtlichen Thematiken.

Dies war der Anlass für uns, die Autoren, die nun mittlerweile 3. Auflage dieses sehr erfolgreichen Buchs komplett zu überarbeiten. Denn mit der Einführung des MoMiG gehen umfangreiche Änderungen des gesamten GmbH-Rechts einher. Es ist daher wichtig, für Geschäftsführer und Gesellschafter einer GmbH, sich auf den neuesten Stand zu bringen. In bewährter Weise – aufbauend auf eine Vielzahl praxisrelevanter Situationen - geben wir Ihnen einen Leitfaden an die Hand, mit dem die wichtigsten Rechtsfragen der Geschäftsführerposition sowie der Neuerungen der GmbH im Rechtsverkehr leicht verständlich und kompetent für Sie aufbereitet werden.

Ziel dieses Buches ist es, Gesellschaftern und Geschäftsführern einer GmbH einen leicht verständlichen Leitfaden an die Hand zu geben, mit dem sie die wichtigsten Rechtsfragen der Geschäftsführerposition selbst klären können, der Tipps für die Gestaltung des Geschäftsführervertrages vermittelt und durch den sie im Übrigen das notwendige Problembewusstsein für rechtliche Risiken der Geschäftsführerposition erwerben.

Wir, die Autoren, sind beide Rechtsanwälte und Partner angesehener deutscher bzw. internationaler Wirtschaftskanzleien (www.ac-tischendorf.com / www.klgates.com) und arbeiten schwerpunktmäßig für Unternehmen aller Größenordnungen und Branchen sowie deren Gesellschafter und Führungen an der Schnittstelle zwischen dem Gesellschafts-, Arbeits- und Steuerrecht – eben denjenigen Rechtsgebieten, die das rechtliche Umfeld des GmbH-Geschäftsführers bilden.

Besonderer Dank gebührt den Anwälten der Kanzlei AC · Tischendorf Faust et Partner sowie Herrn Dr. Uwe Lieschke aus dem Berliner Büro der Kanzlei K&L Gates für die tatkräftige Mithilfe bei der Erstellung dieses Werkes.

Frankfurt am Main und Berlin, im April 2009,
Sven Tischendorf und Rüdiger von Hülst

Abkürzungsverzeichnis

AbfG	Abfallgesetz
a.F.	alte Fassung
AktG	Aktiengesetz
AO	Abgabenordnung
ArbGG	Arbeitsgerichtsgesetz
ArbNErfG	Arbeitnehmererfindungsgesetz
BAG	Bundesarbeitsgericht
BetrAVG	Gesetz zur Verbesserung der betrieblichen Altersversorgung
BetrVG	Betriebsverfassungsgesetz
BFH	Bundesfinanzhof
BGB	Bürgerliches Gesetzbuch
BGH	Bundesgerichtshof
BGHZ	Bundesgerichtshof in Zivilsachen
BImSchG	Bundes-Immissionsschutzgesetz
BMF	Bundesministerium der Finanzen
BSG	Bundessozialgericht
BUrlG	Bundesurlaubsgesetz
DB	Der Betrieb
d.h.	das heißt
DrittelbG	Gesetz über die Drittbeteiligung der Arbeitnehmer im Aufsichtsrat
DStR	Deutsches Steuerrecht
EGInsO	Einführungsgesetz zur Insolvenzordnung
EHUG	Gesetz über elektronische Handelsregister und Genossenschaftsregister sowie das Unternehmensregister
EStG	Einkommensteuergesetz
FGG	Gesetz über die Angelegenheiten der freiwilligen Gerichtsbarkeit
FMStG	Finanzmarktstabilisierungsgesetz
GbR	Gesellschaft bürgerlichen Rechts
gem.	gemäß
GG	Grundgesetz
GmbH	Gesellschaft mit beschränkter Haftung
GmbHG	GmbH-Gesetz
GmbHR	GmbH-Rundschau
GeschMG	Geschmacksmustergesetz
ggf.	gegebenenfalls
grds.	grundsätzlich
GrEStG	Grunderwerbssteuergesetz
GWB	Gesetz gegen Wettbewerbsbeschränkungen
h.M.	herrschende Meinung

HGB	Handelsgesetzbuch
i. L.	in Liquidation
i. S. d.	im Sinnes des
i. V. m.	in Verbindung mit
InsO	Insolvenzordnung
KG	Kommanditgesellschaft
KSchG	Kündigungsschutzgesetz
KStG	Körperschaftsteuergesetz
LG	Landgericht
LStDV	Lohnsteuerdurchführungsverordnung
MarkenG	Markengesetz
MitBestErG	Mitbestimmungsergänzungsgesetz
MitBestG	Mitbestimmungsgesetz
MoMiG	Gesetz zur Modernisierung des GmbH-Rechts und zur Bekämpfung von Missbräuchen
MontanMitBestG	Montan-Mitbestimmungsgesetz
n. F.	neue Fassung
NJW	Neue Juristische Wirtschaft
NZA	Neue Zeitschrift für Arbeitsrecht
NZG	Neue Zeitschrift für Gesellschaftsrecht
OHG	offene Handelsgesellschaft
OLG	Oberlandesgericht
p. a.	per anno/pro Jahr
SEStEG	Gesetz über steuerliche Begleitmaßnahmen zur Einführung der Europäischen Gesellschaft und zur Änderung weiterer steuerrechtlicher Vorschriften
SGB	Sozialgesetzbuch
sog.	so genannt
StGB	Strafgesetzbuch
StPO	Strafprozessordnung
u. a.	unter anderem
u. U.	unter Umständen
UG	Unternehmergesellschaft
UmwG	Umwandlungsgesetz
UmwStG	Umwandlungssteuergesetz
UStG	Umsatzsteuergesetz
UWG	Gesetz gegen den Unlauteren Wettbewerb
vGA	verdeckte Gewinnausschüttung
WHG	Wasserhaushaltsgesetz
z. B.	zum Beispiel
ZIP	Zeitschrift für Wirtschaftsrecht
ZPO	Zivilprozessordnung

A

Abberufung des Geschäftsführers

1. Überblick

Der Geschäftsführer kann jederzeit ohne das Vorliegen oder die Angabe von Gründen von seinem Amt abberufen werden (*§ 38 I GmbHG*). Die Abberufung hat keine unmittelbaren Auswirkungen auf den Bestand des Anstellungsvertrages, außer wenn gleichzeitig die außerordentliche Kündigung dieses Vertrags erklärt wird und dieser aus wichtigem Grund fristlos kündbar ist.

2. Einzelfragen

- **Zuständigkeit:** Für die Abberufung ist das Organ zuständig, welches den Geschäftsführer bestellt hat. Üblicherweise ist dies die Gesellschafterversammlung, wenn nicht in der Satzung einem anderen Organ (Aufsichtsrat, Beirat) diese Kompetenz zugewiesen ist. Nur bei mitbestimmten GmbHs besteht eine gesetzliche Zuständigkeit des Aufsichtsrats.

- **Abberufungsbeschluss:** Sind die Gesellschafter für die Abberufung zuständig, so entscheiden sie darüber durch Beschluss mit einfacher Mehrheit (*§ 46 Nr. 5, 47 Abs. 1 GmbHG*). Ist der Geschäftsführer auch Gesellschafter, darf er bei der Beschlussfassung mitstimmen, es sei denn, er wird aus wichtigem Grund abberufen. Der Abberufungsbeschluss ist auch dann möglich, wenn die Gesellschaft durch die Abberufung des einzigen Geschäftsführers handlungsunfähig wird; die Gesellschafter müssen dann aber unverzüglich zumindest einen neuen Geschäftsführer bestellen.

- **Beschränkung auf wichtigen Grund:** In der Satzung kann gemäß *§ 38 II GmbHG* die Abberufung auf das Vorliegen eines wichtigen Grundes beschränkt werden. Ein solcher ist nach *§ 38 II 2 GmbHG* grobe Pflichtverletzung, und/oder Unfähigkeit zur ordnungsgemäßen Geschäftsführung. Bei einer Abberufung aus wichtigem Grund muss der entsprechende Gesellschafterbeschluss eine angemessene Zeit nach Kenntniserlangung der maßgeblichen Umstände gefasst werden.

- **Anhörung:** Eine Anhörung des Geschäftsführers vor der Abberufung ist nicht erforderlich. Ist der Geschäftsführer zugleich Gesellschafter, so steht ihm jedoch ein Rederecht in der Gesellschafterversammlung zu.

- **Wirksamkeit:** Die Abberufung des Geschäftsführers wird – ungeachtet der Rechtmäßigkeit des Abberufungsbeschlusses – wirksam, wenn der Geschäftsführer von der entsprechenden mehrheitlichen Gesellschafterbeschlussfassung Kenntnis erlangt. Ist er bei der Gesellschafterbeschlussfassung abwesend, so wird die Abberufung wirksam, wenn der Gesellschafterbeschluss ihm zugegangen ist. Ist der Geschäftsführer zugleich auch zu 50 % als Gesellschafter an der Gesellschaft beteiligt, hat die Abberufung eines Geschäftsführers keine sofortige Wirkung; die Abberufung wird erst dann wirksam, wenn das Zivilgericht hierüber rechtskräftig entschieden hat.

- **Folgen:** Mit der wirksamen Abberufung verliert der Geschäftsführer sein Amt und damit seine Geschäftsführungs- und Vertretungsbefugnis. Der Geschäftsführer hat, wenn nach der Abberufung sein Anstellungsvertrag weiter besteht, seine leitende Aufgabe – auch unterhalb der Geschäftsführungsebene – unverändert wahrzunehmen, wenn er eine fristlose Kündigung des Anstellungsvertrags vermeiden will (*OLG Karlsruhe, GmbHR 96, 208*).

- **Anmeldung zum Handelsregister:** Gemäß *§ 39 I GmbHG* ist die Abberufung des Geschäftsführers unverzüglich zum Handelsregister anzumelden, wobei der Anmeldung ein Nachweis über den Zugang der Abberufungserklärung beim Geschäftsführer beizufügen ist. Die Eintragung in das Handelsregister hat zwar nur deklaratorische Bedeutung, wenn der Abberufungsbeschluss mit Zugang beim Geschäftsführer wirksam wird. Solange aber der Geschäftsführer noch im Handelsregister eingetragen ist, können sich gutgläubige Dritte bei Handlungen und Erklärungen des Geschäftsführers auf dessen (noch) eingetragene Geschäftsführerstellung und somit eine wirksame Verpflichtung der GmbH berufen (*§ 15 I HGB*).

- **Bezüge:** Wird der Anstellungsvertrag nicht gleichzeitig mit der Abberufung wirksam gekündigt, so hat der Geschäftsführer weiterhin Anspruch auf seine gesamten vertraglichen Leistungen.

- **Rechtsschutz:** Für Streitigkeiten über die Abberufung sind die Zivilgerichte zuständig. Der praktisch bedeutsame einstweilige Rechtsschutz gegen eine (unwirksame) Abberufung wird überwiegend nur dem Mehrheits-Gesellschafter-Geschäftsführer nach erfolgter Gesellschafterbeschlussfassung zugebilligt. Bei Fremd- und Minderheits-Gesellschafter-Geschäftsführern ist einstweiliger Rechtsschutz erst nach Gesellschafterbeschlussfassung und nur in Ausnahmefällen hinsichtlich der Frage des wichtigen Grundes möglich.

3. Tipps und Beispiele

! Der Geschäftsführer kann sich gegen seine Abberufung schützen, indem er im Anstellungsvertrag vereinbart, dass eine Abberufung nur aus wichtigem Grund erfolgen darf. Gesellschafter-Geschäftsführer haben ferner die Möglichkeit, ihre Bestellung zum Geschäftsführer in der Satzung zu vereinbaren. Ihre Abberufung bedarf dann eines satzungsändernden Gesellschafterbeschlusses, der nur mit einer Dreiviertelmehrheit der abgegebenen Stimmen gefasst werden kann.
Aus Sicht der GmbH empfiehlt es sich, den Anstellungsvertrag so zu gestalten, dass die Abberufung aus der Geschäftsführerstellung und die Kündigung des Anstellungsvertrags verbunden sind, sodass ein wichtiger Grund zur Abberufung zugleich als Grund zur Kündigung des Anstellungsverhältnisses führt.

Abfindungen

1. Überblick

Bei Beendigung des Anstellungsvertrags hat der Geschäftsführer keinen gesetzlichen Anspruch auf eine Abfindung. Eine Abfindung erfordert deshalb eine vertragliche Vereinbarung. Diese kann entweder – von vornherein – im Anstellungsvertrag getroffen werden oder – nachträglich – im Rahmen eines Aufhebungsvertrags oder eines Vergleichs.

2. Einzelfragen

- **Steuerliche Aspekte:** Der Steuerfreibetrag für Abfindungen (*§ 3 Nr. 9 EStG*) ist seit dem 1. Januar 2006 entfallen. Bis zum 31. Dezember 2005 waren Abfindungen bis zu einem Betrag von 8.181 Euro steuerfrei.

  Weiterhin gewährt wird eine steuerliche Vergünstigung von Abfindungen im Wege der sog. Fünftelregelung (*§§ 24, 34 EStG*). Die Abfindung wird damit durch eine gemilderte Progression privilegiert. Die für eine Abfindungen anzusetzende Einkommensteuer beträgt das Fünffache des Unterschiedsbetrags zwischen der Einkommensteuer für das um die Abfindung verminderte zu versteuernde Einkommen und der Einkommensteuer für das verbleibende zu versteuernde Einkommen zuzüglich eines Fünftels der Abfindung. Diese Privilegierung gilt aber nur dann, wenn die Abfindung in einem Kalenderjahr zufließt („Zusammenballungsprinzip").

- **Sozialversicherung:** Abfindungen sind kein Arbeitsentgelt im Sinne der Sozialversicherung und damit nicht sozialversicherungsabgabenpflichtig (*BSG vom 21.02.1990 – 122 RK 20/88*).

- **vGA:** Bei Abfindungen zugunsten von Gesellschafter-Geschäftsführern besteht die Gefahr einer verdeckten Gewinnausschüttung (→ *Verdeckte Gewinnausschüttung*).

Die Finanzverwaltung prüft Abfindungen auf ihre Angemessenheit. Dies gilt sowohl für die tatsächliche Auszahlung, als auch für die Höhe der Abfindung. Maßgebend ist, ob auch ein fremder Dritter vergleichbare Konditionen erhalten hätte. Als Richtwert für eine angemessene Abfindung gilt ein Monatsgehalt inklusive Tantieme und sonstigen Leistungen für jedes Jahr, in dem das Dienstverhältnis bestand.

3. Tipps und Beispiele

! Der Geschäftsführer sollte zu seiner Absicherung versuchen, im Anstellungsvertrag eine Abfindungsregelung zu vereinbaren.

Beispiel:

„Für den Fall einer Kündigung des Anstellungsvertrags durch die Gesellschaft – wenn diese nicht aus wichtigem Grund erfolgt – erhält der Geschäftsführer eine wie folgt gestaffelte Abfindung für den Verlust seines Arbeitsplatzes: Bei Beendigung des Anstellungsverhältnisses nach mehr als 12 Monaten 50.000 Euro, bei Beendigung nach mehr als 24 Monaten 37.500 Euro, bei Beendigung nach mehr als 36 Monaten 25.000 Euro."

Altersversorgung, betriebliche

1. Überblick

Ein GmbH-Geschäftsführer sollte schon bei Abschluss des Geschäftsführervertrags den Umstand bedenken, dass seine Erwerbstätigkeit irgendwann einmal endet. Es gibt verschiedene Möglichkeiten, diese Altersversorgung zu planen. Eine davon ist die Vereinbarung einer betrieblichen Versorgungszusage für ein gewisses Alter und für Berufsunfähigkeit.

Ca. 80 % aller Geschäftsführer verfügen über eine betriebliche Altersversorgung. Für Fremdgeschäftsführer und Minderheitsgesellschafter als Geschäftsführer finden die Regelungen des BetrAVG grundsätzlich Anwendung. Üblich ist die Direktversicherung, die Pensionszusage oder die betriebliche Altersversorgung über Pensionsfonds.

A

2. Einzelfragen

- **Direktversicherung:** Bei einer Direktversicherung schließt die Gesellschaft für den Geschäftsführer eine Lebensversicherung ab, bei der sie die Versicherungsbeiträge zahlt und entweder der Geschäftsführer oder seine Hinterbliebenen Begünstigte der Versicherungssumme sind.

  Bei „Neuzusagen“, die seit dem 1. Januar 2005 erteilt wurden, findet für Versicherungsbeiträge, die zum Aufbau einer betrieblichen Altersversorgung im Kapitaldeckungsverfahren erhoben werden, eine sog. nachgelagerte Besteuerung statt, d. h. die Versicherungsbeiträge sind in der Anwartschaftsphase grundsätzlich bis zu 4 % in der Beitragsbemessungsgrenze (West) der Rentenversicherung zzgl. eines zusätzlichen Betrages in Höhe von 1.800 Euro steuerfrei (*§ 3 Nr. 63 EStG*). In der Rentenphase wird die Kapital-/Rentenauszahlung in voller Höhe mit dem individuellen Steuersatz besteuert (*§ 22 Nr. 5 EStG*), soweit die Auszahlungen auf steuerfreien Beiträgen beruhen.

  Bei „Altzusagen“, die vor dem 1. Januar 2005 erteilt wurden, wird die Versicherungsprämie bis zu einem Versicherungsbeitrag in Höhe von 1.752 Euro p. a. mit pauschal 20 % besteuert (*§ 40 b EStG a. F.*), wenn der Aufbau einer betrieblichen Altersversorgung nicht im Kapitaldeckungsverfahren sondern im Umlageverfahren finanziert wird oder wenn der Geschäftsführer gegenüber der Gesellschaft auf die Steuerfreiheit nach *§ 3 Nr. 63 EStG* verzichtet hat. In der Rentenphase ist die Kapitalauszahlung bei Altzusagen steuerfrei. Rentenauszahlungen werden mit dem sog. Ertragsanteil versteuert (*§ 22 Abs. 1 S. 3 lit. a) bb) EStG*). Für die Gesellschaft sind die Versicherungsbeiträge Betriebsausgaben (*§ 4b EStG*).

- **Pensionszusage:** Bei einer Pensionszusage verpflichtet sich die Gesellschaft selbst, dem Geschäftsführer zu einem späteren Zeitpunkt eine Rente zu zahlen. Der Geschäftsführer muss die Rente nicht schon bei Rentenzusage, sondern erst bei Rentenbezug versteuern. Die Gesellschaft kann unter den Voraussetzungen des *§ 6a EStG* für ihre Rentenverpflichtungen für Geschäftsführer in der Bilanz Rückstellungen ausweisen. Diese Rückstellungen mindern rechnerisch den körperschaftlichen Gewinn und den Gewerbeertrag, ohne dass die Gesellschaft effektiv Zahlungen leisten muss. Dadurch kann sich die Gesellschaft ohne Liquiditätsabfluss für gute Geschäftsführer interessant machen.

  Regelmäßig werden die Gesellschaften zur Sicherung ihrer Pensionszusagen Rückdeckungsversicherungen abschließen. Der Abschluss solcher Versicherungen hat steuerlich keine bedeutenden Auswirkungen, denn die Prämien mindern zwar den Gewinn, allerdings ist aber auch der Rückkaufswert zu aktivieren, womit sich der steuerliche Vorteil wiederum mindert.

Üblich sind Pensionszusagen entweder auf einen bestimmten Rentenbetrag (feste Rente) oder auf einen Rentenbetrag, der einem bestimmten Prozentsatz (normalerweise zwischen 30 % und 50 %) der letzten Bezüge entspricht (variable Rente).

Zur Vermeidung einer vGA (→ *Verdeckte Gewinnausschüttung*) muss die Pensionszusage an Gesellschafter-Geschäftsführer sowohl dem Grunde nach als auch der Höhe nach angemessen sein. Insbesondere muss sie in einem angemessenen Verhältnis zu den Gesamtbezügen stehen. Die Versorgungszusage ist insbesondere dann unangemessen, wenn eine sog. Überversorgung des Gesellschafter-Geschäftsführers vorliegt. Eine Überversorgung ist dann gegeben, wenn der Wert der Versorgungsanwartschaft (zzgl. des Wertes einer ggf. vorliegenden Rentenanwartschaft aus der gesetzlichen Rentenversicherung) 75 % der angemessenen Gesamtbezüge des Gesellschafter-Geschäftsführers überschreitet (*BFH/NV 2004, 1343*). Ferner muss die Pensionszusage während des Anstellungsverhältnisses noch „erdient" werden können. Bei beherrschenden Gesellschafter-Geschäftsführern darf die Pensionszusage nicht erst nach der Vollendung des 60. Lebensjahrs gegeben werden und es muss ein Zeitraum von mindestens zehn Jahren zwischen der Pensionszusage und dem Zeitpunkt des angestrebten Ruhestands liegen. (*BFH GmbHR 1995, 388, 533, 908; 1996, 65*). Bei nicht beherrschenden Gesellschafter-Geschäftsführern wird eine Pensionszusage, die erst nach der Vollendung des 60. Lebensjahrs gegeben wird, dann steuerlich anerkannt, wenn die Betriebszugehörigkeit des betreffenden Geschäftsführer zu diesem Zeitpunkt bereits seit 12 Jahren bestand und der Geschäftsführer mindestens noch drei Jahre zur Erdienung der Pensionszusage im Unternehmen verbleibt (*BFH GmbHR 1996, 701*).

- **Pensionsfonds:** Bei der betrieblichen Altersversorgung über Pensionsfonds leistet die Gesellschaft Beiträge an den Pensionsfonds, der Geschäftsführer erhält als „Gegenleistung" vom betreffenden Pensionsfonds eine Zusage auf Versorgungsleistungen. Der Pensionsfonds ist verpflichtet, die Versorgungsleistung in jedem Fall als lebenslange Altersrente zu erbringen. Zusätzlich kann eine Invaliditäts- und/oder Hinterbliebenenversorgung vereinbart werden. Zeitpunkt der Beitragszahlung unterliegen Beiträge bis zu 4 % der Beitragsbemessungsgrenze (West) nicht der Lohnsteuer (*§ 3 Nr. 63 EStG*); damit können die Vorteile der nachgelagerten Besteuerung (d.h. ab Bezug der Versorgungsleistung) genutzt werden. Bei einer nach dem 1. Januar 2005 erteilten Versorgungszusage ist ein zusätzlicher Betrag in Höhe von 1.800 Euro steuerfrei (*§ 3 Nr. 63 S. 3 EStG*). Ferner erhalten Beiträge zu Pensionsfonds staatliche Zulagen und sind in bestimmten Größenordnungen als Sonderausgaben von den steuerpflichtigen Einkünften abzugsfähig.

- **Unverfallbarkeit:** Ist eine betriebliche Altersversorgung bei Beendigung des Anstellungsverhältnisses noch nicht unverfallbar, erlischt sie ersatzlos. Die gesetzlichen Fristen für die Unverfallbarkeit wurden mit Wirkung vom 1. Januar 2002 von 10 Jahren Zusagedauer auf fünf Jahre verkürzt und die Altersgrenze, von der aus die Zusagedauer berechnet wird, vom 35. auf das 30. Lebensjahr vorverlegt. Die so genannte „zweite Unverfallbarkeitsalternative“ (zwölfjährige Betriebszugehörigkeit und dreijährige Zusagedauer) wurde abgeschafft. Die Verkürzung der Unverfallbarkeitsfristen gilt allerdings nur für Anwartschaften, die auf ab dem 1. Januar 2001 erteilten Zusagen beruhen. Nach der gesetzlichen Übergangsvorschrift bleibt es für Anwartschaften aus Altzusagen grundsätzlich bei den bisherigen Unverfallbarkeitsvoraussetzungen. Allerdings werden Anwartschaften aus Zusagen, die vor dem 1. Januar 2001 erteilt wurden, dann unverfallbar, wenn die fünfjährige Zusagedauer ab dem 1. Januar 2001 erfüllt ist und der Geschäftsführer zum Zeitpunkt des Ausscheidens das 30. Lebensjahr vollendet hat. Die gesetzlichen Unverfallbarkeitsregelungen gelten nicht für beherrschende Gesellschafter-Geschäftsführer; für diese ist eine explizite vertragliche Regelung notwendig.

- **Insolvenzsicherung:** Betriebliche Altersversorgungen i. S. d. BetrAVG sind beim Pensionssicherungsverein (PSV) in Köln gegen eine mögliche künftige Insolvenz der Gesellschaft versichert, wenn die Gesellschaft regelmäßig ihre Versicherungsbeiträge geleistet hat. Dieser besondere Schutz gilt allerdings nur für Fremdgeschäftsführer und nicht für beherrschende Gesellschafter-Geschäftsführer. Beherrschende Gesellschafter-Geschäftsführer werden meist dadurch abgesichert, dass die GmbH eine der Pensionszusage entsprechende Rückdeckungsversicherung abschließt und die Ansprüche daran an den beherrschenden Gesellschafter-Geschäftsführer verpfändet.

- **Pensionsalter:** Der Berechnung der Pensionsrückstellung für den Gesellschafter-Geschäftsführer ist die vertraglich vorgesehene Altersgrenze, mindestens aber das Alter von 65 Jahren zugrunde zu legen. Eine niedrigere Altersgrenze wird steuerlich nur bei besonderen Umständen anerkannt.

- **Wirksamkeit:** Soll dem Geschäftsführer eine Pensionszusage gemacht werden, bedarf es zu ihrer Wirksamkeit eines Gesellschafterbeschlusses.

- **Abfindung:** Eine gesetzlich unverfallbare betriebliche Altersversorgung kann nur in Ausnahmefällen abgefunden werden (*§ 3 BetrAVG*). Wird eine solche betriebliche Altersversorgung dennoch abgefunden, besteht die Gefahr, dass die Gesellschaft im Versorgungsfall die betriebliche Altersversorgung ein weiteres Mal leisten muss.

3. Tipps und Beispiele

Der Geschäftsführer sollte versuchen, im Anstellungsvertrag eine kürzere als die gesetzliche Unverfallbarkeit zu vereinbaren.

Beispiele:

„Die betriebliche Altersversorgung ist (sofort oder nach einer Betriebszugehörigkeit von drei Jahren) unverfallbar."

Pensionszusagen sollten abhängig vom letzten Festgehalt gewährt werden. Damit erzielt man eine Dynamisierung.

Will eine neugegründete GmbH ihrem Gesellschafter-Geschäftsführer eine Pensionszusage erteilen, ist es ratsam, eine Rückdeckungsversicherung abzuschließen, um Bedenken hinsichtlich des damit verbundenen Ertragsrisikos und damit der Gefahr der verdeckten Gewinnausschüttung zu begegnen.

Eine Pensionszusage zugunsten eines beherrschenden Gesellschafter-Geschäftsführers ist steuerlich nur dann anzuerkennen, wenn sie schriftlich und klar vereinbart wurde. Anderenfalls liegt eine verdeckte Gewinnausschüttung vor.

Amtsniederlegung

1. Überblick

Der Geschäftsführer kann sein Amt jederzeit mit sofortiger Wirkung niederlegen. Insbesondere bedarf es hierfür keines wichtigen Grundes, es sei denn, die Satzung verlangt dies.

2. Einzelfragen

- Rechtsmissbrauch und Schadensersatz: Die Amtsniederlegung darf nicht rechtsmissbräuchlich sein und sollte regelmäßig nur bei Vorliegen eines wichtigen Grundes erfolgen. Obwohl zwar die Amtsniederlegung als solche auch in jenen

Fällen wirksam ist, könnten der Gesellschaft hier Schadenersatzansprüche gegen den Geschäftsführer zustehen. Im Rahmen einer Einpersonen-Gesellschaft, bei der der Gesellschafter gleichzeitig auch Geschäftsführer ist, soll die Amtsniederlegung zumindest dann rechtsmissbräuchlich sein, wenn der niederlegende Geschäftsführer nicht zeitgleich für die Bestellung eines neuen Geschäftsführers sorgt (*BayObLG GmbHR 1992, 671*).

- **Wichtige Gründe zur Amtsniederlegung:**
  Wichtige Gründe für den Geschäftsführer können sein:
  - Verletzung des Anstellungsvertrags durch die Gesellschaft
  - Kündigung des Anstellungsvertrags durch die Gesellschaft
  - Weisungen der Gesellschaft, bei deren Befolgung der Geschäftsführer sich haftbar oder schadenersatzpflichtig machen würde
  - Unzureichende Unterstützung seitens der Gesellschafter bei der Erledigung öffentlich-rechtlicher Pflichten
  - Auflösung oder Insolvenz der Gesellschaft

  Kein wichtiger Grund besteht hingegen bei einer wirtschaftlichen Krise der Gesellschaft.

- **Form der Bekanntmachung:** Die Amtsniederlegung muss gegenüber dem Bestellorgan (grundsätzlich Gesellschafterversammlung) durch einseitige, schriftliche oder mündliche Erklärung bekannt gegeben werden (*BGH NJW 1993, 1198*), wobei aus beweisrechtlichen Gründen die Schriftform ratsam ist. Bei Gesamtvertretung genügt der Zugang der Erklärung bei einem Gesellschafter (nicht beim weiteren Mitgeschäftsführer) (*BGH GmbHR 2002, 26; OLG Düsseldorf GmbHR 2005, 932*).

- **Eintragung in das Handelsregister:** Der sein Amt niederlegende Geschäftsführer kann diesen Umstand selber zur Eintragung in das Handelsregister anmelden, wenn dies in einem unmittelbar zeitlichen Zusammenhang mit der Amtsniederlegung geschieht. Ein solcher Zusammenhang ist gewahrt, wenn mit dem Eingang der Anmeldung oder der Eintragung in das Handelsregister das Amt niedergelegt sein soll (*OLG Frankfurt NJW-RR 1994, 105*). Besteht kein unmittelbar zeitlicher Zusammenhang, so muss die Amtsniederlegung durch einen anderen vertretungsbefugten Geschäftsführer oder einen neuen Geschäftsführer zur Eintragung in das Handelsregister angemeldet werden. Im Zweifelsfall kam bislang mit hohem Zeitaufwand nur die Bestellung eines Notgeschäftsführers in Betracht (→ *Notgeschäftsführer*). Um jedoch die zum Teil unvorhergesehene

Vertretungslosigkeit der Gesellschaft in diesem Stadium zu vermeiden, ist durch das Gesetz zur Modernisierung des GmbH-Rechts und zur Bekämpfung von Missbräuchen (MoMiG) in *§ 35 I Satz 2 GmbHG n. F.* nunmehr vorgesehen, dass die Gesellschaft zum Zwecke der Zustellung von Schriftstücken oder der Entgegennahme von Erklärungen durch die Gesellschafter vertreten werden kann.

Der Anmeldung beizufügen sind zudem die Niederlegungserklärung sowie der Nachweis über deren Zugang bei zumindest einem Gesellschafter (*BGH ZIP 2001, 2227*).

- **Auswirkungen auf das Anstellungsverhältnis:** Die Organstellung des Geschäftsführers endet mit sofortiger Wirkung, während das Anstellungsverhältnis durch die Amtsniederlegung nicht berührt wird (*BGH NJW 1978, 1435; OLG Düsseldorf, GmbHR 1989, 469*). Nur wenn ein wichtiger Grund vorliegt, kann der Geschäftsführer das Anstellungsverhältnis gleichzeitig fristlos kündigen (*§ 626 BGB*).
  Eine unberechtigte Amtsniederlegung des Geschäftsführers kann ihrerseits der Gesellschaft ein Recht zur fristlosen Kündigung des Anstellungsvertrags geben.

- **Schadenersatzansprüche:** Hatte der Geschäftsführer keinen wichtigen Grund zur Amtsniederlegung, können der Gesellschaft Schadenersatzansprüche gegen ihn aus der Verletzung des Anstellungsvertrags zustehen, da zu den dienstvertraglichen Pflichten des Geschäftsführers auch die ordnungsgemäße Ausübung seiner Organstellung gehört. Ein solcher Anspruch kommt insbesondere in Betracht, wenn bei einer Amtsniederlegung die GmbH ohne den Geschäftsführer handlungsunfähig wird und ihr keine angemessene Zeit zur Neubestellung eines Geschäftsführers verbleibt (*OLG Koblenz GmbHR 1995, 730*).

3. Tipps und Beispiele

Die Amtsniederlegung ist auch für den Fall der einvernehmlichen Beendigung des Anstellungsverhältnisses/des Geschäftsführeramtes geeignet. Im Gegensatz zur Abberufung kann der Geschäftsführer dadurch nach außen hin dokumentieren, dass er die Gesellschaft aus freien Stücken verlassen hat. Dies ist für die Abfassung des Zeugnisses relevant.

Anfechtung von Gesellschafterbeschlüssen

1. Überblick

Der Geschäftsführer ist verpflichtet, Anweisungen der Gesellschafter Folge zu leisten. Anweisungen erfolgen durch Gesellschafterbeschluss. Die Frage, ob ein Gesellschafterbeschluss fehlerhaft ist, hat daher nicht nur für die Gesellschafter, sondern auch für den Geschäftsführer hohe Bedeutung. Gesellschafterbeschlüsse können sowohl aufgrund der Verletzung von Formalien, als auch aufgrund inhaltlicher Mängel fehlerhaft sein. Nur besonders schwere Fehler haben die Nichtigkeit eines Gesellschafterbeschlusses und damit dessen sofortige Unwirksamkeit zur Folge. Überwiegend begründen fehlerhafte Gesellschafterbeschlüsse nur ein Anfechtungsrecht des betroffenen Gesellschafters, nicht aber des Geschäftsführers, der kein Gesellschafter ist; anfechtbare Gesellschafterbeschlüsse bleiben bis zu ihrer erfolgreichen Anfechtung trotz Fehlerhaftigkeit rechtlich wirksam. Die Anfechtung muss durch Klage geltend gemacht werden.

2. Einzelfragen

- **Nichtigkeit:** Nichtig ist der Gesellschafterbeschluss, wenn er gegen zwingendes Recht oder die guten Sitten verstößt. Das ist insbesondere der Fall, wenn der Gesellschafterbeschluss durch seinen Inhalt Vorschriften verletzt, die dem Schutz der Gläubiger der Gesellschaft oder dem Schutz öffentlichen Interesses dienen. Formell kann ein Gesellschafterbeschluss nichtig sein, wenn besonders schwerwiegende Mängel bei dessen Zustandekommen aufgetreten sind, z. B. einzelne Gesellschafter nicht geladen wurden.

- **Anfechtbarkeit:** Anfechtbar ist der Gesellschafterbeschluss immer dann, wenn er unter Verletzung gesetzlicher oder satzungsmäßiger Vorschriften zustande kommt und diese Verletzung nicht die Nichtigkeit zur Folge hat (*§ 243 I AktG analog*). Anfechtbarkeit besteht z. B. bei Nichteinhaltung der Ladungsfrist oder Unvollständigkeit der Tagesordnung. Kann die Gesellschaft eindeutig nachweisen, dass der Gesellschafterbeschluss auch ohne das Vorliegen des Mangels gleichermaßen gefasst worden wäre, fehlt es dagegen an der für eine erfolgreiche Anfechtung notwendigen Kausalität des Mangels für die Beschlussfassung.

- **Anfechtungsfrist:** Für die Anfechtung von Gesellschafterbeschlüssen gilt nicht automatisch die Monatsfrist aus *§ 246 I AktG*. Für die Bemessung der Frist ist der Einzelfall maßgeblich. Die Frist aus *§ 246 I AktG* gibt lediglich einen Anhaltspunkt und gilt als angemessen, wenn im konkreten Fall keine besonderen Umstände vorliegen. Zur Vermeidung von Streitigkeiten über die Anfechtungsfrist sollte diese in der Satzung geregelt werden.

- **Anfechtungsbefugnis:** Jeder Gesellschafter ist anfechtungsbefugt, soweit er sich hierdurch nicht treuwidrig verhält. Ein Gesellschafter verhält sich z. B. treuwidrig, wenn er Anfechtungsklage erhebt, obwohl er im Sinne des ergangenen Beschlusses abgestimmt hat oder zu erkennen gegeben hat, dass er mit dem Gesellschafterbeschluss einverstanden ist. Veräußert der Gesellschafter seinen Anteil vor Klageerhebung, so steht fortan nur dem Erwerber das Recht zur Anfechtung zu. Nach der durch das Gesetz zur Modernisierung des GmbH-Rechts und zur Bekämpfung von Missbräuchen (MoMiG) erfolgten Neufassung des *§ 16 I GmbHG n. F.* ist für die Anfechtungsbefugnis nunmehr entscheidend, dass die Veränderung der Gesellschafterstellung bei Klageerhebung schon in der im Handelsregister aufgenommenen Gesellschafterliste eingetragen ist. Bei einer Veräußerung der Anteile nach Klageerhebung ist der klagende Gesellschafter weiterhin klagebefugt, soweit er ein Rechtsschutzinteresse geltend machen kann (*BGHZ 43, 261; ähnlich auch zum AktG BGHZ 169, 221 NZG 2007, 26*). Wenn die Satzung keine abweichende Regelung enthält, ist der Geschäftsführer nicht anfechtungsbefugt.

- **Klagegegner:** Klagegegner ist die Gesellschaft, die durch ihren Geschäftsführer im Prozess vertreten wird. Hat die Gesellschaft keinen Geschäftsführer, so kann ein Notgeschäftsführer nach *§ 29 BGB* oder *§ 57 ZPO* vom Gericht bestellt werden (→ *Notgeschäftsführer*). Aufgrund der GmbH-Reform (MoMiG) wird die Gesellschaft im Fall der Führungslosigkeit durch die Gesellschafter vertreten. Der Geschäftsführer hat die Gesellschafter von der Klagezustellung zu informieren.

- **Urteilswirkung:** Hat die Anfechtungs- oder Nichtigkeitsklage Erfolg, so wird der Gesellschafterbeschluss rückwirkend für unwirksam erklärt. Das entsprechende rechtskräftige Urteil wirkt für und gegen alle. Die aufgrund des unwirksamen Beschlusses vorgenommenen Rechtshandlungen bleiben hingegen regelmäßig wirksam, sodass Dritte trotz der Unwirksamkeit des Beschlusses geschützt sind.

3. Tipps und Beispiele

! Hat der Geschäftsführer Zweifel an der Rechtmäßigkeit eines Gesellschafterbeschlusses, sollte er vor dessen Ausführung eine außerordentliche Gesellschafterversammlung einberufen und diese erneut unter Hinweis auf die bestehenden Zweifel beschließen lassen. Andernfalls besteht die Gefahr, dass er sich schadenersatzpflichtig macht.

Anmeldung der GmbH

A

1. Überblick

Der Geschäftsführer muss die GmbH persönlich beim Handelsregister anmelden (*§ 78 GmbHG*). Das zuständige Register befindet sich beim Amtsgericht im Bezirk des Sitzes der Gesellschaft (*§ 7 I GmbHG*). Die Anmeldung ist bis zur Eintragung der Gesellschaft frei widerruflich.

2. Einzelfragen

- **Form:** Eine Anmeldung der Gesellschaft zum Handelsregister erfolgt durch alle Geschäftsführer und ist stets in notariell beglaubigter Form vorzunehmen (*§ 12 HGB*). Hierzu ist die Anmeldung von sämtlichen Geschäftsführern zu unterschreiben und die Unterschriften sind notariell beurkunden zu lassen.

- **Beizufügende Unterlagen:** Gemäß *§ 8 I GmbHG* müssen der Anmeldung folgende Unterlagen beigefügt werden:
  - der Gesellschaftsvertrag in einer Ausfertigung oder in einer beglaubigten Abschrift (*§ 8 I Nr. 1 GmbHG*)
  - die Vollmachten der Gründer in Urschrift (beurkundet und beglaubigt) oder in beglaubigter Abschrift (*§ 8 I Nr. 1 GmbHG*)
  - die Legitimationen der Geschäftsführer, soweit diese nicht durch Gesellschaftsvertrag bestellt sind (*§ 8 I Nr. 2 GmbHG*)
  - die Liste der Gesellschafter (*§ 8 I Nr. 3 GmbHG*)
  - der Sachgründungsbericht (*§ 8 I Nr. 4 GmbHG*)
  - der Wertnachweis bei Sacheinlagen (*§ 8 I Nr. 5 GmbHG*)

- **Geschäftsanteile:** Die Gesellschaft darf erst eingetragen werden, wenn die Mindestleistungen auf die Geschäftsanteile erbracht worden sind (*§ 7 II GmbHG n. F.*). Hiernach ist bei Bareinlagen die Einzahlung eines Viertels des Nennbetrages auf jeden Geschäftsanteil erforderlich. Sind Sacheinlagen vereinbart, so müssen diese vollständig geleistet sein (*§ 7 III GmbHG*). Die Einlagen müssen endgültig zur freien Verfügung der Geschäftsführung stehen. Dies ist bei Sacheinlagen der Fall, wenn eine Abtretung, Übereignung oder sonstige Übereignung von Sachen und Rechten auf die Gesellschaft stattgefunden hat. Der Gesamtbetrag der geleisteten Sach- und/oder Bareinlagen muss, unabhängig vom Stammkapital, mindestens 12.500 Euro betragen (→ *Stammkapital*).

- **Versicherungen des Geschäftsführers:** Der Geschäftsführer muss in der Handelsregisteranmeldung versichern, dass die Mindestleistungen auf die Geschäftsanteile erbracht wurden und diese endgültig zu seiner freien Verfügung stehen (*§ 8 II 1 GmbHG*). Weiterhin muss jeder Geschäftsführer versichern, dass gegen ihn keine persönlichen Ausschlussgründe nach *§ 6 II Satz 2 Nr. 2* und *3* sowie *Satz 3 GmbHG* vorliegen (*§ 8 III GmbHG n. F.*) (→ *Ausschluss von der Geschäftsführung*).

- **Unterschriften und Vertretungsbefugnis:** Der Geschäftsführer hat seine Unterschrift beim Handelsregister zu hinterlegen (*§ 8 V GmbHG*), die Art der Vertretungsbefugnis darzulegen, sowie eine inländische Geschäftsanschrift anzugeben (*§ 8 IV GmbHG n. F.*).

- **Folgen inhaltlicher Mängel:** Das Registergericht hat bei der Errichtung und Anmeldung der GmbH die formellen und materiellen Fragen einer gesetzeskonformen Gründung zu prüfen und bei Mängeln die Eintragung abzulehnen (*§ 9c I GmbHG*). Gegen den Zurückweisungsbeschluss des Registergerichts kann die unbefristete Beschwerde als Rechtsmittel eingelegt werden (*§ 19 FGG*). Inhaltliche Mängel begründen ein Eintragungshindernis. Wurde die Gesellschaft trotz Mangels eingetragen, so besteht sie gleichwohl wirksam, wenn der Mangel nicht schwerwiegend ist (ein schwerwiegender Mangel würde z. B. bei der Anmeldung der Gesellschaft durch eine unbefugte Person vorliegen).

- **Gründungshaftung:** → *Haftung der Gesellschafter*

3. Tipps und Beispiele

Zumeist wird die Mindestleistung in bar auf das Konto der Gesellschaft überwiesen. Ein häufiger Fehler liegt darin, dass der Geschäftsführer darauf vertraut, dass der auf den Überweisungsträgern vermerkte Betrag die Mindestleistung ist. Dies muss jedoch nicht so sein. Zum einen muss der auf dem Überweisungsträger vermerkte Betrag nicht notwendigerweise überhaupt auf eine Schuld eines Gesellschafters gezahlt worden sein. Ferner kann ein Gesellschafter mit der Überweisung auch andere Zwecke verfolgen wollen, als die Erbringung der Mindesteinlage, z. B. die Rückzahlung eines ihm von der Gesellschaft gewährten Darlehens oder die Zahlung des Kaufpreises für von der Gesellschaft erworbene Sachen. Die Versicherung des Geschäftsführers, die Mindestleistung sei erbracht, ist dann falsch; der Geschäftsführer unterliegt dann der besonderen Haftung nach *§ 9 a GmbHG* (→ *Haftung des Geschäftsführers*).

Die Versendung der Handelsregisteranmeldung darf erst dann erfolgen, wenn auf den Überweisungsträgern oder auf sonstige Weise klar gestellt ist, dass Zweck der Überweisung die Erfüllung der Mindesteinlage des/der jeweiligen Gesellschafter(s) ist.

Anstellungsvertrag

1. Überblick

Der Anstellungsvertrag wird zwischen der Gesellschaft und dem Geschäftsführer geschlossen. Es handelt sich hierbei um einen Dienstvertrag über die Besorgung eines fremden Geschäfts (*§§ 611 ff, 675 BGB*). Der Anstellungsvertrag ist kein Arbeitsvertrag, der Geschäftsführer unterliegt daher auch nicht den Arbeitnehmerschutzrechten.

2. Einzelfragen

- **Zuständigkeit:** Ergibt sich aus der Satzung nichts anderweitiges, so ist grundsätzlich die Gesellschafterversammlung für den Abschluss, die Änderung und die Aufhebung des Anstellungsvertrags zuständig (so genannte Annex- oder Abschlusskompetenz).

- **Form:** Der Anstellungsvertrag bedarf nicht der Schriftform. Dennoch ist die Wahl der Schriftform aus beweis- und steuerrechtlichen Gründen ratsam.

- **Mängel:** Stellt sich im Nachhinein die Unwirksamkeit des Anstellungsvertrags wegen eines Formfehlers heraus, obwohl der Vertrag durchgeführt wurde, so gelten die Regeln über das faktische Arbeitsverhältnis analog. Der Geschäftsführer hat demnach Anspruch auf seine Vergütung während der Dauer der Anstellung. Mit der einseitigen Erklärung einer der beteiligten Parteien endet das faktische Arbeitsverhältnis (*BGH GmbHR 2000, 876*). Beruht der Mangel bei einem Gesellschafter-Geschäftsführer jedoch auf einem Verstoß gegen das Selbstkontrahierungsverbot (→ *Selbstkontrahieren*), so sind die geleisteten Zahlungen an den Geschäftsführer grundsätzlich als verdeckte Gewinnausschüttung anzusehen (*BFH GmbHR 1996, 60*).

- **Inhalt:** Im Anstellungsvertrag sollten mindestens die Aufgaben und Kompetenzen des Geschäftsführers, die Dauer und Kündigungsmöglichkeiten sowie die Vergütung geregelt sein. Auch Regelungen über Urlaub, Entgeltfortzahlung im Krankheitsfall, Altersversorgung und Wettbewerb sollten bedacht werden. Ist die Gesellschaft Teil einer Gruppe, sollte der Geschäftsführer vom Selbstkontrahierungsverbot des *§ 181 BGB* befreit sein. Bei der Ein-Mann-GmbH ist diese Formalie notwendige Voraussetzung für die wirksame Vornahme von Geschäften zwischen dem Geschäftsführer und der Gesellschaft.

- **Beendigung, Befristung:** Eine Beendigung des Anstellungsvertrags kann durch Aufhebungsvertrag, Zeitablauf, Kündigung, Tod des Geschäftsführers oder Eintritt einer auflösenden Bedingung eintreten. Kommt es zu einer Beendigung des Geschäftsführeramts durch Amtsniederlegung oder Abberufung, hat dies nicht gleichzeitig die Beendigung des Anstellungsvertrags zur Folge, da dieser separat gekündigt werden muss. Eine Befristung des Anstellungsvertrags auf höchstens fünf Jahre ist kraft Gesetz für Geschäftsführer solcher Gesellschaften vorgeschrieben, für die *§ 31 MitBestG*, *§ 12 MontanMitBestG* oder *§ 13 MitBestErG* gelten (→ *Aufsichtsrat*).

- **Gerichtliche Geltendmachung:** Für Rechte aus dem Anstellungsvertrag sind die Zivilgerichte zuständig (*§ 5 I ArbGG*), wenn nicht die Zuständigkeit der Arbeitsgerichte ausdrücklich vertraglich vereinbart wurde (*§ 2 IV ArbGG*). Bei einem Streitwert unter 5.001 Euro bedeutet dies eine Zuständigkeit des Amtsgerichts am Sitz der GmbH. Es werden jedoch regelmäßig die Landgerichte zuständig sein, da der Streitwert meist höher ist. So beträgt der Streitwert bei der Frage über das Bestehen eines Dienstverhältnisses mindestens das Dreifache eines Bruttomonatsgehalts.

3. Tipps und Beispiele

! War der Geschäftsführer vorher Arbeitnehmer der Gesellschaft, sollte er im Anstellungsvertrag vereinbaren, dass für die Zeit der Bestellung zum Geschäftsführer – oder zumindest für einen Übergangszeitraum – das alte Arbeitsverhältnis ruhend aufrecht erhalten bleibt. Für den Fall der Abberufung fällt der Geschäftsführer dann wieder in sein vormaliges Arbeitsverhältnis zurück und unterliegt sämtlichen Arbeitnehmerschutzrechten, insbesondere dem Kündigungsschutz.

Aufhebungsvertrag

→ *Beendigung des Geschäftsführeranstellungsverhältnisses*

Auflösung der GmbH

1. Überblick

Soll die GmbH aufgelöst werden, bedeutet das nicht gleichzeitig ihr Erlöschen. Die GmbH i. L. („GmbH in Liquidation") oder die GmbH in der Insolvenz besteht solange weiter, wie verteilbares Vermögen vorhanden ist. Die GmbH erlischt erst endgültig mit der Vermögensverteilung und Eintragung der Löschung im Handelsregister. Die GmbH bleibt zwar als Gesellschaft bestehen, ihr Unternehmenszweck ist aber auf ihre Abwicklung beschränkt und sie ist damit nicht mehr „werbend" tätig. (→ *Liquidation der Gesellschaft*)

2. Einzelfragen

- **Auflösungsgründe** (*§ 60 GmbHG*): Zur Liquidation der GmbH kommt es insbesondere dann, wenn die Gesellschaft in die Insolvenz gerät. Der Antrag auf Eröffnung des → *Insolvenzverfahrens* ist vom Geschäftsführer zu stellen, wenn die Gesellschaft zahlungsunfähig oder überschuldet ist (*§ 15a Abs. 1 InsO*), im Fall der Führungslosigkeit ist auch jeder Gesellschafter zur Stellung des Antrags verpflichtet, es sei denn, der Gesellschafter hat von der Zahlungsunfähigkeit und der Überschuldung oder der Führungslosigkeit keine Kenntnis (*§ 15a Abs. 3 InsO*). Zahlungsunfähigkeit gem. *§ 17 II InsO* liegt vor, wenn die Gesellschaft nicht in der Lage ist, die fälligen Zahlungspflichten zu erfüllen. Zahlungsunfähigkeit ist in der Regel anzunehmen, wenn der Schuldner seine Zahlungen eingestellt hat. Überschuldung gem. *§ 19 InsO* liegt vor, wenn das Vermögen der Gesellschaft die bestehenden Verbindlichkeiten nicht mehr deckt, es sei denn, die Fortführung des Unternehmens ist nach den Umständen überwiegend wahrscheinlich. Forderungen auf Rückgewähr von Gesellschafterdarlehen oder aus Rechtshandlungen, die einem solchen Darlehen wirtschaftlich entsprechen, für die gemäß *§ 39 Abs. 2 InsO* zwischen Gläubiger und Schuldner der Nachrang im Insolvenzverfahren hinter den in *§ 39 Abs. 1 Nr. 1 bis 5 InsO* bezeichneten Forderungen vereinbart worden ist, sind nicht bei den Verbindlichkeiten nach Satz 1 zu berücksichtigen (*§ 19 II InsO*).
  Nach der InsO reicht zur Insolvenzeröffnung auch die drohende Zahlungsunfähigkeit gem. *§ 18 InsO* aus. Drohende Zahlungsunfähigkeit besteht, wenn die Gesellschaft voraussichtlich nicht in der Lage sein wird, die bestehenden Zahlungsverpflichtungen im Zeitpunkt der Fälligkeit zu erfüllen. Eine Verpflichtung zu einem Antrag wegen drohender Zahlungsunfähigkeit ergibt sich für den Geschäftsführer aus *§ 15a Abs. 1 InsO* nicht.

- **Antragsberechtigt** ist in diesen Fällen die GmbH und – mit Ausnahme der drohenden Überschuldung – jeder Gläubiger (*§ 13 InsO*). Für die GmbH ist jeder Geschäftsführer zur Stellung des Antrags berechtigt (*§ 15 Abs. 1 InsO*) und verpflichtet, bei Führungslosigkeit auch deren Gesellschafter (*§ 15a Abs. 3 InsO*). Das gilt auch dann, wenn mehrere Geschäftsführer die GmbH leiten und die Geschäftsführer nach dem Gesellschaftsvertrag nur gemeinschaftliche Vertretungsmacht besitzen (→ *Vertretung der GmbH*). Stellt lediglich ein Geschäftsführer den Antrag, so ist dieser dennoch wirksam. Die Rücknahme des Antrags ist nur solange zulässig, bis der Eröffnungsbeschluss wirksam ist.

Zur Rücknahme des Antrags ist grundsätzlich nur der Antragsteller berechtigt. Haben mehrere Personen den Antrag gestellt, kann der Antrag nur gemeinsam zurückgenommen werden. Probleme ergeben sich, wenn bei mehreren Antragsberechtigten nur einer den Insolvenzantrag gestellt hat. Nach h. M. sind in einem solchen Fall lediglich der Antragsteller oder alle Antragsberechtigten gemeinsam berechtigt, den Insolvenzantrag zurückzunehmen.

- **Folgen des Insolvenzantrags:** Entspricht das zuständige Gericht dem Insolvenzantrag, tritt der Insolvenzverwalter weitestgehend an die Stelle der Geschäftsführer. Die Verwaltungs- und Verfügungsbefugnis der Insolvenzmasse geht auf den Insolvenzverwalter über (*§ 80 InsO*).
  Der Verwalter nimmt die Masse in Besitz, sichtet und verwaltet die Bestände (*§ 148 InsO*) und entscheidet über Fortsetzung oder Beendigung schwebender Prozesse (*§§ 85 ff. InsO*) und Verträge (*§§ 103 ff InsO*).
  Die Auflösung der Gesellschaft bei Insolvenz braucht nicht zum Handelsregister gem. *§ 65 GmbHG* angemeldet werden, vielmehr erfolgt diese von Amts wegen durch das Insolvenzgericht.

- **Weitere Auflösungsgründe:** Es kommen die weiteren in *§ 60 I GmbHG* genannten Auflösungsgründe in Betracht (z. B. Zeitablauf, durch Gesellschafterbeschluss, durch gerichtliches Urteil, durch Löschung wegen Vermögenslosigkeit nach *§ 141a FGG*). Darüber hinaus kann der Gesellschaftsvertrag Auflösungsgründe vorsehen (*§ 60 II GmbHG*). Außergesetzliche Auflösungsgründe können beispielsweise sein:
  - Tod eines Gesellschafters,
  - Eröffnung der Insolvenz über das Vermögen eines Gesellschafters,
  - das Erlöschen eines Patents oder einer gewerblichen Erlaubnis.

  Allgemein muss der Auflösungsgrund nur hinreichend bestimmt sein.

- **Durchführung der Liquidation in den übrigen Fällen:** Tritt die GmbH nicht infolge Insolvenz in das Liquidationsstadium ein, wird die Liquidation durch Liquidatoren durchgeführt. Hierbei ist zwischen den so genannten „geborenen" und „gekorenen" Liquidatoren zu unterscheiden:
  - Die Geschäftsführer sind die „geborenen" Liquidatoren. Mit Beginn der Auflösung der GmbH werden die Geschäftsführer automatisch zu deren Abwicklern (*§ 66 GmbHG*). Ob ein Geschäftsführer tatsächlich als Liquidator verpflichtet werden kann, richtet sich nach seinem Anstellungsvertrag und ist im Zweifel zu bejahen. Der Geschäftsführer kann sich seiner Aufgabe als Liquidator auch nicht dadurch entziehen, dass er seinen Anstellungsvertrag aus

wichtigem Grunde kündigt, denn der Auflösungsfall stellt keinen Grund für eine Kündigung aus wichtigem Grunde dar. Legt der Geschäftsführer dennoch sein Amt nieder, kann er nicht zur Übernahme der Tätigkeit gezwungen werden. Er macht sich aber eventuell schadenersatzpflichtig.

- Es ist nicht zwingend, dass die Liquidatoren Geschäftsführer der GmbH sind. Zulässig ist es ebenfalls, wenn Gesellschafter oder Dritte die Aufgabe des Liquidators übernehmen: so genannte „gekorene" Liquidatoren. Erforderlich ist lediglich, dass eine entsprechende Regelung im Gesellschaftsvertrag besteht oder ein wirksamer Gesellschafterbeschluss vorliegt. Die Person des Liquidators muss sich entweder durch den Gesellschaftsvertrag oder entsprechend durch den Gesellschafterbeschluss bestimmen lassen. Wird dem Bestimmtheitserfordernis nicht ausreichend Rechnung getragen, werden wiederum die Geschäftsführer automatisch gem. *§ 66 I GmbHG* zu den Liquidatoren.

Die Liquidatoren sind die gesetzlichen Vertreter der GmbH i. L. Sie vertreten die Gesellschaft gemeinschaftlich, es sei denn, der Gesellschaftsvertrag sieht etwas Abweichendes vor. Insofern ergeben sich hinsichtlich des Vertretungsverhältnisses keine Abweichungen zu denen bei einer werbenden GmbH (→ *Vertretung der GmbH*). Überschreitet ein Liquidator seine ihm zustehenden Befugnisse, hat das grundsätzlich keine Auswirkungen auf Verträge mit Dritten, es sei denn, der Dritte hatte Kenntnis, dass der Liquidator seine Befugnisse überschreitet. Unabhängig davon macht sich der Liquidator gegenüber den Gesellschaftern schadenersatzpflichtig. Die Liquidatoren müssen im Rahmen ihrer Tätigkeit das Gesetz, die Satzung und vorliegende Gesellschafterbeschlüsse beachten. Die zu erfüllenden Aufgaben ergeben sich aus *§ 70 GmbHG*: Danach müssen die Liquidatoren die laufenden Geschäfte beenden, die Verpflichtungen der aufgelösten Gesellschaft erfüllen, die Forderungen derselben einziehen und das Vermögen der Gesellschaft in Geld umsetzen. Ferner vertreten sie die Gesellschaft gerichtlich und außergerichtlich. Darüber hinaus können zur Beendigung schwebender Geschäfte auch neue Geschäfte eingegangen werden.

Die Liquidatoren müssen zum Handelsregister angemeldet werden (*§ 67 GmbHG*). Die ersten Liquidatoren sowie ihre Vertretungsbefugnisse sind durch die Geschäftsführer, jeder Wechsel der Liquidatoren und jede Änderung ihrer Vertretungsbefugnis sind durch die Liquidatoren zur Eintragung ins Handelsregister anzumelden.

Auflösungsklage

1. Übersicht

Ist die Erreichung des gesellschaftlichen Zwecks unmöglich geworden oder liegen wichtige Gründe für eine Auflösung vor, so kann die Gesellschaft auch gegen den Willen der weiteren Gesellschafter durch gerichtliches Urteil aufgelöst werden (*§ 61 I GmbHG*).

2. Einzelfragen

- **Geltendmachung:** Klageberechtigt sind der oder die Gesellschafter mit einem Anteil von mindestens 10 % am Stammkapital (*§ 61 II GmbHG*). Beklagte ist die Gesellschaft, vertreten durch ihren Geschäftsführer. Zuständig ist das Landgericht (Kammer für Handelssachen) im Bezirk des Gesellschaftssitzes (*§ 61 III GmbHG*).

- **Wichtiger Grund:** Der wichtige Grund muss in den Verhältnissen der Gesellschaft liegen und muss unter Berücksichtigung aller Umstände zu bejahen sein. Nur wenn kein milderes Mittel in Betracht kommt, kann die Gesellschaft aufgelöst werden. Neben der Unmöglichkeit der Zweckerreichung kommt u. U. das tiefgreifende Zerwürfnis unter den Gesellschaftern als „wichtiger Grund" in Betracht. Durch ein entsprechendes rechtskräftiges Urteil des Gerichts gilt die Gesellschaft als aufgelöst und ist zu liquidieren.

Aufsichtsrat

1. Überblick

Der Aufsichtsrat überwacht und berät die Geschäftsführung. Während die Gesellschafterversammlung und der Geschäftsführer zwingende Organe der Gesellschaft sind, steht die Bildung eines Aufsichtsrats immer im Ermessen der Gesellschafter (so genannter fakultativer Aufsichtsrat). Nur ausnahmsweise ist zum Zweck der Arbeitnehmermitbestimmung auch bei einer GmbH ein Aufsichtsrat gesetzlich vorgeschrieben (so genannter obligatorischer Aufsichtsrat).

2. Einzelfragen

- **Obligatorischer Aufsichtsrat:** Eine GmbH hat zwingend einen Aufsichtsrat, wenn sie mehr als 500 Arbeitnehmer beschäftigt (*§§ 1 Abs. 1 Nr. 1 DrittelbG 1*

I MitBestG 1976). Zwischen 500 und 2.000 Arbeitnehmern besteht der Aufsichtsrat zu einem Drittel aus Arbeitnehmervertretern (so genannte drittelparitätische Mitbestimmung), ab über 2.000 Arbeitnehmern zur Hälfte (so genannte paritätische Mitbestimmung). Einen Sonderfall bildet die Montanmitbestimmung, die einen paritätischen Aufsichtsrat schon ab mehr als 1.000 Arbeitnehmern vorschreibt. Bei der paritätischen Mitbestimmung hat der Vorsitzende des Aufsichtsrats doppeltes Stimmrecht. Außer bei der Montanmitbestimmung wird der Vorsitzende des Aufsichtsrats von der Kapitalseite gewählt; damit ist letztlich die Entscheidungsgewalt der Gesellschafter gesichert.

- **Fakultativer Aufsichtsrat:** Bei GmbHs mit einer geringeren Arbeitnehmerzahl als 500 kann die Satzung Regelungen über die Bildung eines fakultativen Aufsichtsrats, über dessen Zuständigkeiten sowie die Bestellung seiner Mitglieder und deren Abberufung enthalten.

- **Größe und Amtsdauer:** Beim fakultativen Aufsichtsrat ist weder die Größe noch die Amtsdauer der Mitglieder gesetzlich geregelt, so dass dieser auch aus einer Person bestehen kann. Enthält die Satzung keine Regelung über die Anzahl der Mitglieder, so gilt in Anlehnung an *§ 95 1 AktG*, dass der Aufsichtsrat aus drei Mitgliedern bestehen sollte. Beim obligatorischen Aufsichtsrat bestimmt das MitBestG oder das DrittelbG die Anzahl der Mitglieder. Die Amtszeit der einzelnen Aufsichtsratsmitglieder ergibt sich aus der entsprechenden Anwendung des *§ 102 I AktG*. Hiernach kann ein Mitglied nicht für längere Zeit als bis zur Beendigung der Gesellschafterversammlung bestellt werden, die über die Entlastung für das vierte Geschäftsjahr nach dem Beginn der Amtszeit beschließt. Das Geschäftsjahr, in dem die Amtszeit beginnt, wird hierbei nicht mitgerechnet.

- **Anforderung an die Person:** Für das Amt des Aufsichtsratsmitglieds kommen nur natürliche Personen in Betracht, die voll geschäftsfähig sind (*§ 100 I AktG*). Ausgeschlossen als Mitglieder sind die Geschäftsführer, stellvertretende Geschäftsführer, Prokuristen, Generalbevollmächtigte sowie gesetzliche Vertreter der von der Gesellschaft abhängigen Unternehmen.

- **Bestellung und Beendigung:** Die Bestellung zum Mitglied des Aufsichtsrats erfolgt durch Gesellschafterbeschluss und bedarf der Annahme des bestellten Mitglieds. Das Amt des Aufsichtsratsmitglieds endet durch Abberufung oder Amtsniederlegung. Die Bestellung und ein Wechsel von Aufsichtsratsmitgliedern ist vom Geschäftsführer unverzüglich im Bundesanzeiger und den Gesellschaftsblättern bekannt zu geben und die Bekanntmachung zum Handelsregister einzureichen.

- **Rechte und Pflichten:** Die Rechte und Pflichten des Aufsichtsrats ergeben sich aus *§ 52 GmbHG i.V.m. § 111 ff. AktG*, wenn die Satzung keine weitergehenden Regelungen enthält.
  Nach *§ 111 AktG* hat der Aufsichtsrat die Pflicht zur Überwachung der Geschäftsführung. Hierzu steht ihm ein Auskunfts- und Einsichtsrecht zu (→ *Auskunfts- und Einsichtsrecht*).
  Der Aufsichtsrat muss eine Gesellschafterversammlung einberufen, wenn das Wohl der Gesellschaft es erfordert. Ein einfacher Mehrheitsbeschluss ist hierfür ausreichend. Maßnahmen der Geschäftsführung können dem Aufsichtsrat nicht übertragen werden, jedoch kann in der Satzung oder vom Aufsichtsrat bestimmt werden, dass bestimmte Arten von Geschäften nur mit seiner Zustimmung vorgenommen werden dürfen. Verweigert der Aufsichtsrat hierbei seine Zustimmung, so kann die Geschäftsführung verlangen, dass die Gesellschafterversammlung über die Zustimmung beschließt. Eine solche Zustimmung bedarf zwingend einer Mehrheit von drei Viertel der abgegebenen Stimmen.
  Dem Aufsichtsrat obliegt die Prüfung des aufgestellten Jahresabschlusses und Anhang (*§ 171 AktG*).
  Die Bestellung und Abberufung des Geschäftsführers kann durch die Satzung auf den Aufsichtsrat übertragen werden.
  Ist in der Satzung keine Regelung getroffen, so vertritt der Aufsichtsrat die Gesellschaft gerichtlich und außergerichtlich bei Prozessen gegen die Geschäftsführung. Auch gegenüber dem ausgeschiedenen Geschäftsführer gilt dies, wenn die Gefahr einer nicht unbefangenen Vertretung durch die übrigen Geschäftsführer besteht (*BGH ZIP 89, 497*).

- **Organisatorisches:** Der Vorsitzende beruft den Aufsichtsrat mindestens einmal im Kalenderhalbjahr ein (*§ 52 I GmbHG bzw. § 25 I Nr. 2 MitBestG bzw. § 1 I Nr. 3 DrittelbG i.V.m. § 110 III AktG*).
  Die Einberufung muss ferner auch auf Verlangen eines einzelnen Aufsichtsratsmitglieds oder des Geschäftsführers unter Angabe der Gründe und des Zwecks erfolgen (*§ 110 I 1 AktG*); beim fakultativen Aufsichtsrat kann die Satzung eine hiervon abweichende Regelung enthalten.
  Die Einberufung ist den Mitgliedern zusammen mit einer Tagesordnung eine angemessene Zeit vor der Sitzung zuzustellen. Die Tagesordnung wird vom Vorsitzenden bestimmt, wobei dieser auf Wünsche einzelner Mitglieder einzugehen hat. Die Wahl des Vorsitzenden und eines Stellvertreters erfolgt durch den Aufsichtsrat selbst.
  Eine Vergütung der Aufsichtsratsmitglieder kann durch Satzung oder Gesellschafterbeschluss festgelegt werden (*§ 113 AktG*).

- **Beschlussfassung:** Entscheidungen des Aufsichtsrats bedürfen der einfachen Mehrheit der anwesenden Mitglieder. Bei einer Stimmgleichheit ist der Antrag abgelehnt, wenn nicht dem Vorsitzenden ein Recht zum Stichentscheid im Gesellschaftsvertrag zugesprochen wurde.

- **Schadenersatzansprüche:** Verletzt ein Mitglied des Aufsichtsrats seine Pflichten und entsteht der Gesellschaft hierdurch ein Schaden, so steht dieser ein Schadenersatzanspruch gegen das Aufsichtsratsmitglied nach den *§§ 116 i.V.m. 93 I AktG* zu. Ist streitig, ob das Aufsichtsratsmitglied die Sorgfalt eines ordentlichen und gewissenhaften Kaufmanns angewandt hat, so trägt das Mitglied hierfür die Beweislast (*§ 93 II AktG*). Die Verjährungsfrist für den Schadenersatzanspruch beträgt zwingend fünf Jahre. Die Gesellschafterversammlung kann den Aufsichtsratsmitgliedern Entlastung erteilen (→ *Entlastung*).

Aufsteigerrechtsprechung

Wechselt ein Arbeitnehmer von seiner bisherigen Stellung in die Position des Geschäftsführers, so endet das Arbeitsverhältnis im Zweifel. Nur ein Ruhen des Arbeitsverhältnisses, das dann nach einer Abberufung als Geschäftsführer wieder auflebt, tritt regelmäßig nicht ein. Geschäftsführer, die vor ihrer Bestellung bereits Arbeitnehmer der Gesellschaft waren, fallen deshalb nach der neueren Linie der so genannten Aufsteigerrechtsprechung des Bundesarbeitsgerichts (*Urteil vom 14. Juni 2006 AP ArbGG 1979 § 5 Nr. 62; 24. November 2005 AP KSchG 1969 § 1 Wartezeit Nr. 19; 8. Juni 2000 AP ArbGG 1979 § 5 Nr. 49*) im Zweifel nicht wieder in den Status des Arbeitnehmers zurück, wenn sie von ihrem Amt abberufen werden. Eine andere Auslegung kommt nur in Ausnahmefällen in Betracht, für die deutliche Anhaltspunkte (z. B. eine ausdrückliche Vereinbarung) vorliegen müssen. Der Vorteil des Rückfalls in die Arbeitnehmerstellung für den Geschäftsführer ist, dass seine alten Arbeitnehmerrechte, insbesondere der Kündigungsschutz, wieder aufleben.

Ausfallhaftung

→ *Haftung der Gesellschafter*

Auskunfts- und Einsichtsrecht

1. Überblick

Die Gesellschafter einer GmbH haben gem. *§§ 51a, 51b GmbHG* ein Recht auf Auskunft über die Gesellschaftsangelegenheiten und Einsichtnahme in die Bücher der Gesellschaft. Das Auskunfts- und Einsichtsrecht steht jedem Gesellschafter zu, der zum Zeitpunkt der Entscheidung über dieses Recht Gesellschafter ist. Das Recht kann durch die Satzung nicht ausgeschlossen werden (*§ 51a III GmbHG*). Allerdings besteht die Möglichkeit, das Verfahren durch Satzung näher zu regeln.

2. Einzelfragen

- **Gegenstand:** Gegenstand des Auskunftsrechts sind die Angelegenheiten der Gesellschaft. Hierzu gehören alle Tatsachen und Daten, die für die Gewinnermittlung und -verwendung wesentlich sind, wozu zumindest Buchhaltungsunterlagen, Anstellungsverträge und Verhältnisse mit verbundenen Unternehmen gehören (*BGH WM 1988, 1447*).

- **Unverzüglichkeit:** Die Auskunft ist unverzüglich, d. h. ohne schuldhaftes Zögern vom Geschäftsführer zu erteilen (*§ 51a I GmbHG*). Wann eine schuldhafte Verzögerung vorliegt, hängt von verschiedenen Faktoren ab, wie z. B. dem Umfang und der Schwierigkeit der zu besorgenden Auskunft, der anderweitigen Belastung des Geschäftsführers und der Dringlichkeit der Auskunftserteilung für den Gesellschafter.

- **Form:** Es besteht kein Anspruch auf schriftliche Auskunftserteilung. Eine solche kann demnach auch mündlich erteilt werden. Das Einsichtsrecht besteht nur in den Geschäftsräumen der Gesellschaft. Eine Pflicht der Gesellschaft, Kopien von Unterlagen zu fertigen und dem ersuchenden Gesellschafter zukommen zu lassen, besteht nicht. Der Gesellschafter ist aber berechtigt, sich aus den Unterlagen Kopien zu fertigen, für deren Kosten er selbst aufkommen muss.

- **Kosten:** Mit Ausnahme der Kosten für auf Wunsch des Gesellschafters erstellte Kopien trägt die Gesellschaft etwaige entstandene weitere Kosten der Auskunftseinholung und Einsichtnahme.

- **Verweigerungsrecht:** Der Geschäftsführer darf die Auskunft verweigern, wenn zu befürchten ist, dass der Gesellschafter die Auskünfte für gesellschaftsfremde Zwecke gebraucht und dadurch die Gesellschaft oder ein mit ihr verbundenes Unternehmen einen erheblichen Nachteil erleiden würde (*§ 51a II 1 GmbHG*).

„Gesellschaftsfremd“ ist der Zweck auf jeden Fall, wenn die Daten zur Verwendung in einem Konkurrenzunternehmen benutzt werden.
„Nachteil“ im Sinne des *§ 51a GmbHG* bedeutet jede Beeinträchtigung von Gesellschaftsinteressen und kann auch in einer Rufschädigung zu sehen sein.
Für die Verweigerung des Auskunfts- und Einsichtsrechts bedarf es eines Beschlusses der Gesellschafter (*§ 51a II 2 GmbHG*), bei dem derjenige Gesellschafter, der die Auskunft verlangt, kein Stimmrecht hat.
Verweigert der Geschäftsführer nachhaltig und unberechtigt die Informationserteilung, kann dies einen wichtigen Grund für eine fristlose Kündigung des Anstellungsvertrages darstellen.

- **Gerichtliche Geltendmachung:** Verweigert der Geschäftsführer die Auskunft, so kann der Gesellschafter den Informationsanspruch gegen die Gesellschaft im gerichtlichen Verfahren durchsetzen (*§ 51b GmbHG i.V.m. § 132 I, III bis V AktG*). Ein Anspruch auf einstweiligen Rechtsschutz besteht nicht. Antragsgegner für eine gerichtliche Geltendmachung ist die Gesellschaft, vertreten durch den Geschäftsführer. Die ausschließliche Zuständigkeit für das Gerichtsverfahren liegt beim Landgericht am Sitz der Gesellschaft. Da im Verfahren der freiwilligen Gerichtsbarkeit entschieden wird, hat das Gericht den Sachverhalt von Amts wegen zu erforschen. Kommt das Gericht trotz seiner Nachforschungen nicht zu einem Ergebnis über den Bestand eines Auskunfts- oder Einsichtsrechts, so geht dies zu Lasten der Gesellschaft. Diese hat demnach Auskunft zu erteilen oder Einsicht zu gewähren. Verliert der Gesellschafter während des Verfahrens seine Gesellschafterstellung, so erlischt auch sein Auskunftsrecht.

- **Schadenersatzansprüche:** Entsteht der Gesellschaft entweder durch die vom Geschäftsführer erklärte unberechtigte Verweigerung oder Erteilung der Auskunft ein Schaden und war die Erklärung nicht durch einen Gesellschafterbeschluss gedeckt, so hat der Geschäftsführer der Gesellschaft den ihr entstandenen Schaden zu ersetzen (*§ 43 GmbHG*). Der Gesellschafter haftet gegenüber der Gesellschaft, wenn er die erlangten Informationen gesellschaftsschädigend verwendet und hierdurch der Gesellschaft einen Schaden zufügt. Der Geschäftsführer haftet dem Gesellschafter nicht unmittelbar, da sich der Informationsanspruch nur gegen die Gesellschaft richtet.

Ausscheiden eines Gesellschafters

1. Überblick

Scheidet ein Gesellschafter aus der Gesellschaft aus, so ist dies als die Beendigung der Anteilseignerschaft des Gesellschafters unter Fortführung der Gesellschaft zu verstehen. Zu den Ausscheidungsgründen gehören u. a.:

- die Anteilsabtretung,
- die freiwillige und zwangsweise Einziehung der Anteile,
- die Kündigung,
- das Abandon (= Preisgaberecht von Gesellschaftsrechten),
- die Kaduzierung (= Verfallserklärung hinsichtlich geleisteter Einlagen eines Gesellschafters, der mit seiner satzungsmäßigen Einzahlung im Verzug ist) und
- das Ausscheiden durch Ausschluss.

2. Einzelfragen

- **Anteilsabtretung:** Ein Gesellschafter kann seinen Anteil veräußern und vererben. Überträgt einer der Gesellschafter seinen Anteil, so geht dieser mit allen mitgliedschaftlichen Rechten und Pflichten auf den Erwerber über. Die Übertragung bedarf notarieller Beurkundung und wird der GmbH gegenüber erst ab dem Zeitpunkt wirksam, ab dem sie bei ihr angemeldet wurde. Unter bestimmten Voraussetzungen kann die Gesellschaft auch eigene Anteile erwerben. In der Satzung kann die allgemein freie Verfügbarkeit der Gesellschafter über ihre Anteile eingeschränkt oder von einer Genehmigung der übrigen Gesellschafter oder der Gesellschaft abhängig gemacht werden.

- **Freiwillige Einziehung von Anteilen (*§ 34 I GmbHG*):** Mit Zustimmung des Gesellschafters kann die Gesellschaft dessen Anteil einziehen, mit der Folge, dass dieser mit allen Rechten und Pflichten untergeht. Hierzu ist erforderlich, dass die Satzung die Einziehung vorsieht, der betroffene Anteil voll eingezahlt ist und die Auszahlung des Einziehungsentgelts aus einem Gewinnvortrag oder offenen Rücklagen erfolgt. Der eingezogene Geschäftsanteil geht durch die Einziehung unter. Die dadurch entstehende Lücke zwischen der Summe der Nennbeträge der Geschäftsanteile und dem Betrag des Stammkapitals muss geschlossen werden, am einfachsten durch Aufstockung des Nennbetrags der verbliebenen Geschäftsanteile (*§ 5 III GmbHG*).

- **Zwangseinziehung von Anteilen:** Die Zwangseinziehung bedeutet den Entzug der Mitgliedschaft gegen den Willen des betroffenen Gesellschafters. Ein solches Vorgehen ist möglich, wenn neben den Voraussetzungen für die freiwillige Einziehung in der Satzung sachliche Gründe zur Einziehung geregelt sind. Eine nachträgliche Aufnahme sachlicher Gründe in die Satzung kann nur mit Zustimmung aller Gesellschafter erfolgen.

- **Kündigung:** Mangels gesetzlicher Regelung ist ein Austritt eines Gesellschafters durch Kündigung nur möglich, wenn die Satzung dies vorsieht. Die Regelung sollte hierbei unbedingt dahingehend lauten, dass die Kündigung eines Gesellschafters nicht die Auflösung der Gesellschaft zur Folge haben soll.

- **Abandon:** Enthält die Satzung eine unbeschränkte Nachschusspflicht (*§ 27 GmbHG*), so kann der Gesellschafter sich von dieser Pflicht befreien, wenn er innerhalb eines Monats nach der Aufforderung zur Einzahlung der Gesellschaft den Anteil zur Befriedigung zur Verfügung stellt. Dies geschieht durch formlose, empfangsbedürftige Willenserklärung einem Geschäftsführer gegenüber. Sollte die Frist ohne diese Erklärung des Gesellschafters ablaufen, so kann die Gesellschaft ihrerseits dem Gesellschafter gegenüber die Einziehung des Anteils bewirken. Vor Zugang eines entsprechenden Schreibens kann der Gesellschafter durch die volle Leistung das Abandon verhindern. Kommt der Gesellschafter der Aufforderung zur Einzahlung nicht nach, so hat die Gesellschaft den Anteil innerhalb eines Monats im Wege der öffentlichen Versteigerung verkaufen zu lassen. Unerheblich ist, ob der Gesellschafter seiner Nachschusspflicht nicht nachkommen will oder kann.

- **Kaduzierung:** Übernimmt ein Gesellschafter bei der Gründung oder einer Kapitalerhöhung der Gesellschaft eine Stammeinlage und erbringt diese trotz Androhung des Ausschlusses nicht, so kann die Gesellschaft den Gesellschafter von der Gesellschaft ausschließen. Die einzelnen Voraussetzungen sind:
  - der fruchtlose Ablauf der Zahlungsfrist,
  - die Aufforderung zur Erbringung der fälligen Stammeinlage durch den Geschäftsführer,
  - die erneute Aufforderung mittels eingeschriebenen Briefs zur Zahlung unter Bezifferung der fälligen Leistung und Setzung einer mindestens einmonatigen Nachfrist; auch die Androhung des Ausschlusses unter Verlust des Anteils nach fruchtlosem Ablauf der Frist muss hierin enthalten sein.

  Kommt der Gesellschafter dennoch seiner Pflicht nicht nach, so ist ihm der Verlust seines Anteils mittels eingeschriebenen Briefs durch den Geschäftsführer zu erklären. Eines Gesellschafterbeschlusses bedarf es hierfür nicht. Mit dem Verlust seines Anteils verliert der Gesellschafter alle mitgliedschaftlichen Rechte und Pflichten.

- **Ausscheiden durch Ausschluss:** Liegt ein wichtiger Grund in der Person des Gesellschafters vor, so kann dieser gegen seinen Willen ausgeschlossen werden, wenn eine Fortsetzung der Gesellschaft mit ihm den anderen Gesellschaftern gegenüber unzumutbar erscheint. Die Gesellschafter beschließen über den Ausschluss in der Gesellschafterversammlung und müssen diesen dann per Ausschlussklage gerichtlich geltend machen. Nach Vorlage eines rechtskräftigen Ausschlussurteils kann die Gesellschaft zwischen der Einziehung des Anteils oder dessen Vermittlung an die Gesellschafter oder einen Dritten wählen. Auch ein eigener Erwerb der Anteile durch die Gesellschaft ist möglich.

Ausschluss von der Geschäftsführung

1. Überblick

Geschäftsführer können nur natürliche, unbeschränkt geschäftsfähige Personen sein (*§ 6 II 1 GmbHG*).

2. Einzelfragen

- **Ausschlussgründe:** Ausgeschlossen sind demnach:
  - Betreute Personen, soweit sie bei der Besorgung ihrer Vermögensangelegenheiten einem Einwilligungsvorbehalt unterliegen (*§ 1903 BGB*).
  - Personen, gegen die aufgrund eines Urteils oder einer vollziehbaren Entscheidung der Verwaltungsbehörde die Ausübung eines Berufs, Berufszweigs, Gewerbes oder Gewerbezweigs untersagt worden ist, falls die angestrebte Geschäftsführerstellung in einem Unternehmen sein soll, dessen Gegenstand ganz oder teilweise mit dem des ausgesprochenen Verbots übereinstimmt (*§ 6 II 42 Nr. 2 GmbHG*).
  - Personen, die wegen einer oder mehrerer vorsätzlich begangener Straftaten des Unterlassens der Stellung des Antrags auf Eröffnung des Insolenzverfahrens (Insolvenzverschleppung)
  - nach den *§§ 283* bis *283d* des Strafgesetzbuches (Insolvenzstraftaten) der falschen Angaben nach *§ 82* dieses Gesetzes oder *§ 399* des Aktiengesetzes der unrichtigen Darstellung nach *§ 400* des Aktiengesetzes, *§ 331* des Handelsgesetzbuchs, *§ 313* des Umwandlungsgesetzes oder *§ 17* des Publizitätsgesetzes oder
  - nach den *§§ 263* bis *§ 264a* oder den *§§ 265b* bis *266a* des Strafgesetzbuches zu einer Freiheitsstrafe von mindestens einem Jahr verurteilt worden sind. Dieser Ausschluss gilt für die Dauer von fünf Jahren seit der Rechtskraft des

Urteils, wobei die Zeit nicht eingerechnet wird, in welcher der Täter auf behördliche Anordnung in einer Anstalt verwahrt worden ist. Der Ausschluss gilt entsprechend auch für eine Verurteilung im Ausland, wenn die Tat mit einer mit den oben genannten Taten vergleichbar ist.
– Ein strafrechtliches oder vorläufiges ehren- oder berufsgerichtliches Berufsverbot hat hingegen keine notwendige Beendigung der Organstellung zur Folge.

- **Versicherung:** Der Geschäftsführer hat in seiner Anmeldung beim Handelsregister zu versichern, dass die Ausschlussgründe aus *§ 6 II 2 Nr. 2 und 3* sowie *Satz 3 GmbHG* in seiner Person nicht vorliegen. Ohne diese Erklärung liegt ein Eintragungshindernis vor, welches zu einer Zurückweisung der Anmeldung führt.

- **Folgen des Vorliegens von Ausschlussgründen:** Wird ein Geschäftsführer trotz Vorliegens einer der Ausschlussgründe bestellt, so ist die Bestellung ohne Rücksicht auf Kenntnis des Mangels nichtig. Ein späteres Wegfallen des Grundes ist unbeachtlich. Tritt einer der Gründe erst später ein, so endet das Amt des Geschäftsführers von selbst. Bei einer Eintragung des Geschäftsführers in das Handelsregister und späterer Unwirksamkeit der Geschäftsführerstellung sind außenstehende Dritte, die auf diese Stellung vertraut haben, durch die Eintragung nach *§ 15 HGB* geschützt, d. h. die Gesellschaft und der Geschäftsführer müssen sich so behandeln lassen, als ob die Geschäftsführerstellung immer noch bestünde.

B

Beendigung des Geschäftsführeranstellungsverhältnisses

1. Überblick

Üblicherweise endet das Geschäftsführeranstellungsverhältnis durch ordentliche oder außerordentliche Kündigung, Aufhebungsvertrag oder Zeitablauf. Ein Sonderfall ist der (→ *Ausschluss von der Geschäftsführung*).

2. Einzelfragen

- **Ordentliche Kündigung:** Ist der Anstellungsvertrag nicht auf eine bestimmte Dauer befristet, so kann das Anstellungsverhältnis beiderseitig durch ordentliche Kündigung beendet werden (*§ 620 II BGB*). Die ordentliche Kündigung bedarf keines Grundes. Enthält der Anstellungsvertrag keine Kündigungsfrist, so gelten für Fremdgeschäftsführer und nicht beherrschende Gesellschafter-Geschäftsführer die nach Betriebszugehörigkeit gestaffelten Kündigungsfristen für Arbeitnehmer entsprechend *§ 622 I BGB (BGHZ 79, 291; 91, 217)*. Für beherrschende und Allein-Gesellschafter-Geschäftsführer gelten die Sonderkündigungsfristen des *§ 621 BGB*, abhängig davon, nach welchen Abschnitten die Vergütung bemessen ist.
  Das Recht zur ordentlichen Kündigung kann im Anstellungsvertrag ausgeschlossen oder beschränkt werden.

- **Fristlose Kündigung:** Liegt ein wichtiger Grund vor, kann das Anstellungsverhältnis fristlos gekündigt werden (*§ 626 I BGB*). Ein wichtiger Grund liegt nur vor, wenn aus objektiver Sicht die Fortsetzung des Anstellungsverhältnisses bis zum Ablauf der ordentlichen Kündigungsfrist unzumutbar ist. Hierbei sind die Gesamtumstände des Einzelfalls zu würdigen.
  Zu den wichtigen Gründen für die Gesellschaft zählen u. a.:
  - die unberechtigte Amtsniederlegung,
  - schwere Vertrauensbrüche,
  - mangelnde Dienstbereitschaft,
  - die Überschreitung von Geschäftsführerbefugnissen,
  - Unfähigkeit des Geschäftsführers,
  - die wiederholte Widersetzung gegen Weisungen der Gesellschafter,
  - ein außerdienstliches strafbares Verhalten,
  - die Fälschung von Buchungsunterlagen,
  - Verstöße gegen das Wettbewerbsverbot,

- die Annahme von Bestechungsgeldern und
- die Verweigerung von Auskünften gegenüber den Gesellschaftern.

Der Geschäftsführer kann als wichtigen Grund u. a. geltend machen:
- die unbegründete Entziehung oder Beschränkung der Vertretungsbefugnis,
- keine oder schleppende Bezahlung,
- nicht fundierte, kränkende Vorwürfe durch die Gesellschafter oder andere Geschäftsführer,
- die Abberufung aus der Organstellung,
- die Zumutung, gesetzeswidrige Beschlüsse der Gesellschafterversammlung durchzuführen und,
- die nachträgliche Beschränkung der Geschäftsführerbefugnisse im Kernbereich.

Die Kündigung aus wichtigem Grund muss innerhalb von zwei Wochen nach Kenntnis des wichtigen Grundes erfolgen (*§ 626 II BGB*); danach ist sie allein wegen Ablaufes der Frist unwirksam. Für die Gesellschaft beginnt die Frist, wenn alle Gesellschafter Kenntnis von den Kündigungstatsachen erlangt haben. Sie endet zwei Wochen danach, sofern es der Gesellschafterversammlung innerhalb dieser Zeit möglich ist, gesetzes- und satzungsgemäß zusammenzukommen, wirksam zu beschließen und die Kündigungserklärung dem Geschäftsführer zuzustellen (*BGH NJW, 98, 3274*).

Ein Ausschluss des Rechts zur Kündigung aus wichtigem Grund im Anstellungsvertrag ist unzulässig. Der Anstellungsvertrag kann jedoch besonders schwerwiegende Vertragsverletzungen des Geschäftsführers als wichtigen Kündigungsgrund definieren.

- **Wahrung der Kündigungsfrist:** Falls nicht abweichend im Anstellungsvertrag geregelt, ist für die Wahrung der Kündigungsfrist der Zugang der Kündigung beim Kündigungsgegner maßgeblich. Beim Einwurf in den Briefkasten geht die Kündigung nur dann noch am gleichen Tag zu, wenn der Einwurf zu einer Tageszeit erfolgt, zu der üblicherweise die allgemeine Post zugestellt wird.

- **Form der Kündigung:** Die Kündigung bedarf derjenigen Form, die im Anstellungsvertrag vereinbart wurde, üblicherweise der einfachen Schriftform. Häufig sieht der Anstellungsvertrag eine Kündigung per Einschreiben vor, wobei unklar ist, ob das Einschreiben tatsächlich als Wirksamkeitserfordernis gedacht sein soll oder lediglich als Beweismittel. Fehlt eine vertragliche Regelung über die Form der Kündigung, so muss diese gem. *§ 623 BGB* schriftlich erfolgen.

- **Zuständigkeiten:** Kündigt die Gesellschaft, bedarf es zunächst eines entsprechenden Gesellschafterbeschlusses. Die Kündigung selbst wird daraufhin durch die Gesellschaft ausgesprochen, wobei sie hier nicht durch einen Geschäftsführer vertreten werden darf, sondern durch das Organ, welches den Geschäftsführer bestellt hat. Üblicherweise wird dies die Gesellschafterversammlung sein, wenn nicht in der Satzung einem anderen Organ (Aufsichtsrat, Beirat) diese Kompetenz zugewiesen ist. Eine Ausnahme gilt für den Fall, dass das Anstellungsverhältnis nach der Abberufung des Geschäftsführers oder dessen Amtsniederlegung als Arbeitsverhältnis fortgeführt wurde; dann muss der neue oder ein anderer Geschäftsführer die Kündigung erklären.

  Kündigt der Geschäftsführer, ist die Kündigung an die Gesellschaft zu adressieren. Sie geht dann zu, wenn sie einem anderen Geschäftsführer zugeht, auch wenn Kollektivvertretung besteht. Ob auch die Gesellschafter zur Entgegennahme der Kündigung zuständig sind, ist streitig, wohl aber für den Fall, dass der alleinige Geschäftsführer kündigt, zu bejahen.

- **Rechtsschutz:** Der Geschäftsführer kann nach erfolgter Kündigung vor den Zivilgerichten Feststellungsklage dahingehend erheben, dass das Dienstverhältnis durch die Kündigung nicht aufgelöst wurde. Im Fall der Kündigung aus wichtigem Grund kann er insbesondere das Fehlen eines wichtigen Grundes geltend machen. Die für Arbeitnehmer nach dem KSchG geltende dreiwöchige Frist zur Klageerhebung (*§ 13 I 2 KSchG*) gilt nicht für den Geschäftsführer als Organ einer juristischen Person (*§ 14 I Nr. 1 KSchG*), jedoch kann bei längerem Warten das Recht zur Klageerhebung verwirkt sein; eine Klage sollte daher spätestens binnen sechs Monaten ab Zugang der Kündigung erhoben werden.

- **Schadenersatzansprüche:** Veranlasst ein Teil durch sein vertragswidriges Verhalten eine Kündigung aus wichtigem Grund, ist dieser zum Ersatz des durch die Aufhebung des Dienstverhältnisses entstandenen Schadens verpflichtet (*§ 628 II BGB*). Das vertragswidrige Verhalten eines anderen Geschäftsführers ist hierbei der Gesellschaft über ihre Organhaftung zuzurechnen (*§ 31 BGB*) (→ *Organhaftung*).

- **Folgen der Beendigung des Anstellungsverhältnisses:** Der Geschäftsführer hat Anspruch auf Erteilung eines wohlwollenden und qualifizierten Zeugnisses. Er hat keinen Anspruch auf Entlastung, jedoch steht ihm der Weg zu den Zivilgerichten mit dem Feststellungsbegehren offen, dass der Gesellschaft keine Ansprüche mehr gegen ihn zustehen. Der Geschäftsführer muss sämtliche Geschäftsunterlagen zurückgeben und Rechnung ablegen.

3. Tipps und Beispiele

! Der Geschäftsführer sollte versuchen, das Recht der Gesellschaft zur ordentlichen Kündigung – zumindest zeitweilig – im Anstellungsvertrag auszuschließen oder zu beschränken.

Beispiele:

„Die Gesellschaft kann diesen Anstellungsvertrag nur aus wichtigem Grund kündigen."

„Dieser Anstellungsvertrag läuft auf unbeschränkte Zeit. Die ordentliche Kündigung dieses Anstellungsvertrags durch die Gesellschaft ist erstmals zum 31. Dezember 2010 möglich."

Beirat

Der Beirat ist in seiner Funktion und seiner Organisation dem fakultativen Aufsichtsrat vergleichbar (→ *Aufsichtsrat*).

Berufsverbot

→ *Ausschluss von der Geschäftsführung*

Beschlussfassung der Gesellschafter

1. Überblick

Die Willensbildung innerhalb der Gesellschaft erfolgt durch Gesellschafterbeschluss. Neben den gesetzlich normierten Beschlussfassungsgründen kann die Satzung weitere Angelegenheiten der Beschlussfassung durch die Gesellschafter unterstellen.

2. Einzelfragen

- **Gesellschafterversammlung:** Die Gesellschafterversammlung ist beschlussfähig, wenn sie nach dem Gesetz oder der Satzung wirksam einberufen wurde und mindestens ein Gesellschafter zur Versammlung erschienen ist. Die Anzahl der Stimmen eines Gesellschafters hängt von der Größe seines Anteils ab. Nicht

abgegebene Stimmen oder Enthaltungen zählen nicht. Konnte ein Gesellschafter nicht zur Versammlung erscheinen und hat dieser keinen Bevollmächtigten geschickt, so wird eine schriftliche oder in anderer Form vorgenommene Stimmabgabe nicht berücksichtigt.
Gesellschafterbeschlüsse bedürfen grundsätzlich der einfachen Mehrheit der abgegebenen Stimmen. Satzungsänderungen bedürfen einer Mehrheit von 75 % der Stimmen. Bei Stimmgleichheit gilt der Gesellschafterbeschluss als abgelehnt. Die Satzung kann hiervon abweichende Regelungen enthalten, insbesondere zu bestimmten Fragen andere Mehrheitserfordernisse vorsehen.
Die Gesellschafterbeschlüsse sind, soweit sie nicht – wie bei Satzungsänderungen – ausnahmsweise der Eintragung im Handelsregister bedürfen, sofort nach Beschlussfassung wirksam. Ein Verstoß gegen diese Formvorschriften hat die Anfechtbarkeit des Beschlusses zur Folge und nicht dessen Nichtigkeit.

- **Beschlussfassung außerhalb der Gesellschafterversammlung:** Gesellschafterbeschlüsse können auch außerhalb von Gesellschafterversammlungen im schriftlichen Verfahren gefasst werden (*§ 48 II GmbHG*). Dabei müssen sich alle Gesellschafter schriftlich mit der zu treffenden Bestimmung oder mit der schriftlichen Abgabe der Stimmen einverstanden erklären. Die Satzung kann auch Gesellschafterbeschlüsse per Telefax für zulässig erklären.

- **Teilnahme des Geschäftsführers:** Die Gesellschafter können verlangen, dass der Geschäftsführer an der Gesellschafterversammlung teilnimmt. Umgekehrt hat der Geschäftsführer kein Recht auf Teilnahme.

Bestellung des Geschäftsführers

1. Überblick

Die Bestellung eines oder mehrerer Geschäftsführer ist notwendige Voraussetzung für die rechtswirksame Entstehung einer GmbH. Verliert die GmbH später ihren Geschäftsführer, führt das nicht zum Verlust ihrer Rechtspersönlichkeit und Rechtsfähigkeit. Bis zur Neubestellung eines Geschäftsführers, regelmäßig durch die Gesellschafter und notfalls durch das Registergericht (→ *Notgeschäftsführer*), nehmen die Prokuristen und/oder Handlungsbevollmächtigten die Geschäfte für die GmbH wahr und zwar im Rahmen der ihnen durch Gesetz und Satzung verliehenen Befugnisse.

2. Einzelfragen

- **Tauglicher Personenkreis:** Geschäftsführer einer GmbH kann nur eine natürliche unbeschränkt geschäftsfähige Person sein, wobei die Staatsangehörigkeit unerheblich ist. Einen inländischen Wohnsitz bzw. eine Aufenthaltsgenehmigung und Arbeitserlaubnis benötigt der Geschäftsführer ebenfalls nicht (*OLG Düsseldorf GmbHR 1978, 110*). Einige Gerichte versagen einem Geschäftsführer, der nicht über ein zur jederzeitigen Einreise berechtigendes Visum verfügt, die Bestellung zum Alleingeschäftsführer (*OLG Köln, GmbHR 1999, 182 und OLG Hamm, DB 1999, 2001*).
  Durch eine Regelung in der Satzung kann die Bestellung als Geschäftsführers von der Erfüllung bestimmte Voraussetzungen abhängig gemacht werden, z. B. nur bei gleichzeitiger Gesellschafterstellung, Mindestalter, Geschlecht oder bestimmte Ausbildung. Wird nun ein Geschäftsführer durch Beschluss der Gesellschafterversammlung bestimmt, der diese Voraussetzungen nicht erfüllt, so ist zwar die Bestellung wirksam, aber anfechtbar.
  Ein Mitglied des Aufsichtsrats kann nicht zum Geschäftsführer der GmbH bestellt werden. Ausnahmsweise kann ein Aufsichtsratsmitglied für maximal ein Jahr Aufgaben der Geschäftsführung übernehmen.

- **Trennung der Bestellung zum Geschäftsführer und des Anstellungsvertrags:** Die Bestellung zum Geschäftsführer ist strikt von dem Anstellungsvertrag (→ *Anstellungsvertrag*) zu unterscheiden. Mit der Bestellung wird die Person Organ der Gesellschaft. Der Anstellungsvertrag regelt die rechtlichen Beziehungen zwischen Geschäftsführer und Gesellschaft. Zwar ergänzen sich beide Vorgänge. Allerdings führt die Unwirksamkeit des einen Teils nicht automatisch auch zur Unwirksamkeit des anderen Teils.

- **Durchführung der Bestellung:** Grundsätzlich erfolgt die Bestellung des Geschäftsführers durch einfachen Mehrheitsbeschluss der Gesellschafter (→ *Beschlussfassung der Gesellschafter*). Die Satzung der GmbH kann die Kompetenz zur Bestellung allerdings auch abweichend regeln. So kann die Satzung bestimmen, dass die Bestellung durch ein anderes Organ (z. B. den Verwaltungsrat) nur durch bestimmte Gesellschafter oder Gesellschaftergruppen oder durch eine bestimmte Behörde erfolgen kann.

- **Folgen einer fehlerhaften Bestellung:** Wird ein Geschäftsführer trotz der Ausschlussgründe des *§ 6 II GmbHG* (→ *Ausschluss von der Geschäftsführung*) von der Gesellschafterversammlung bestellt, so ist dieser Gesellschafterbeschluss nichtig. Ist die Eintragung des Geschäftsführers gesetzeswidrig, so besteht ein

Eintragungshindernis, welches nur durch die wirksame Geschäftsführerbestellung beseitigt werden kann. Auch der fehlerhaft bestellte Geschäftsführer wird jedoch, soweit er die Geschäfte der Gesellschaft tatsächlich führt, als wirksamer Geschäftsführer behandelt. Gutgläubige Dritte, die auf die Erklärungen des im Handelsregister eingetragenen Geschäftsführers vertrauten, werden nach *§ 15 I HGB* geschützt, da die Gesellschaft für die abgeschlossenen Geschäfte dem Vertragspartner gegenüber verpflichtet wird. Sofern die Gesellschafter jedoch vorsätzlich oder grob fahrlässig einer Person, die nicht Geschäftsführer sein kann, die Geschäftsleitung überlassen, haften diese nach *§ 6 V GmbHG* gegenüber der Gesellschaft solidarisch für den daraus entstehenden Schaden.

- **Notgeschäftsführer:** Die gerichtliche Bestellung eines Geschäftsführers kommt nur dann in Betracht, wenn die Gesellschafter keinen Geschäftsführer bestellt haben, der Antrag eines Beteiligten vorliegt und es sich um einen dringenden Fall handelt. Ein solcher Fall wird regelmäßig dann vorliegen, wenn die Gesellschafter sich nicht einigen können. Nicht hingegen, wenn der Geschäftsführer sich weigert, einzelne Geschäftsführungsakte vorzunehmen. Eine Notgeschäftsführerbestellung ist aber erforderlich, wenn die Geschäftsführungstätigkeit grundsätzlich abgelehnt wird. Die Bestellung eines Notgeschäftsführers ist befristet, bis der Mangel behoben wird (*BGH Z 33, 193*).

- **Vereinbarung von Probezeit:** Es ist zulässig, dass im Rahmen der Bestellung des Geschäftsführers eine Probezeit vereinbart wird. Dies geschieht nicht unbedingt, um eine frühzeitige Kündigung und damit eine Trennung zu erleichtern. Sinn und Zweck ist es, dass die Parteien für sich selbst feststellen können, ob die Zusammenarbeit in der konkreten Form für sie zufriedenstellend ist (→ *Zeitvertrag*). Neben der Vereinbarung einer Probezeit ist ferner die auflösend bedingte Bestellung eines Geschäftsführers zulässig (*BGH ZIP 2005, 2255*).

3. Tipps und Beispiele

Muster für Bestellungsbeschluss eines Geschäftsführers

Wir, die unterzeichnenden
Herr/Frau (Vorname) (Nachname) ....
Herr/Frau (Vorname) (Nachname) ....

haben mit notarieller Urkunde vom heutigen Tag .... des Notars ....
eine Gesellschaft mit beschränkter Haftung .... gegründet.

Unter Verzicht auf alle Frist-, Ladungs- und Formvorschriften fassen wir in der ersten Gesellschafterversammlung der neugegründeten .... GmbH folgende Gesellschafterbeschlüsse:

(Gesellschafterbeschlüsse)

Zum Geschäftsführer der .... GmbH wird Herr/Frau .... , (Beruf) .... , (Straße) .... , (Ort) .... bestellt.

Der Geschäftsführer vertritt die Gesellschaft allein, wenn er ihr einziger Geschäftsführer ist. Sind mehrere Geschäftsführer bestellt, so wird die Gesellschaft durch zwei Geschäftsführer vertreten (hier sind andere Konstellationen möglich). Die Gesellschafter können den Geschäftsführern oder einzelnen von ihnen Alleinvertretungsbefugnis verleihen und sie von den Beschränkungen des *§ 181 BGB* befreien.

Die Einzelheiten des Anstellungsverhältnisses des Geschäftsführers werden in einem besonderen Anstellungsvertrag geregelt.

Der Geschäftsführer wird angewiesen, ab heute mit der Geschäftstätigkeit zu beginnen.

Wir erklären sodann die Gesellschafterversammlung für beendet.

Ort/Datum ....

Die Gesellschafter ....

Betriebsprüfung

1. Überblick

In unregelmäßigen Abständen finden bei gewerblichen Betrieben Betriebsprüfungen statt, die durch die für die Besteuerung zuständigen Finanzbehörden zur sachdienlichen, objektiven Untersuchung der steuerlichen Sachverhalte vorgenommen werden.

2. Einzelfragen

- **Besondere Anlässe:** Besondere Anlässe für eine Betriebsprüfung können z.B. Finanzierungslücken, unschlüssige Steuererklärungen, außergewöhnliche Betriebsausgaben, starke Umsatzschwankungen ohne erkennbaren Grund und die Geltendmachung eines Vorsteuerabzugs sein.

- **Bekanntgabe:** Eine angemessene Zeit vor dem Beginn der Prüfung sind der Gesellschaft die Prüfungsanordnung, der geplante Prüfungsbeginn und die Namen der Prüfer schriftlich bekannt zu geben, wenn hierdurch nicht die Gefahr entsteht, dass der Prüfungszweck vereitelt wird. Liegen bei Steuerpflichtigen wichtige Gründe vor, so kann der Termin auf Antrag beim zuständigen Finanzamt verlegt werden.

- **Umfang:** Der Umfang der Betriebsprüfung wird von der Finanzverwaltung in einer schriftlich zu erteilenden Prüfungsanordnung (*§ 196 AO*) angeordnet und kann eine oder mehrere Steuerarten oder bestimmte Besteuerungszeiträume erfassen. Für die Prüfungshäufigkeit und den Prüfungszeitraum ist die Größenordnung des Unternehmens ausschlaggebend. In der Regel werden die vergangenen drei Steuerjahre geprüft. Die Ergebnisse der Betriebsprüfung werden in der sog. Schlussbesprechung erörtert. Sofern es zu Beanstandungen bei der Prüfung gekommen ist, erstellt die Finanzverwaltung einen Abschlussbericht, den die Gesellschaft einsehen und kommentieren darf, bevor es zur Berechnung etwaiger Nachzahlungen kommt.

- **Pflichten des Geschäftsführers in der Betriebsprüfung:** Der Geschäftsführer muss den Betriebsprüfern die Aufzeichnungen und Bücher der Gesellschaft vorlegen, den Prüfern die Besichtigung der Betriebsräume und – grundstücke gestatten (*§ 200 III AO*) sowie die Einsichtnahme in gespeicherte Daten gewähren (*§ 147 Abs. 6 AO*).

Buchführungspflicht

B

1. Überblick

Die GmbH ist als Handelsgesellschaft (*§ 13 III GmbHG*) zur doppelten Buchführung verpflichtet (*§ 41 GmbHG, §§ 6 I, 238 I, 242 HGB*). Daneben hat die GmbH nach *§ 140 AO* eine steuerrechtliche Buchführungspflicht.

2. Einzelfragen

- **Zuständigkeit:** Sämtliche Geschäftsführer haben die Pflicht zur Buchführung auch unabhängig von einer Ressortverteilung bei mehreren Geschäftsführern. Unerheblich ist, ob die Geschäftsführer die Bücher selbst führen oder für eine ordnungsgemäße Buchführung sorgen. Die Geschäftsführer müssen aber imstande sein, jederzeit in die Buchführung eingreifen zu können und diese an sich zu ziehen. Eine Einschränkung oder gar der Ausschluss der Buchführungspflicht durch Satzung, Anstellungsvertrag oder Absprache unter den Geschäftsführern ist nicht möglich.

- **Form:** Die Buchführung ist so zu gestalten, dass sie einem sachverständigen Dritten innerhalb einer angemessenen Zeit einen Überblick über die Geschäftsvorfälle und über die Lage der Gesellschaft vermitteln kann (*§ 238 I 2 HGB*).

- **Inhalt:** Die Buchführungspflicht umfasst die Pflicht zur Erstellung eines Inventars (*§ 240 HGB*), der Aufstellung der Eröffnungsbilanz, des Jahresabschlusses (*§ 242 ff. HGB*) und des Lageberichts (*§ 289 I HGB*). Auch die Mitwirkung der Geschäftsführer bei der Betriebsprüfung zählt zu den Buchführungspflichten. Die Geschäftsführer haben hierbei den Prüfern bei der Feststellung der Sachverhalte durch Auskünfte und Vorlage von Unterlagen sowie deren Erörterung behilflich zu sein.

- **Aufbewahrungspflichten:** Gemäß *§ 257 HGB* sind Handelsbücher, Inventare, Eröffnungsbilanzen, Jahresabschlüsse, Lageberichte, Konzernabschlüsse, Konzernlageberichte sowie die zu ihrem Verständnis erforderlichen Arbeitsanweisungen und sonstigen Organisationsunterlagen und Buchungsbelege zehn Jahre lang aufzubewahren.
  Dagegen besteht eine sechsjährige Aufbewahrungspflicht für empfangene Handelsbriefe und Wiedergaben der abgesandten Handelsbriefe.

- **Folgen einer Pflichtverletzung:** Die Verletzung der Buchführungspflicht ist gemäß *§ 283 b StGB* strafrechtlich relevant. Auch für die Verletzung der steuerlichen

Buchführungspflicht haftet der Geschäftsführer persönlich (*§§ 34, 69 AO*). Zivilrechtlich haften die Geschäftsführer der Gesellschaft bei einer schuldhaften Verletzung der Buchführungspflicht für die entstandenen Schäden nach *§ 43 II GmbHG*, den Gesellschaftsgläubigern nach *§ 823 II BGB i.V.m. § 263 StGB*. Die Verletzung der Buchführungspflicht kann auch ein wichtiger Grund zur Abberufung des Geschäftsführers und Kündigung des Anstellungsvertrags sein.

D

Darlehen

1. Überblick

Nimmt die GmbH ein Darlehen auf, so stellen die Zinsen Betriebsausgaben der Gesellschaft dar. Ist die GmbH hingegen Darlehensgeberin, zählen die Zinsen zu den Betriebseinnahmen.

2. Einzelfragen

vGA: In der Gewährung eines Darlehens mit unangemessen niedrigen Zinsen an einen Gesellschafter-Geschäftsführer liegt eine verdeckte Gewinnausschüttung. Verzichtet ein Gesellschafter-Geschäftsführer z. B. in Krisenzeiten zeitweise auf Gehalt (so genannte „Gehaltsstundung“) und soll dieses nachbezahlt werden, so bedarf dies eines vorherigen schriftlichen Darlehensvertrages. Andernfalls liegt in der späteren Nachzahlung eine verdeckte Gewinnausschüttung.

Dienstwagen

1. Überblick

Geschäftsführer erhalten zumeist einen Dienstwagen. Solange die Überlassung nicht auch zum privaten Gebrauch erfolgt, darf dieser nur zu dienstlichen Zwecken genutzt werden. Häufig werden die näheren Einzelheiten der Nutzung des Dienstwagens durch eine Kraftfahrzeugordnung oder durch einen separaten Dienstwagenvertrag geregelt.

2. Einzelfragen

- **Besteuerung:** Erfolgt die Überlassung des Dienstwagens auch zum privaten Gebrauch, ist der private Nutzungsteil ein geldwerter Vorteil, der vom Geschäftsführer versteuert werden muss. Für die Versteuerung bestehen zwei Alternativen, zwischen denen innerhalb eines Steuerjahres nicht gewechselt werden darf:
  - Die Besteuerung beträgt entweder monatlich 1 % des Listenpreises (inkl. Sonderausstattung und Umsatzsteuer) zuzüglich 0,03 % des Listenpreises (inkl. Sonderausstattung und Umsatzsteuer) pro Entfernungskilometer von der Wohnung zur Arbeitsstätte.
  - Alternativ kann der Geschäftsführer den steuerpflichtigen Privatanteil an den

Gesamtkosten des Dienstwagens durch ein lückenloses Fahrtenbuch ermitteln, aus dem der Anteil der Privatfahrten an den Gesamtfahrten hervorgeht.

- **vGA:** Dienstwagen von Gesellschafter-Geschäftsführern müssen in einem angemessenen Verhältnis zum Umsatz und der Größe der Gesellschaft stehen. Andernfalls liegt eine verdeckte Gewinnausschüttung vor.

3. Tipps und Beispiele

! Der Geschäftsführer sollte darauf achten, dass die Gesellschaft nach den maßgeblichen Regelungen über den Dienstwagen nicht das Recht hat, diesen jederzeit oder bei Freistellung des Geschäftsführers ersatzlos zurückzuverlangen.

E

Ein-Mann- / Ein-Personen-GmbH

1. Überblick

Eine GmbH kann auch nur einen Gesellschafter haben. Diese so genannte Ein-Mann-GmbH bzw. Ein-Personen-GmbH kann entweder entstehen, wenn nur eine Person die Gesellschaft gründet oder wenn sich nachträglich alle Anteile in einer Person vereinigen.

Gesellschafter kann eine natürliche oder eine juristische Person sein.

Da die Personenhandelsgesellschaften OHG und KG sich als Gesellschafter an Mehr-Personengründungen beteiligen können, ist ihre Gesellschafterfähigkeit auch bei Ein-Mann-Gründungen zu bejahen. Dasselbe gilt für sonstige Gesamthandsgemeinschaften, sofern sie sich an einer GmbH-Gründung beteiligen können, also insbesondere die BGB-Gesellschaft, Erben- und Gütergemeinschaft sowie nach wohl herrschender Meinung auch die Vor-GmbH.

Die Ein-Personen-GmbH eignet sich vor allem zur Beschränkung des persönlichen Haftungsrisikos für Alleinunternehmer.

2. Einzelfragen

- **Anmeldung:** Auch bei der Einpersonengründung ist keine Volleinzahlung des Mindeststammkapitals erforderlich. Es ist genügend, wenn ein Viertel des Mindeststammkapitals (= 6.250 Euro) aufgebracht sind (*§ 7 Abs. 2 GmbHG*). Es besteht auch keine Verpflichtung, für den noch ausstehenden Teil der Geldeinlage zusätzlich eine Sicherheit zu leisten.

- **Gründungsformen:**
  - Eine Gründung kann durch die Verwendung eines dem GmbHG beigefügten Musterprotokolls erfolgen (*sog. vereinfachtes Verfahren, § 2 Abs. 1a GmbHG*). Auch in diesem Fall ist aber eine notarielle Beurkundung der Gründung erforderlich.
  - Eine Ein-Personen-GmbH kann ferner entsprechend den Regelungen für die Mehr-Personen-GmbH durch Einzahlung des Stammkapitals (Bargründung) oder durch Sacheinlage (Sachgründung) und mit inhaltlich vom Musterprotokoll abweichenden Regelungen errichtet werden. Die Gründung ist jedoch dadurch vereinfacht, dass der Gesellschaftsvertrag bei der Ein-Personen-GmbH allein durch die einseitige, nicht empfangsbedürftige Willenserklärung

des Gründers zustande kommt und damit inhaltlich nicht den Schranken unterliegt, die sich ihrem Sinn und Zweck nach auf das Vorhandensein mehrerer Gesellschafter beziehen.
- Zweitens entsteht eine Ein-Personen-GmbH im Wege der Ausgliederung des Unternehmens eines Einzelkaufmanns zur Neugründung einer GmbH (*§§ 152, 158 ff., 124 ff. UmwG*).
- Der dritte mögliche Entstehungsgrund ist die spätere Vereinigung aller Geschäftsanteile in einer Hand. Auch wenn dies innerhalb von drei Jahren nach Eintragung der Gesellschaft geschieht, muss der Gesellschafter eine volle Einzahlung des Stammkapitals vornehmen noch eine Sicherheit für noch nicht geleistete Stammeinlagen erbringen. Damit sind auch die so genannten Strohmanngründungen möglich: Hierbei handelt es sich um Mehr-Personengründungen mit dem Ziel, aus ihnen später Einpersonengesellschaften zu machen, was durch Abtretung aller Anteile der bei der Gründung behilflichen Treuhänder an den zukünftigen Alleingesellschafter möglich ist.

- **Bestellung des Geschäftsführers:** Der Ein-Mann-Gesellschafter kann sich selbst zum Geschäftsführer bestellen. Dies muss in Form einer Niederschrift über den entsprechenden Gesellschafterbeschluss erfolgen (*§ 48 III GmbHG*), die aber regelmäßig in der Gründungsurkunde enthalten ist.
Die Bestellung eines oder mehrerer Geschäftsführer erfolgt auch bei der Ein-Personen-GmbH durch die Gesellschafterversammlung, also den Alleingesellschafter. Eine Besonderheit besteht lediglich im Formerfordernis des *§ 48 III GmbHG*, wonach die Bestellung unverzüglich in einer unterschriebenen Niederschrift festzuhalten ist. Die scheinbar entgegenstehenden Vorschriften über In-Sich-Geschäfte (*§ 35 III GmbHG i.V.m. § 181 BGB*) finden aufgrund des körperschaftlichen Charakters des Bestellungsaktes keine Anwendung.

- **Amtsniederlegung des Gesellschafter-Geschäftsführers:** Eine Amtsniederlegung, die der einzige Geschäftsführer und zugleich Gesellschafter einer Ein-Mann-GmbH ohne wichtigen Grund erklärt, ist unwirksam, wenn nicht gleichzeitig ein oder mehrere neue Geschäftsführer bestellt werden. Hat eine Gesellschaft keinen Geschäftsführer mehr, wird sie durch die Gesellschafter vertreten, wenn ihr gegenüber Willenserklärungen abzugeben und Schriftstücke zuzustellen sind (*§ 35 I 2 GmbHG*).

- **Rechtliche Besonderheiten:** Die rechtliche Ausgestaltung der Ein-Personen-GmbH entspricht grundsätzlich derjenigen der Mehr-Personen-GmbH. Da die Ein-Personen-GmbH nur einen Gesellschafter hat, ist dieser jederzeit und allein

beschlussfähig. Um die daraus entstehenden Probleme der Verbindlichkeit solcher Beschlüsse zu lösen, verlangt *§ 48 III GmbHG* die unverzügliche Aufnahme der Beschlussfassung in eine zu unterschreibende Niederschrift. Das soll die Berufung des Gesellschafters sowohl auf angeblich gefasste, als auch auf angeblich nicht gefasste Beschlüsse verhindern.
Umstritten sind allerdings die Folgen der Nichtbeachtung dieser Formvorschrift: Sie führt unstreitig nicht zur Nichtigkeit eines Beschlusses, wohl aber zur Versagung der Berufungsmöglichkeit des Gesellschafters auf für ihn vorteilhafte Beschlüsse, sofern diese nicht anderweitig beweisbar sind.

E

- **Rechtsgeschäfte des Alleingesellschafters und Geschäftsführers mit der GmbH:** Dem Alleingesellschafter und Geschäftsführer der Ein-Personen-GmbH ist das Selbstkontrahieren (→ *Selbstkontrahieren*) ausdrücklich verboten, da *§ 181 BGB* auch auf Rechtsgeschäfte des Gesellschafter-Geschäftsführers einer solchen Gesellschaft Anwendung findet (*§ 35 III 1 GmbHG*). Das gilt auch dann, wenn der Alleingesellschafter nur ein Geschäftsführer unter mehreren ist. Umstritten, aber wohl zu verneinen ist in diesen Fällen die Möglichkeit der Vertretung der Gesellschaft durch einen Prokuristen, da dieser dem Gesellschafter-Geschäftsführer zuzurechnen ist. Ein Verstoß gegen *§ 181 BGB* führt zur schwebenden Unwirksamkeit des Rechtsgeschäfts. Der Gesellschafter kann sich aber vom Verbot des Selbstkontrahierens durch Gestattung desselben in der Satzung befreien. Das ermöglicht ihm auch die nachträgliche Genehmigung eines schwebend unwirksamen Rechtsgeschäfts mit Wirksamkeitsfolge von Anfang an.

- **Handelndenhaftung:** → *Haftung des Geschäftsführers*

- **Vermögensverhältnisse:** Grundsätzlich ist auch bei der Ein-Personen-GmbH rechtlich zwischen Gesellschaft und Alleingesellschafter strikt zu trennen, sodass den Gläubigern der GmbH auch nur das Gesellschaftsvermögen haftet.
In einigen Fällen rechtfertigt die wirtschaftliche und personale Einheit von Gesellschafter und Gesellschaft bei der Ein-Personen-GmbH jedoch den Durchgriff auf den Alleingesellschafter. Die Kasuistik (Rechtsfindung) ist uneinheitlich: Allgemein anerkannt ist lediglich eine Haftung des Gesellschafters in Fällen der Vermögensvermischung, wenn also aufgrund undurchsichtiger Buchführung eine klare Trennung zwischen dem Gesellschaftsvermögen und dem des Gesellschafters nicht möglich ist. Darüber hinaus herrscht Einigkeit auch bezüglich der Notwendigkeit einer restriktiven Anwendung einer Durchgriffshaftung, da andernfalls die Rechtsform der juristischen Person unterlaufen würde.

Einsichtsrecht

→ *Auskunfts- und Einsichtsrecht*

Elektronisches Handelsregister

1. Überblick

Zum 1. Januar 2007 wurden die Handelsregister vollständig auf den elektronischen Betrieb umgestellt. Zuständig für die Führung der Handelsregister sind nach wie vor die Amtsgerichte. Um die Verwaltung der Register zu beschleunigen, können Unterlagen nur noch elektronisch eingereicht werden. Aus Gründen der Rechtssicherheit bleibt jedoch für die Anmeldungen zur Eintragung eine öffentliche Beglaubigung erforderlich. Weil die Register elektronisch geführt werden, werden Handelsregistereintragungen auch elektronisch im parallel geführten Unternehmensregister bekannt gemacht.

Das Handelsregister genießt öffentlichen Glauben, d.h. der Einsehende kann sich auf die Richtigkeit der eingetragenen Tatsache verlassen. Bei einer schuldhaft unterlassenen oder fehlerhaften Eintragung können von der Gesellschaft oder auch Dritten Schadensersatzansprüche gegen die Geschäftsführer geltend gemacht werden.

2. Einzelheiten

Eintragungspflichtige Tatsachen: Einzutragen sind die Gründung der Gesellschaft sowie nachfolgende Satzungsänderungen. Diese werden erst mit der Eintragung wirksam. Daneben ist die Bestellung der Geschäftsführer und Prokuristen, deren Abberufung sowie eine Änderung ihrer Vertretungsverhältnisse ins Handelsregister einzutragen. Solche Maßnahmen werden allerdings schon vor der Eintragung mit Abfassung des zugrunde liegenden Gesellschafterbeschlusses (bei Prokuristen der Geschäftsführungsmaßnahme) wirksam. Die Kosten der Eintragung trägt die Gesellschaft (*OLG Düsseldorf GmbHR 55, 61*).

3. Tipps und Beispiele

! Der Unternehmer U möchte eine GmbH gründen. Um die erforderliche Handelsregisteranmeldung zu veranlassen, begibt er sich zum Notar N. Liegen die Anmeldung und die mit der Anmeldung einzureichenden Unterlagen nur in Papierform vor, überträgt N die Dokumente zunächst in ein elektronisches Format. Anschließend nimmt er die erforderlichen elektronischen Beglaubigungen vor und übermittelt die Dokumente über das elektronische Gerichtspostfach elektronisch an das zuständige Registergericht R, wo sie direkt nach Eingang bearbeitet werden können. Nach Prüfung der Anmeldung trägt R die GmbH in das elektronische Handelsregister ein. Mit der Eintragung wird zugleich die elektronische Bekanntmachung ausgelöst; zudem sind die Daten dann für jedermann über das Internet einsehbar (z. B. „www.unternehmensregister.de").

E

Entlastung

1. Überblick

Entlastung ist die einseitige Erklärung der Gesellschaft, mit der diejenigen Ersatzansprüche der Gesellschaft gegen den Geschäftsführer ausgeschlossen werden, die das die Erklärung erteilende Organ aufgrund sorgfältiger Prüfung aller Vorlagen und Berichte erkennen konnte. Für nach der Erteilung der Entlastung bekannt gewordene Sachverhalte ist die Geltendmachung von Ersatzansprüchen somit nicht ausgeschlossen.

2. Einzelfragen

- **Zuständigkeit:** Für die Entlastung ist die Gesellschafterversammlung zuständig (*§ 46 Nr. 5 GmbHG*). Sie beschließt über die Entlastung nach pflichtgemäßen Ermessen und kann diese für bestimmte Geschäfte oder einen bestimmten Zeitraum einschränken. Für den Gesellschafterbeschluss genügt die einfache Stimmenmehrheit. Ein Geschäftsführer, der zugleich Gesellschafter ist, darf über seine Entlastung nicht mitentscheiden (*§ 47 IV 1 GmbHG*).

- **Folgen der Nichterteilung:** Der Geschäftsführer hat keinen Anspruch auf Erteilung der Entlastung, jedoch kann er mit einer zivilrechtlichen Feststellungsklage klären lassen, dass der Gesellschaft keine Ansprüche gegen ihn mehr zustehen (*BGHZ 94, 324*).

3. Tipps und Beispiele

! Scheidet der Geschäftsführer durch Aufhebungsvertrag aus der Gesellschaft aus, sollte er darauf achten, dass der Aufhebungsvertrag seine Entlastung vorsieht. Darüber hinaus ist eine Klausel empfehlenswert, auf deren Grundlage mit der Beendigung des Anstellungsverhältnisses sämtliche Ansprüche der Gesellschaft und ggf. relevanter konzernverbundener Unternehmen ausgeschlossen sind.

Beispiel:

„Mit Ausnahme der in diesem Aufhebungsvertrag geregelten Ansprüche sind mit der Beendigung des Anstellungsverhältnisses alle gegenseitigen Ansprüche der Parteien und der mit ihnen i. S. d. *§ 15 AktG* verbundenen Unternehmen gegeneinander aus dem Anstellungsverhältnis, dem Geschäftsführeramt und deren Beendigung, egal aus welchem Rechtsgrund, ob bekannt oder unbekannt, vollständig abgegolten und erledigt."

Erfindungen

1. Überblick

Der Geschäftsführer unterliegt als arbeitgeberähnliche Person nicht den Regelungen des Arbeitnehmererfindungsgesetzes (*§ 1 ArbNErfG*). Die Gesellschaft hat damit kein gesetzliches Recht, Erfindungen des Geschäftsführers an sich zu ziehen und zu nutzen. Üblicherweise wird daher im Anstellungsvertrag eine entsprechende Anwendbarkeit des ArbErfG vereinbart. Während bei Arbeitnehmererfindern gemäß *§ 22 ArbNErfG* eine Vertragsabsprache zum Nachteil des potenziellen Erfinders unwirksam ist, bestehen solche Beschränkungen bei Geschäftsführern nicht. Die Handhabung von Erfindungen sowie etwaiger Vergütungen ist daher Verhandlungssache.

2. Tipps und Beispiele

Aus Sicht der Gesellschaft sollte der Anstellungsvertrag regeln, dass die Vorschriften des Arbeitnehmererfindungsgesetzes auf das Anstellungsverhältnis entsprechende Anwendung finden, wobei die Vergütungsansprüche des Geschäftsführers nach dem Arbeitnehmererfindungsgesetz mit seinen Bezügen aus dem Anstellungsvertrag vollständig abgegolten sind.

F, G

Faktischer Geschäftsführer

→ *Geschäftsführer*

Firmenwagen

→ *Dienstwagen*

Gehalt

1. Überblick

Für die Festsetzung und Änderung des Geschäftsführergehalts ist die Gesellschafterversammlung zuständig, wenn nicht die Satzung einem anderen Organ (Aufsichtsrat, Beirat) diese Kompetenz zuweist. Das Geschäftsführergehalt ist für die Gesellschaft Betriebsausgabe, der Geschäftsführer erzielt lohnsteuerpflichtigen Arbeitslohn. Die Höhe des Gehalts ist Verhandlungssache.
Bei Gesellschafter-Geschäftsführern besteht regelmäßig die Gefahr der verdeckten Gewinnausschüttung (→ *Verdeckte Gewinnausschüttung*). Insbesondere müssen Gehaltsvereinbarungen mit Gesellschafter-Geschäftsführern schriftlich erfolgen und alle Gehaltsbestandteile, wie z.B. die Tantieme (→ *Tantieme*), Weihnachts- und Urlaubsgeld, Entgeltfortzahlung im Krankheitsfall, Krankengeld und Versorgungsleistungen umfassen.

2. Einzelfragen

- **Gehaltserhöhung:** Geschäftsführer haben keinen gesetzlichen Anspruch auf Gehaltserhöhung. Gerade bei längerfristigen Geschäftsführerverträgen sollten Gehaltsanpassungsklauseln vereinbart werden, um eine angemessene Gehaltsentwicklung zu gewährleisten, ohne dass jedes Jahr neu über die Vergütung verhandelt werden muss. Der Anstellungsvertrag kann das Geschäftsführergehalt beispielsweise an die Steigerung von Tarifgehältern koppeln. Eine Koppelung an die Steigerung der Lebenshaltungskosten ist grundsätzlich unzulässig und nur nach den Vorgaben des Preisklauselgesetzes möglich.

- **Entgeltfortzahlung im Krankheitsfall:** Geschäftsführer haben keinen gesetzlichen Anspruch auf Entgeltfortzahlung im Krankheitsfall. Im Anstellungsvertrag wird häufig eine Entgeltfortzahlungsperiode von bis zu sechs Monaten vereinbart. Wichtig ist, welche Gehaltsteile der Entgeltfortzahlung zugrunde gelegt werden, insbesondere ob die Entgeltfortzahlung auch die häufig nicht unwesentlichen variablen Gehaltsteile umfasst.

3. Tipps und Beispiele

Beispiel für eine zulässige Tariflohnkoppelung:

„Das Festgehalt erhöht sich jährlich im gleichen Verhältnis, wie sich die Gehälter der höchsten Tarifstufe für kaufmännische Angestellte der metallverarbeitenden Industrie erhöhen."

Geheimhaltung

1. Überblick

Geschäftsführern, Mitgliedern des Aufsichtsrats und Liquidatoren ist es unter Strafandrohung untersagt, Betriebs- oder Geschäftsgeheimnisse der Gesellschaft unbefugt zu offenbaren oder zu verwerten (*§ 85 I und II GmbHG*).

2. Einzelfragen

- **Geheimnis:** Geheimnisse sind solche Tatsachen, die nur einem beschränkten Personenkreis bekannt und nicht jedermann zugänglich sind. An der Geheimhaltung dieser Tatsachen muss ein objektiv begründetes Interesse der Gesellschaft bestehen. Ein solches Interesse ist dann anzunehmen, wenn der Gesellschaft aus dem Bekanntwerden der Tatsachen möglicherweise ein Schaden entstehen würde, sei es, weil die Wettbewerbsfähigkeit bedroht wird oder die Bekanntgabe zu Ansehensminderung und Vertrauensverlust führt.

- **Offenbarung:** Eine Offenbarung ist jede Mitteilung an eine Person, die das Geheimnis noch nicht kennt. Auch eine Duldung der Weitergabe durch Dritte fällt unter den Begriff der Offenbarung.

- **Verwertung:** Eine Verwertung geschieht durch die wirtschaftliche Ausnutzung zum Zweck der Gewinnerzielung, wobei es nicht darauf ankommt, ob ein Gewinn tatsächlich erzielt wird.

- **Unbefugt:** Unbefugt ist die Offenbarung oder Verwertung nicht, wenn die Gesellschaft auf die Geheimhaltung verzichtet hat oder eine Pflicht zur Auskunftserteilung besteht. Letztere kann sich insbesondere aus der Pflicht zur Anzeige von Straftaten gemäß *§ 138 StGB* ergeben.

Geschäftsbericht

→ *Jahresabschluss*

Geschäftsführer

1. Überblick

Der Geschäftsführer führt die Geschäfte der Gesellschaft und vertritt diese nach außen:

- Die Geschäftsführung beschreibt das Innenverhältnis, d.h. die interne Organisation der Gesellschaft. Die Gesellschafter oder ein anderes nach der Satzung zuständiges Organ können die Geschäftsführung weitgehend an sich ziehen.
- Die Vertretung beschreibt das Außenverhältnis, d.h. die rechtliche Verpflichtung der Gesellschaft gegenüber Dritten. Die Gesellschafter können die Vertretungsbefugnis nach außen nicht beschränken.

2. Einzelfragen

- **Geschäftsführerarten:**
  - Geschäftsführer, die nicht an der Gesellschaft beteiligt sind, sind Fremdgeschäftsführer.
  - Geschäftsführer, die an der Gesellschaft beteiligt sind und mehr als 50 % der Stimmrechte haben, sind beherrschende Gesellschafter-Geschäftsführer.
  - Geschäftsführer, die an der Gesellschaft beteiligt sind, aber weniger als 25 % der Stimmrechte haben, sind Gesellschafter-Geschäftsführer.

  Ob Geschäftsführer mit Stimmrechten zwischen 25 % und 50 % Gesellschafter-Geschäftsführer oder beherrschende Gesellschafter-Geschäftsführer sind, ist einzelfallbezogen und hängt von der Gestaltung der Satzung und des Anstellungsvertrags ab. Die Unterscheidung ist für Fragen der verdeckten Gewinnausschüttung (→ *Verdeckte Gewinnausschüttung*) und die Sozialversicherungspflicht (→ *Sozialversicherung*) relevant.

- **Amtsbeginn:** Das Amt eines Geschäftsführers beginnt mit der Kenntnisnahme des Bestellungsbeschlusses des zuständigen Bestellungsorgans und der Annahme dieses Amtes durch ihn. Sie kann auch durch die Aufnahme der Geschäftsführertätigkeiten schlüssig erfolgen.

- **Amtsbeendigung:** → *Beendigung des Geschäftsführeranstellungsverhältnisses*

- **Geschäftsführung:** Die Geschäftsführung muss nach Gesetz, Satzung und in Übereinstimmung mit den generellen und allgemeinen Weisungen der Gesellschafter erfolgen. Bei Verstößen macht sich der Geschäftsführer schadenersatzpflichtig und gibt – im Wiederholungsfall – Anlass zur Kündigung des Anstellungsvertrags aus wichtigem Grund. Grenze der Geschäftsführung ist der in der Satzung definierte Unternehmensgegenstand. Da die Gesellschafter die Geschäftsführung weitgehend an sich ziehen können, kann sich der Geschäftsführer einen gewissen Kernbereich an Selbstständigkeit nur dadurch sichern, dass er bestimmte Mindestgeschäftsführungrechte im Anstellungsvertrag vereinbart.

- **Vertretung:** Der Geschäftsführer vertritt die Gesellschaft gerichtlich und außergerichtlich (*§ 35 I GmbHG*), d. h. nur er kann diese berechtigen und verpflichten. Die Art der Vertretungsbefugnis wird von der Gesellschafterversammlung festgelegt und nach *§ 8 IV GmbHG* zum Handelsregister angemeldet. Möglich ist entweder die Einzel- oder die Gesamtvertretung:
  - Bei der Einzelvertretung vertritt der Geschäftsführer die Gesellschaft allein. Er ist in diesem Fall allein verantwortlich und haftet der Gesellschaft auch allein (*§ 43 II GmbHG*).
  - Bei der Gesamtvertretung kann die Gesellschaft nur von mehreren Geschäftsführern gemeinsam vertreten werden. Die Geschäftsführer haften der Gesellschaft in diesem Fall solidarisch nach *§ 43 II GmbHG*.

  Häufig ist die Vertretungsbefugnis des Geschäftsführers durch die Satzung oder eine Geschäftsordnung beschränkt. Solche Beschränkungen der Vertretungsbefugnis im Innenverhältnis haben nur dann Wirkung gegenüber außenstehenden Dritten, wenn sie diesen positiv bekannt sind (*§ 37 II 1 GmbHG*). Der Gesellschaft steht aber in diesem Fall bei Eintritt eines Schadens ein Schadenersatzanspruch gegen den Geschäftsführer wegen Missbrauchs seiner Vertretungsmacht zu.

- **Spezielle Aufgaben:**
  - Der Geschäftsführer muss die Gesellschaft zur Eintragung in das Handelsregister anmelden. Hierbei hat er die Versicherung abzugeben, dass die in *§ 7 II und III GmbHG* bezeichneten Einlagen auf die Stammeinlagen ordnungsgemäß bewirkt wurden und der Geschäftsführung endgültig zur freien Verfügung stehen (*§ 8 II 1 GmbHG*). (→ *Anmeldung der GmbH*)

- Der Geschäftsführer hat bei Zahlungsunfähigkeit oder Überschuldung der Gesellschaft ohne schuldhaftes Zögern, spätestens aber drei Wochen nach Insolvenzeintritt, die Eröffnung des Insolvenzverfahrens zu beantragen (*§ 15a I 1InsO*). Die Frist beginnt mit positiver Kenntnis der Insolvenz durch den Geschäftsführer. Bei drohender Zahlungsunfähigkeit ist der Geschäftsführer berechtigt, nicht aber gesetzlich verpflichtet, einen Antrag auf Eröffnung des Insolvenzverfahrens zu stellen.

- Der Geschäftsführer muss den Jahresabschluss aufstellen (*§ 264 I HGB*) (→ *Jahresabschluss*).

- Der Geschäftsführung obliegt die Einberufung der Gesellschafterversammlung (*§ 49 I GmbHG*). Hierbei kann bei mehreren Geschäftsführern jeder einzelne die Versammlung einberufen.
  Die Gesellschafterversammlung muss einberufen werden, wenn dies im Interesse der Gesellschaft erforderlich ist (*§ 49 II GmbHG*). Ein solches Interesse ist anzunehmen, wenn ohne die Abhaltung einer Versammlung der Gesellschaft ein nicht unerheblicher Schaden droht. Ferner muss die Gesellschafterversammlung einberufen werden, wenn das Stammkapital zur Hälfte aufgezehrt ist (*§ 49 III GmbHG*); bestehen hierfür Anhaltspunkte, muss sich der Geschäftsführer durch Aufstellung einer Zwischenbilanz Gewissheit verschaffen. Verlangen Gesellschafter, die mindestens 10 % des Stammkapitals halten, die Einberufung der Gesellschafterversammlung, so muss der Geschäftsführer diesem Verlangen nachkommen.
  Die Satzung kann die Einberufungsbefugnisse des Geschäftsführers erweitern.

G

- **Entlastung des Geschäftsführers:** → *Entlastung*

- **Faktischer Geschäftsführer:** Übernimmt eine Person Geschäftsführerfunktionen in größerem Umfang, obwohl sie nicht oder nicht wirksam zum Geschäftsführer bestellt wurde, ist sie sog. faktischer Geschäftsführer. Der faktische Geschäftsführer steht dem ordnungsgemäß bestellten Geschäftsführer weitgehend gleich. Er hat Anspruch auf die versprochene und nicht bloß angemessene Vergütung (*BGH GmbHR 95, 306*). Gleichzeitig haftet der faktische Geschäftsführer aber auch wie ein rechtmäßig bestellter Geschäftsführer (→ *Haftung*).

- **Pflichtverletzungen:** Der Geschäftsführer ist zur ordnungsgemäßen Geschäftsführung verpflichtet. Lässt er diese Sorgfalt nicht walten und entsteht der GmbH hierdurch ein Schaden, haftet er dieser gemäß *§ 43 II GmbHG*. Die Gesellschafterversammlung beschließt über eine Geltendmachung von Schadenersatzansprüchen gegenüber dem Geschäftsführer (*§ 46 Nr. 8 GmbHG*).

- **Rechtliche Einordnung des Geschäftsführerverhältnisses:**
  - Zivil- und arbeitsrechtlich ist der Geschäftsführer kein Arbeitnehmer. Damit finden für ihn die Arbeitnehmerschutzvorschriften, insbesondere das Kündigungsschutzgesetz (→ *Kündigung*), keine Anwendung. Rechtsstreitigkeiten werden vor den Zivilgerichten ausgetragen. Die früher praktisch wichtige Ausnahme der so genannten „Aufsteigerrechtsprechung" des Bundesarbeits gerichts (→ *Aufsteigerrechtsprechung*) hat mittlerweile stark an Bedeutung verloren.
  - Steuerrechtlich ist der Geschäftsführer Arbeitnehmer i. S. d. *§ 1 LStDV*. Durch die Abhängigkeit von den Weisungen der Gesellschafter übt der Geschäftsführer eine unselbstständige Tätigkeit aus und bezieht dadurch Einkünfte aus nicht selbstständiger Arbeit i. S. d. *§ 19 EStG*, die regelmäßig der Lohnsteuer unterliegen.
  - Sozialversicherungspflichtig sind nur abhängig beschäftigte Geschäftsführer. Abhängig beschäftigt sind Fremdgeschäftsführer und Gesellschafter-Geschäftsführer. Beherrschende Gesellschafter-Geschäftsführer sind sozialversicherungsfrei.

Geschäftsführervertrag

→ *Anstellungsvertrag*

Geschäftsführungsangelegenheiten der Gesellschafter

Das Gesetz ordnet in *§ 46 GmbHG* bestimmte besonders bedeutsame Geschäftsführungsmaßnahmen zwingend den Gesellschaftern zu. Hierzu zählen:

- die Feststellung des Jahresabschlusses und die Verwendung des Ergebnisses (*Nr. 1*),
- die Entscheidung über die Offenlegung eines Einzelabschlusses nach internationalen Rechnungslegungsstandards (*§ 325 Abs. 2a HGB*) und über die Billigung des von den Geschäftsführern aufgestellten Abschlusses (*Nr. 1a*),
- die Billigung eines von den Geschäftsführern aufgestellten Konzernabschlusses (*Nr. 1b*),
- die Einforderung von Einzahlungen auf die Stammeinlage (*Nr. 2*),
- die Rückzahlung von Nachschüssen (*Nr. 3*),
- die Teilung sowie die Einziehung von Anteilen (*Nr. 4*),

- die Bestellung und die Abberufung von Geschäftsführern sowie die Entlastung derselben (*Nr. 5*),
- die Maßregeln zur Prüfung und Überwachung der Geschäftsführung (*Nr. 6*),
- die Bestellung von Prokuristen und von Handlungsbevollmächtigten zum gesamten Geschäftsbetrieb (*Nr. 7*),
- die Geltendmachung von Ersatzansprüchen der Gesellschaft gegen die Geschäftsführer oder andere Gesellschafter, sowie die Vertretung der Gesellschaft in Prozessen gegen den Geschäftsführer (*Nr. 8*).

Geschäftsordnung

1. Überblick

Geschäftsordnungen regeln zumeist zwei Bereiche:

- Zum einen legen sie fest, zu welchen Handlungen der Geschäftsführer im Innenverhältnis der vorherigen Zustimmung der Gesellschafterversammlung oder anderer Organe bedarf.
- Zum anderen weist eine Geschäftsordnung bei einer bestehenden Gesamtgeschäftsführung einzelnen Geschäftsführern bestimmte Verantwortungsbereiche zu und regelt die Abstimmung innerhalb der Gesamtgeschäftsführung.

Eine Delegation von Verantwortungen auf einzelne Geschäftsführer im Rahmen einer Geschäftsordnung hat üblicherweise zur Folge, dass diesbezügliche Maßnahmen von den einzelnen Geschäftsführern allein getroffen werden können und nur Maßnahmen einer bestimmten Größenordnung von allen Geschäftsführern gemeinsam entschieden werden müssen.

2. Einzelfragen

- **Veränderung:** Regelt die Satzung die Verteilung der Verantwortungen innerhalb der Geschäftsführung, bedarf eine Veränderung dieser eines notariell beurkundeten satzungsändernden Gesellschafterbeschlusses. Eine außerhalb der Satzung bestehende Geschäftsordnung kann durch einfachen Gesellschafterbeschluss jederzeit geändert werden.

- **Haftung:** Trotz Aufteilung der Verantwortung haftet der einzelne Geschäftsführer für die Fehler der anderen Geschäftsführer (→ *Haftung*). Jeder Geschäftsführer muss sich stets über die bedeutenden Vorgänge seiner Mitgeschäftsführer informieren und beim Verdacht eines möglichen Schadens für die GmbH sofort die erforderlichen Maßnahmen treffen.

Geschäftswagen

→ *Dienstwagen*

Gesellschafter

1. Überblick

Die Willensbildung der Gesellschaft geschieht durch die Gesamtheit aller Gesellschafter und findet üblicherweise in der Form von Gesellschafterbeschlüssen in der Gesellschafterversammlung statt.

2. Einzelfragen

- **Rechte der Gesellschafter:** Dem einzelnen Gesellschafter stehen nur sehr begrenzte Rechte zur Verfügung: Hierunter fällt das Recht auf Auskunft und Einsichtnahme (→ *Auskunfts- und Einsichtsrecht*) und die Erhebung der Anfechtungs-, Feststellungs- und Nichtigkeitsklage gegen Gesellschafterbeschlüsse (→ *Anfechtung von Gesellschafterbeschlüssen*).
  Gesellschafter, die mindestens 10 % des Stammkapitals halten, können weiterhin unter der Angabe des Zwecks und der Gründe die Einberufung der Gesellschafterversammlung verlangen und auch nachträglich zu behandelnde Punkte auf der Tagesordnung erzwingen.
  Weiterhin kann diese Minderheit im Falle der Liquidation der Gesellschaft bei Vorliegen von wichtigen Gründen die Bestellung eines Liquidators durch das Gericht beantragen (*§ 66 II GmbHG*) und ferner Auflösungsklage nach *§ 61 GmbHG* erheben, wenn die Erreichung des Gesellschaftszwecks unmöglich geworden ist.
  Die Satzung kann einzelnen Gesellschaftern oder Gesellschafterminderheiten weitere Rechte einräumen.

- **Ansprüche der Gesellschafter:** Die Gesellschafter haben ein Recht auf die Auskehrung des Gewinns oder im Fall der Liquidation des Liquidationserlöses. Dem Gesellschafter steht jedoch kein bedingungsloses Recht auf Ausschüttung des Gewinns zu, da diese Entscheidung von einem entsprechenden Gesellschafterbeschluss der Gesellschafterversammlung abhängig ist.
  Verhindert hierbei eine Gruppe von Gesellschaftern die Gewinnausschüttung ohne die Vorgabe eines wichtigen Grundes, so kann dies treuwidrig sein.
  Ein Gesellschafter kann nicht dazu verpflichtet werden, ausgeschüttete Gewinne als Darlehen oder als Einlage bei einer Kapitalerhöhung der Gesellschaft sofort wieder zukommen zu lassen, da der Gesellschafter nicht zu einer Leistung verpflichtet werden kann, die nicht von Anfang an vereinbart wurde.

- **Weitere Rechte und Pflichten der Gesellschafter:** Die Gesellschafter sind der Gesellschaft gegenüber zur Treue verpflichtet. Damit dürfen sie ihr Stimmrecht nicht zum Nachteil der Gesellschaft ausüben. Auch eine Benachteiligung einer Minderheit der Gesellschafter durch einen Mehrheitsentscheid kann treuwidrig sein. Gegenüber Außenstehenden sind die Gesellschafter zur Verschwiegenheit verpflichtet.
  Erhält der Gesellschafter aus dem Gesellschaftsvermögen ihm nicht zustehende Leistungen, so muss er diese rückerstatten (*§ 31 GmbHG*)
  (→ *Haftung der Gesellschafter*).

Gesellschafter-Geschäftsführer

→ *Verdeckte Gewinnausschüttung*
→ *Geschäftsführer*

Gesellschafterversammlung

→ *Beschlussfassung der Gesellschafter*

Gesellschaftsvertrag (Satzung)

1. Überblick

Die Satzung ist die Konstitution der Gesellschaft. Sie ist für Gesellschafter und Geschäftsführer bindend. Die Regelungen der Satzung gehen mit Ausnahme weniger zwingender Bestimmungen den Regelungen des GmbH-Gesetzes vor. Der Abschluss und die Änderung der Satzung bedürfen zu ihrer Wirksamkeit der notariellen Beurkundung und der Eintragung ins Handelsregister. Sie ist von sämtlichen Gesellschaftern zu unterzeichnen (*§ 2 Abs. 1 Satz 2 GmbHG*).

2. Einzelfragen

- **Notwendige Bestandteile:** Die Satzung ist zwingend notwendig zur Gründung einer GmbH. Zur Wirksamkeit der Satzung muss die notarielle Form eingehalten werden (*gem. § 2 I Satz 1 GmbHG*). *§ 3 I GmbHG* schreibt einen Mindestinhalt vor. Geregelt sein müssen:
  - Firma,
  - Sitz,
  - Gegenstand des Unternehmens,
  - Betrag des Stammkapitals und
  - Beträge der Stammeinlagen.

- **Weitere Bestandteile:** Daneben können Regelungen im weitestem Umfang in die Satzung aufgenommen werden. Nebenleistungspflichten der Gesellschafter – entsprechendes gilt für die Nachschusspflicht gem. *§ 26 I GmbHG* – sollten ausdrücklich in der Satzung geregelt werden.
  Ganz allgemein gilt, dass die Organisation der Gesellschaft und die mitgliedschaftlichen Rechte und Pflichten der Gesellschafter aufgrund der wenig zwingenden Vorschriften in der Satzung umfassend geregelt werden können. In der Satzung können z. B. Vorzugsrechte bestimmter Gesellschafter oder die Beschränkung für die Veräußerung von Anteilen (so genannte Vinkulierung) bestimmt werden.

- **Satzungsänderung:** Im Falle der Satzungsänderung der GmbH ist ein mit einer qualifizierten Mehrheit (drei Vierten der abgegebenen Stimmen) gefasster Gesellschafterbeschluss notwendig (*§ 53 I, II Satz 1 GmbHG*). Dieser muss gem. *§ 54 I Satz 2 GmbHG* notariell beurkundet werden und bedarf zu seiner Wirksamkeit der Eintragung ins Handelsregister gem. *§ 54 I Satz 1GmbHG*. Zur Anmeldung zum Handelsregister ist es notwendig, dass der vollständige Wortlaut der Satzung mit notarieller Bescheinigung über den aktuellen Stand beigefügt wird. Mit der Eintragung ins Handelsregister wird die Änderung wirksam (*§ 54 III GmbHG*).

- **Vereinfachte Gründung:** Mit dem Gesetz zur Modernisierung des GmbH-Rechts und zur Bekämpfung von Missbräuchen (MoMiG) besteht seit dem 1. November 2008 die Möglichkeit, eine GmbH in einem vereinfachten Verfahren zu gründen. Voraussetzung ist dabei, dass die Gesellschaft höchstens drei Gesellschafter und nur einen Geschäftsführer hat (*§ 2 Abs. 1a GmbHG*). Für die Gründung im vereinfachten Verfahren muss das in der Anlage zum GmbHG bestimmte Musterprotokoll verwendet werden und es dürfen keine vom Gesetz abweichenden Bestimmungen getroffen werden. Das beurkundungspflichtige Musterprotokoll stellt eine Zusammenfassung von drei maßgeblichen Dokumenten dar (Gesellschaftsvertrag, Geschäftsführerbestellung und Gesellschafterliste) und dient der unkomplizierten Standardgründung.

GmbH & Co. KG

1. Überblick

Die Rechtsform der GmbH & Co. KG kombiniert die Vorteile einer Personengesellschaft (der KG) mit denen einer Kapitalgesellschaft (der GmbH). Die KG ist die operative Gesellschaft. Sie hat mindestens zwei Gesellschafter, von denen einer persönlich mit seinem gesamten Vermögen haftet (Komplementär), der andere nur bis zur Höhe seiner Hafteinlage (Kommanditist). Bei der GmbH & Co. KG tritt die GmbH an die Stelle des persönlich haftenden Gesellschafters; da die GmbH haftungsbeschränkt ist, wird dadurch indirekt auch eine Haftungsbeschränkung der KG erreicht.

2. Einzelfragen

- **Formalien:** Die Errichtung der GmbH & Co. KG bedarf jeweils eines separaten Gesellschaftsvertrages für die KG und die GmbH. Beide Gesellschaften müssen zum Handelsregister angemeldet werden und sind jeweils zur Erstellung eines Jahresabschlusses verpflichtet.
  Eine typische GmbH & Co. KG liegt vor, wenn die Kommanditisten der KG zugleich die an der GmbH beteiligten Gesellschafter sind.
  Eine Einheitsgesellschaft liegt vor, wenn die Anteile an der GmbH von der KG gehalten werden.
  Zu beachten ist, dass die Firma den Zusatz GmbH & Co. KG benutzen muss und sich die Firma der GmbH deutlich von der der KG zu unterscheiden hat (*§ 19 I Nr. 3, II HGB*).
  Eine Publikumsgesellschaft (auch „Massen-“ oder „Kapitalanlagegesellschaft“) ist dann gegeben, wenn die KG auf die Aufnahme einer unbestimmten Anzahl an Personen als Kommanditisten ausgerichtet ist. Die Kommanditisten stehen in diesem Fall in keiner persönlichen Beziehung. Ein typischer Anwendungsfall der Publikumsgesellschaft sind sog. geschlossene Fonds.

- **Geschäftsführung / Vertretung:** Kraft Gesetzes obliegt die Geschäftsführung und Vertretung der KG der Komplementärin, d.h. der GmbH (*§ 164 Satz 1 HGB*). Da die GmbH von den Geschäftsführern vertreten wird, wird die KG indirekt von den GmbH-Geschäftsführern geführt.
  Die GmbH kann aber durch Gesellschaftsvertrag von der Geschäftsführung ausgeschlossen werden. Einzelne Kommanditisten oder auch sämtliche werden dann entsprechend zu Geschäftsführern der KG ernannt. Im Außenverhältnis vertreten die Geschäftsführer die KG als Prokuristen oder Generalbevollmächtigte. Den Geschäftsführern muss zwingend eine Vollmacht erteilt werden, denn die Kommanditisten sind prinzipiell von der Vertretung ausgeschlossen.

- **Steuerliche Aspekte:** Die GmbH & Co. KG ist steuerlich eine Personengesellschaft. Es erfolgt eine einheitliche Gewinnfeststellung. Diese wird ermittelt anhand der Handelsbilanz und den Sonderbetriebseinnahmen der Gesellschafter. Diese Art der Besteuerung gilt auch dann, wenn die GmbH & Co. KG wie eine Publikumsgesellschaft ausgestaltet ist und somit eher einer Aktiengesellschaft ähnelt.

3. Tipps und Beispiele

! Aus Sicht des Geschäftsführers ist es geschickt, trotz Geschäftsführeramtes bei der GmbH den Anstellungsvertrag mit der KG abzuschließen. Da die KG keine Geschäftsführer im eigentlichen Sinn hat, ist der Anstellungsvertrag damit rechtlich ein Arbeitsvertrag. Der Geschäftsführer unterliegt sämtlichen Arbeitnehmerschutzrechten, insbesondere hat er Kündigungsschutz.

Die Konstruktion einer GmbH & Co. KG ist sicherlich vorteilhaft, weil die wirtschaftlichen Risiken überschaubar und somit kalkulierbar sind. Andererseits werden Banken die Bereitstellung finanzieller Mittel regelmäßig von der Stellung weiterer Sicherheiten abhängig machen. Zudem ist der Aufwand für die Buchführung höher, weil sowohl für die KG als auch für die GmbH Bücher zu führen und Abschlüsse zu erstellen sind.

Gratifikation

Gratifikationen stellen freiwillige Leistungen dar, auf die grundsätzlich kein Anspruch besteht. Ausnahmsweise kann jedoch ein rechtlich durchsetzbarer Anspruch entstehen, wenn Gratifikationen wiederholt und vorbehaltlos gewährt wurden und deshalb eine Bindung für die Zukunft angenommen werden durfte. Der Geschäftsführer kann jedoch keinen Anspruch auf eine Gratifikation geltend machen, wenn diese nur bei der Belegschaft der Gesellschaft üblich sind
(→ *Tantieme*)
(→ *Weihnachtsgeld*).

Große GmbH

Je nach der Größe der GmbH bestehen unterschiedliche gesetzliche Anforderungen an den Jahresabschluss der Gesellschaft (→ *Jahresabschluss*).
Gem. *§ 267 III Satz 1 HGB* ist eine Gesellschaft dann eine große GmbH, wenn mindestens zwei der folgenden Größen überschritten sind:

- Die Bilanzsumme entspricht mindestens 16.060.000 Euro nach Abzug eines auf der Aktivseite ausgewiesenen Fehlbetrags (*§ 268 III HGB*).
- Die Umsatzerlöse betragen mindestens 32.120.000 Euro.
- Die Anzahl der Arbeitnehmer beträgt im Jahresdurchschnitt 250.

Die erhöhten gesetzlichen Anforderungen an den Jahresabschluss der Gesellschaft treten jedoch nur ein, wenn die beschriebenen Voraussetzungen an den Abschluss-Stichtagen von zwei aufeinander folgenden Geschäftsjahren über- oder unterschritten werden (*§ 267 IV Satz 1 HGB*). Im Falle der Umwandlung oder Neugründung treten die Rechtsfolgen schon ein, wenn die Voraussetzungen am ersten Abschluss-Stichtag nach der Umwandlung oder Neugründung vorliegen (*§ 267 IV Satz 2 HGB*). (→ *Kleine GmbH*)

H

Haftung

Haftungsfragen werden unter drei Gesichtspunkten relevant:
a) Haftung der Gesellschaft,
b) Haftung der Gesellschafter und letztlich
c) Haftung des Geschäftsführers.

a) Haftung der Gesellschaft

1. Überblick

Die Haftung der Gesellschaft für sämtliche Gesellschaftsschulden ist nach *§ 13 II GmbH* auf das Gesellschaftsvermögen beschränkt. Die GmbH ist primäre Schuldnerin, denn sie wird Vertragspartnerin. Dies gilt selbst dann, wenn der Name des Vertreters und der Firmenname der GmbH gleich lauten und dabei der Vertreter keinen die Vertretung klarstellenden Zusatz verwendet. Denn meist weisen besondere Umstände daraufhin, dass die GmbH Vertragspartnerin werden soll, z.B. durch die Verwendung des Briefbogens der GmbH (so genanntes unternehmensbezogenes Geschäft).

Selbst dann, wenn der Firmenname der GmbH bei Vertragsschluss fehlerhaft bezeichnet wurde, kommt der betreffende Vertrag dennoch in der Regel mit der „richtigen“ GmbH zustande. Dies ergibt sich daraus, dass der Vertragspartner den Vertrag mit demjenigen abschließen will, mit dem er auch konkret verhandelt hat. Eine Ausnahme liegt vor, wenn der Vertragspartner die konkrete Vorstellung gehabt hat, mit einem ganz anderen Unternehmen zu verhandeln als derjenigen GmbH, die unter der fehlerhaften Bezeichnung aufgetreten ist.

2. Einzelfragen

- **Vertragliche Haftung der Gesellschaft:** Kommt es im Rahmen vertraglicher Beziehungen zu einer Pflichtverletzung, und entsteht der anderen Vertragspartei dadurch ein Schaden, haftet die GmbH für das Verschulden ihrer Geschäftsführer und sonstigen Angestellten kraft Gesetzes (*§ 278 BGB*). Eine sog. Exkulpation (→ *Haftung Deliktische Haftung*) der GmbH ist nicht möglich.

- **Deliktische Haftung der Gesellschaft:** Verletzt ein Geschäftsführer oder ein Angestellter der GmbH widerrechtlich vorsätzlich oder fahrlässig das Leben, den Körper, die Gesundheit, die Freiheit, das Eigentum oder ein sonstiges absolutes Recht (z. B. Urheberrecht, Persönlichkeitsrecht) eines anderen, haftet die GmbH unter bestimmten Voraussetzungen auch für dadurch verursachte Schäden (*§ 823 I BGB*). Das Gleiche gilt bei der Verletzung sog. Schutzgesetze im Sinne des *§ 823 II BGB* und bei sittenwidrigen Schädigungen gemäß *§ 826 BGB*.

Hat der Geschäftsführer der GmbH selbst derartige unerlaubte Handlungen begangen, muss sich die GmbH dieses Fehlverhalten über *§ 31 BGB* zurechnen lassen. Die GmbH kann sich, um eine Haftung zu vermeiden, nicht darauf berufen, dass sie bei ihrer Auswahl und Überwachung die notwendige Sorgfalt hat walten lassen. Eine Haftung kommt aber dann nicht mehr in Betracht, wenn die begangene unerlaubte Handlung soweit außerhalb des Aufgabenkreises des Organs liegt, dass zwischen der vorgenommenen Handlung und der zugewiesenen Aufgabe kein Zusammenhang mehr besteht.
Wird die GmbH von mehreren Geschäftsführern geleitet und besteht Gesamtvertretungsmacht, ist es ausreichend, wenn ein Geschäftsführer die unerlaubte Handlung begangen hat, um eine Haftung der GmbH zu begründen.
Eine Haftung der GmbH soll nach der Rechtsprechung des BGH aber dann nicht in Betracht kommen, wenn der Geschäftsführer während seiner Zeit in der Gesellschaft durch Vorbereitungshandlungen eine spätere unerlaubte Handlung (z. B. eine Unterschlagung) durch Dritte lediglich ermöglichte (*BGH GmbHR 1987, 227*).

Wurde die unerlaubte Handlung nicht durch den Geschäftsführer, sondern durch einen Angestellten begangen, kommt ebenfalls eine Haftung der Gesellschaft über *§ 831 BGB* in Betracht. Bei *§ 831 BGB* besteht aber die Möglichkeit, dass sich die Gesellschaft exkulpieren kann, d. h. von der Schuld befreien kann, wenn ihr der Nachweis gelingt, dass sie in Auswahl und Überwachung des betreffenden Angestellten die notwendige Sorgfalt hat walten lassen.
Bei großen Betrieben ist zu berücksichtigen, dass dieser konkrete Nachweis häufig nicht möglich sein wird, weshalb die Rechtsprechung es genügen lässt, dass die Gesellschaft den Nachweis erbringt, dass sie ihrerseits eine Person ordnungsgemäß ausgewählt hat, die einen bestimmten Bereich kontrolliert, worunter auch die Kontrolle der entsprechenden Mitarbeiter fällt (so genannter dezentralisierter Entlastungsbeweis). Dennoch ist dann immer eine Haftung aus Organisationsverschulden in Erwägung zu ziehen, weil der Betrieb nicht ordnungsgemäß organisiert wurde.

b) Haftung der Gesellschafter

1. Überblick

Die Gesellschafter einer GmbH sind für die Kapitalausstattung der Gesellschaft und in gewissen Teilen auch für deren ordnungsgemäße Führung verantwortlich. Die Verletzung solcher gesetzlich angeordneter Pflichten führt zu Haftungsrisiken.

Im Übrigen haften Gesellschafter einer GmbH nach der gesetzlichen Anordnung grundsätzlich nicht persönlich, wobei allerdings insbesondere in Insolvenzfällen die Tendenz der Insolvenzverwalter und der betroffenen Gläubiger mehr und mehr dahin geht, unter dem Schlagwort „Durchgriffshaftung" eine persönliche Haftung der Gesellschafter zu konstruieren zu versuchen. Die Rechtsprechung begegnet diesen Versuchen allerdings mit großer Zurückhaltung.

2. Einzelfragen

- **Haftung für ausstehende Einlagen:** Die Gesellschafter müssen ihre Stammeinlagen erbringen. Sie haften der Gesellschaft für die Erfüllung der von ihnen übernommenen Stammeinlagen. Wird die ausstehende Einlage vom Gesellschafter bei Fälligkeit nicht oder nur teilweise geleistet, so ist er ferner zu Verzugszinsen verpflichtet (*§ 20 GmbHG*). Darüber hinaus kann er von der Gesellschaft auf Schadenersatz in Anspruch genommen werden oder sogar aus der Gesellschaft ausgeschlossen werden (*§ 21 GmbHG*).

- **Haftung für ausgezahltes Stammkapital:** Erbringt die Gesellschaft an einen Gesellschafter eine Leistung, die das Stammkapital verringert, muss diese Leistung von dem betreffenden Gesellschafter erstattet werden (*§§ 30, 31 GmbHG*). Unter Umständen steht der Gesellschaft auch ein Schadenersatzanspruch gegen den Gesellschafter zu.

- **Differenzhaftung:** Wird die Gesellschaft im Wege der Sachgründung errichtet und erreicht der Wert einer Sacheinlage im Zeitpunkt der Anmeldung der Gesellschaft zum Handelsregister nicht den Betrag der Stammeinlage, so hat der Gesellschafter in Höhe des Fehlbetrags eine Einlage in Geld zu leisten (*§ 9 I GmbHG*). Sacheinlage ist hierbei jede nach *§ 5 IV GmbHG* festgelegte Einlageleistung, die nicht in Geld erfolgt. Als Sacheinlagen sind aber auch Geldeinlagen des Gesellschafters zu qualifizieren, die bei wirtschaftlicher Betrachtung und im Zusammenhang mit der Übernahme einer Geldeinlage getroffenen Abrede vollständig oder teilweise als Sacheinlage zu bewerten sind (verdeckte Sacheinlage, *§ 19 IV GmbHG*).

- **Durchgriffshaftung:** Auch im Falle einer Unterkapitalisierung, die vorliegt, wenn die Eigenkapitalausstattung der Gesellschaft einschließlich der eigenkapitalersetzenden Leistungen so mangelhaft ist, dass ein wirtschaftlicher Misserfolg unmittelbar absehbar ist, kann der Gesellschafter im Regelfall nicht persönlich in Anspruch genommen werden. Eine persönliche Haftung der Gesellschafter allein aufgrund einer solchen Lage anzunehmen, ist bedenklich, weil die Frage der Unterkapitalisierung ein schwer zu bestimmendes Tatbestandsmerkmal ist. Die Rechtsprechung greift in solchen Fällen richtigerweise auf den *§ 826 BGB* zurück, um ausnahmsweise eine persönliche Haftung der Gesellschafter zu begründen (*BGHZ 55, 222*).
  Wird die GmbH durch einen Gesellschafter beherrscht, ändert auch dies nichts an den grundsätzlichen Haftungsverhältnissen (*BGHZ 68, 312*). Gleiches gilt für den Fall des Alleingesellschafter-Geschäftsführers.
  Eine persönliche Haftung wird aber dann angenommen, wenn es zu einer Vermögensvermischung von Gesellschafter- und Gesellschaftsvermögen kommt. Das ist dann der Fall, wenn eine Unterscheidung von Gesellschafts- und Gesellschaftervermögen durch eine undurchsichtige Buchführung verschleiert wird. Allerdings ist zu beachten, dass nicht alle Gesellschafter der GmbH persönlich haften, sondern nur derjenige Gesellschafter, der für die Vermögensvermischung verantwortlich ist (*BGH ZIP 1994, 867*).
  Einen gesetztlichen Fall der persönliche Haftung der Gesellschafter regelt *§ 11 II GmbHG* (sog. Handelndenhaftung).

- **Gründungshaftung:** Bei falschen Angaben im Rahmen der Anmeldung der GmbH (→ *Anmeldung der GmbH*) haben die Gesellschafter der Gesellschaft für sämtliche Schäden Ersatz zu leisten (*§ 9 a I GmbHG*).
  Falsche Angaben sind hierbei sowohl unvollständige, als auch unterlassene Angaben. Voraussetzung für die Gründungshaftung ist immer ein schuldhaftes Handeln der in Anspruch genommenen Person, bzw. die Vernachlässigung der Sorgfaltspflichten eines ordentlichen Kaufmanns. Ein Verschulden wird hierbei bis zum Beweis des Gegenteils vermutet (*§ 9 a III GmbHG*).
  Ferner drohen den Gesellschaftern nach *§ 82 I Nr. 1 GmbHG* Geldstrafe und bis zu drei Jahren Freiheitsstrafe im Fall des so genannten „Gründungsschwindels", wenn sie vorsätzlich falsche Angaben machen, um eine entsprechende Eintragung zu bewirken.

- **Haftung für pflichtwidrige Weisungen:** Weist ein Gesellschafter den Geschäftsführer pflichtwidrig an, haftet der Gesellschafter der Gesellschaft auf Schadenersatz. Ferner haftet der Gesellschafter der Gesellschaft, wenn er übernommene Nebenpflichten schuldhaft verletzt und der Gesellschaft hierdurch ein Schaden entstanden ist.

- **Handelndenhaftung:** Für Rechtshandlungen im Namen der Gesellschaft haften nach *§ 11 II GmbHG* vor Eintragung der Gesellschaft ins Handelsregister die konkret Handelnden persönlich. Vor Eintragung ins Handelsregister wird die GmbH gesetzlich entweder durch alle Gesellschafter oder durch von allen Gesellschaftern Bevollmächtigte, häufig der spätere Geschäftsführer, vertreten.

- **Haftung wegen Einsatzes einer amtsunfähigen Person:** Die Gesellschafter trifft eine Ersatzpflicht für Schäden, die der Gesellschaft dadurch entstehen, dass die Gesellschafter vorsätzlich oder grob fahrlässig einer Person die Führung der Geschäfte überlassen, die nach *§ 6 GmbHG* nicht Geschäftsführer sein kann (*§ 6 V GmbHG*).

- **Anspruchsberechtigter:** Ansprüche gegen die Gesellschafter muss die Gesellschaft geltend machen. Auf Gründungshaftung gestützte Ansprüche bedürfen eines vorherigen Gesellschafterbeschlusses (*§ 46 Nr. 8 GmbHG*). Vereitelt der schadenersatzpflichtige Gesellschafter oder die Mehrheit der Gesellschafter einen solchen Beschluss, kann der einzelne Gesellschafter im eigenen Namen auf Leistung an die Gesellschaft klagen (so genannte actio pro socio) (*BGHZ 65, 15*).

c) Haftung des Geschäftsführers

1. Überblick

Die persönliche Haftung des Geschäftsführers kann sich unter verschiedenen Gesichtspunkten ergeben: Der Geschäftsführer ist für die Leitung der GmbH im Innen- und im Außenverhältnis verantwortlich. Bei seiner Haftung ist dementsprechend zwischen der Haftung gegenüber der Gesellschaft einerseits (Innenhaftung) und der Haftung gegenüber Dritten, z. B. Gläubigern, Vertragspartnern oder dem Staat, andererseits (Außenhaftung) zu unterscheiden.

2. Einzelfragen

- **Haftung nach *§ 43 GmbHG*:** Der Geschäftsführer hat in den Angelegenheiten der Gesellschaft die Sorgfalt eines ordentlichen Geschäftsmannes anzuwenden (*§ 43 I GmbHG*). Dabei werden die erforderlichen Kenntnisse und Fähigkeiten unterstellt. Verletzt ein Geschäftsführer schuldhaft die Obliegenheiten aus dem Anstellungsvertrag oder nach dem Gesetz, haftet er der Gesellschaft gegenüber für den entstandenen Schaden.

  Die Haftung aus *§ 43 GmbHG* verjährt in fünf Jahren (*§ 43 IV GmbHG*).

Bei mehreren Geschäftsführern haftet nur derjenige, der selbst pflichtwidrig gehandelt hat. Allerdings hat jeder einzelne von mehreren Geschäftsführern die Pflicht, die anderen Geschäftsführer in der Ausübung ihres Amtes zu überwachen. Durch eine interne Geschäftsaufteilung, z. B. durch Schaffung eines Ressortprinzips, kann die Haftung des Geschäftsführers daher nicht vermieden werden; denn der nach der internen Ressortverteilung nicht zuständige Geschäftsführer kann wegen Verletzung der Überwachungspflicht verantwortlich gemacht werden. Zu den Geschäftsführerpflichten gehören z. B.:

- die ordnungsgemäße Buchführungs- und Bilanzpflicht,
- die ordnungsgemäße Abführung von Steuern,
- die Pflicht zur Erhaltung des Stammkapitals,
- die ordnungsgemäße Anmeldung von Satzungsänderungen,
- die Einforderung von Nachschüssen,
- die rechtzeitige Stellung des Insolvenzantrags.

H

Die Beweislast wird nach Gefahrenkreisen und Beweisnähe aufgeteilt. Demnach trägt die Gesellschaft die Beweislast dafür, dass ihr durch das Geschäftsführerverhalten ein Schaden entstanden ist, während vom Geschäftsführer der Beweis zu führen ist, dass sein Handeln nicht schuldhaft war.

Die in *§ 43 II GmbHG* geregelte Haftung des Geschäftsführers wegen Verletzung seiner Obliegenheiten ist dispositiv, d. h. rechtlich vorgeschrieben, aber nicht zwingend. Die Haftung des Geschäftsführers aus *§ 43 II GmbHG* kann daher grundsätzlich – soweit es nicht um vorsätzliche oder grobfahrlässige Pflichtverletzungen geht – begrenzt werden. Voraussetzung ist jedoch, dass die eingeschränkte Haftung in der Satzung festgelegt wurde. Die Haftung des Geschäftsführers kann dagegen nicht durch einfachen Gesellschafterbeschluss oder durch den Anstellungsvertrag begrenzt werden. Überhaupt nicht einschränkbar ist dagegen die besondere Haftung des Geschäftsführers nach *§ 43 III GmbHG* wegen verbotener Stammkapitalrückzahlungen.

Der Geschäftsführer handelt insbesondere dann pflichtwidrig, wenn er Maßnahmen ergreift, die die Erreichung des Unternehmensziels erschweren bzw. verhindern oder der Geschäftsführer unzulässige Geschäfte tätigt. In diesem Zusammenhang treten häufig Abgrenzungsschwierigkeiten zu riskanten Geschäften auf. Diese sind nicht von Natur aus unzulässig, es sei denn, eine akzeptable Risikoschwelle wird überschritten. Im Interesse der Haftungsvermeidung sollte ein Geschäftsführer in jedem Fall Risikogeschäfte unterlassen, deren Misslingen die Existenz der Gesellschaft gefährden könnte. Der Sorgfaltsmaßstab, den der Geschäftsführer bei Ausübung seines Amtes wahren muss, bestimmt sich nach objektiven Kriterien. Danach kann der Geschäftsführer nicht zu seiner Entlastung vortragen, dass er mit der übertragenen Aufgabe überfordert sei oder dass ihm die persönliche Qualifikation fehle. Unter Umständen trifft in einem solchen Fall jedoch die Gesellschaft bzw. die Gesellschafter ein Mitverschulden. Denn wenn ihnen bekannt war, dass der Geschäftsführer mit der übertragenen Aufgabe überfordert war, hätten sie die betreffende Person nicht zum Geschäftsführer bestellen dürfen. Am Umfang des Sorgfaltsmaßstabs oder dem Umfang der Haftung ändert sich auch dann nichts, wenn der Geschäftsführer zugleich Gesellschafter ist oder eine gewinn- bzw. umsatzabhängige Tantieme von der Gesellschaft erhält. Ist durch das pflichtwidrige Verhalten des Geschäftsführers bei der Gesellschaft ein Schaden entstanden, ist der Geschäftsführer verpflichtet, den eingetretenen Schaden zu ersetzen. Gleiches gilt für Schäden, die bei einer Tochtergesellschaft entstanden sind, soweit nicht die Muttergesellschaft den Schaden bereits ersetzt hat. Die Muttergesellschaft kann sich dann allerdings bei dem Geschäftsführer schadlos halten. Sind mehrere Geschäftsführer vorhanden, kommt es unter Umständen zu einer gesamtschuldnerischen Haftung, sofern jeder Geschäftsführer für sich die Voraussetzungen des *§ 43 I, II GmbHG* erfüllt. Ferner haften die Geschäftsführer gemeinschaftlich, wenn zwar nur einer von ihnen die pflichtwidrige Handlung vorgenommen hat der andere Geschäftsführer jedoch seine in diesem Zusammenhang bestehende Überwachungspflicht gegenüber dem Mitgeschäftsführer verletzt hat.

Eine Haftung des Geschäftsführers für pflichtwidriges Handeln scheidet jedenfalls immer dann aus, wenn der Geschäftsführer aufgrund einer für ihn bindenden Weisung eines anderen Organs, in der Regel der Gesellschafterversammlung, gehandelt hat. Stellt sich heraus, dass der Gesellschafterbeschluss nichtig ist, kommt eine Freistellung des Geschäftsführers nicht in Betracht. Hat die Gesellschafterversammlung bewusst einen nichtigen Gesellschafterbeschluss gefasst, kann der Geschäftsführer ggf. den Einwand des arglistigen Verhaltens erheben und wäre dann für sein pflichtwidriges Verhalten nicht haftbar. Lediglich anfechtbare Gesellschafterbeschlüsse hat der Geschäftsführer in jedem Fall auszuführen. In keinem Fall haftet der Geschäftsführer aber, wenn er den Beschluss erst, nachdem er unanfechtbar wurde, ausführt. Häufig wird der Geschäftsführer nicht warten können, bis der Beschluss unanfechtbar wird. Führt der Geschäftsführer den Beschluss nach reiflicher Abwägung vorher aus und wird dieser dennoch angefochten, kann das Verschulden des Geschäftsführers unter Umständen entfallen.

- **Haftung für ausgezahltes Stammkapital:** Der Geschäftsführer haftet der Gesellschaft gegenüber neben den Gesellschaftern nach den Grundsätzen der Haftung für ausgezahltes Stammkapital (→ *Haftung der Gesellschafter*).

- **Differenzhaftung:** Der Geschäftsführer haftet der Gesellschaft gegenüber neben den Gesellschaftern nach den Grundsätzen der Differenzhaftung (→ *Haftung der Gesellschafter*).

- **Gründungshaftung:** Der Geschäftsführer haftet neben den Gesellschaftern der Gesellschaft gegenüber nach den Grundsätzen der Gründungshaftung (→ *Haftung der Gesellschafter*).

- **Handelndenhaftung:** Der Geschäftsführer haftet der Gesellschaft gegenüber nach den Grundsätzen der Handelndenhaftung (→ *Haftung der Gesellschafter*). Hat er den Geschäftsbetrieb auf Weisung aller Gesellschafter vor Eintragung der GmbH aufgenommen und wird er von Gesellschaftsgläubigern persönlich in Anspruch genommen, so steht ihm ein Erstattungsanspruch gegen die Gesellschaft zu (*BGHZ 86, 122*).

- **Haftung in der Insolvenz:** → *Insolvenz*

- **Haftung wegen unterlassener Aufklärung:** Erweckt der Geschäftsführer gegenüber einem Vertragspartner der Gesellschaft ein besonderes Vertrauen auf die Leistungsfähigkeit der Gesellschaft, haftet er diesem gegenüber persönlich (*BGH GmbHR 1994, 464*).

- **Haftung für nicht abgeführte Steuern:** Der Geschäftsführer haftet der Finanzverwaltung gegenüber persönlich für Steuerschulden, soweit Ansprüche aus dem Steuerschuldverhältnis infolge vorsätzlicher oder grob fahrlässiger Verletzung der ihnen obliegenden Pflichten nicht oder nicht rechtzeitig festgesetzt oder erfüllt werden (*§ 69 AO*).

- **Haftung für nicht abgeführte Sozialversicherungsbeiträge:** Der Geschäftsführer haftet den Sozialversicherungsträgern gegenüber persönlich für die richtige und rechtzeitige Abführung der Sozialversicherungsbeiträge (*§§ 823 II BGB i.V.m. 266 a I StGB*).

- **Rechtsscheinhaftung:** Zum Schutz des redlichen Geschäftsverkehrs stützt man sich nicht immer auf die wirkliche Rechtslage, sondern auf die Redlichkeit des Geschäftspartners, der mit den ihm dargestellten Umständen vertraut ist.

- **Persönliche Haftung des Geschäftsführers:** Tritt ein Geschäftsführer im Rechtsverkehr so auf, dass bei dem Vertragspartner der Eindruck entsteht, der Geschäftsführer hafte persönlich, muss der Geschäftsführer diesen Rechtsschein gegen sich gelten lassen (*BGH GmbHR 1991, 360*). Der in der Praxis häufigste Fall ist das Zeichnen für die Gesellschaft ohne den durch *§ 4 GmbHG* vorgeschriebenen Rechtsformzusatz.

- **Verpflichtung der Gesellschaft:** Die Gesellschaft wird gegenüber Dritten auch dann wirksam verpflichtet, wenn der Anstellungsvertrag zwischen der Gesellschaft und dem Geschäftsführer nichtig sein sollte. Die Gesellschaft haftet dem Dritten gegenüber aufgrund eines zurechenbaren Rechtsscheins, sofern der Geschäftsführer im Handelsregister eingetragen war. Durch die Eintragung des Geschäftsführers ins Handelsregister hat die Gesellschaft einen zurechenbaren Rechtsschein gesetzt, worauf sich Dritte verlassen können, es sei denn, der Dritte hatte positive Kenntnis von der wahren Rechtslage. Die Rechtsscheinhaftung der Gesellschaft besteht auch dann, wenn der Geschäftsführer geschäftsunfähig ist.

- Besonders sollte der Gesellschafter-Geschäftsführer, der auch zugleich Alleingesellschafter ist, darauf achten, dass er bei allen Geschäften deutlich auf die beschränkte Haftung der GmbH hinweist, vor allem in Fällen, in denen sich die Gesellschaft in einer wirtschaftlichen Krise befindet.

- **Erteilung von Vollmachten:** Im Grundsatz gilt, dass Generalvollmachten nur sehr begrenzt erteilt werden und nach Gebrauch von der Gesellschaft wieder zurück verlangt werden sollten.
  Wird Vollmacht zu bestimmten Rechtshandlungen erteilt, muss der Umfang der Befugnis in der Vollmacht möglichst genau schriftlich fixiert werden. Selbst wenn die Vollmacht ein konkretes Rechtsgeschäft nicht deckt, kann der Geschäftsführer das zunächst schwebend unwirksame Rechtsgeschäft namens der Gesellschaft nachträglich genehmigen. Die Risiken bei nicht ausreichendem Umfang der Vollmacht sind daher eher gering.

• **Haftung wegen Gesetzesverletzung:** Verletzt der Geschäftsführer Strafgesetze oder sonstige Vorschriften, die speziell den Schutz Dritter bezwecken, haftet er den Geschädigten gegenüber persönlich für den dadurch entstandenen Schaden.

• **Produkthaftung:** → *Produkthaftung*

3. Tipps und Beispiele

! Zur Minimierung des Haftungsrisikos sollte der Geschäftsführer versuchen, im Anstellungsvertrag seine Haftung der Gesellschaft gegenüber auf grobe Fahrlässigkeit und Vorsatz zu beschränken.

Handelsregister

→ *Elektronisches Handelsregister*

H

I, J

Insichgeschäft

→ *Selbstkontrahieren*

Insolvenz

1. Überblick

Ist die Gesellschaft zahlungsunfähig oder überschuldet, muss der Geschäftsführer ohne schuldhaftes Zögern, spätestens aber drei Wochen ab positiver Kenntnis des Eintritts dieser Umstände gemäß *§ 15a InsO*, die Eröffnung des Insolvenzverfahrens beim örtlichen Amtsgericht beantragen. Droht Zahlungsunfähigkeit, kann (aber muss nicht) der Geschäftsführer die Insolvenz beantragen und so aus eigener Initiative versuchen, das Gesellschaftsvermögen für die Sanierung vor dem Zugriff von Gläubigern zu sichern.

Seit dem 1.11.2008 besteht auch für die Gesellschafter einer GmbH eine Insolvenzantragspflicht, wenn die GmbH keinen Geschäftsführer mehr hat, also führungslos ist, und der Gesellschafter von der Führungslosigkeit Kenntnis hat (*§ 15 a III GmbHG*).

2. Einzelfragen

- **Zahlungsunfähigkeit:** Die Gesellschaft ist zahlungsunfähig, wenn sie voraussichtlich dauernd nicht mehr in der Lage ist, ihre fälligen Schulden aus bereitstehenden Mitteln zu tilgen. Dies wird insbesondere angenommen, wenn Zahlungseinstellung erfolgt (*§ 17 InsO*).

- **Drohende Zahlungsunfähigkeit:** Drohende Zahlungsunfähigkeit liegt vor, wenn die Gesellschaft voraussichtlich nicht in der Lage sein wird, die bestehenden Zahlungsverpflichtungen im Zeitpunkt der Fälligkeit zu erfüllen (*§ 18 InsO*).

- **Überschuldung:** Der Begriff der Überschuldung (*§ 19 InsO*) wurde durch Art. 5 des Finanzmarktstabilisierungsgesetzes (FMStG) neugefasst. Überschuldung liegt vor, wenn das Vermögen der Gesellschaft die bestehenden Verbindlichkeiten nicht mehr deckt, es sei denn, die Fortführung des Unternehmens ist nach den

Umständen überwiegend wahrscheinlich. Die Überschuldungsermittlung durch die Geschäftsführer ist auch nach der Neufassung des Überschuldungsbegriffs zweistufig ausgestaltet. In einem ersten Schritt ist eine Prognose zu erstellen, ob die Fortführung des Unternehmens nach den Umständen überwiegend wahrscheinlich ist. Die Prognose über die Fortführung des Unternehmens erfordert ein Gesamturteil über den möglichen weiteren wirtschaftlichen Unternehmensverlauf auf Basis eines in sich schlüssigen Unternehmenskonzepts, das von den erkannten und erkennbaren tatsächlichen Gegebenheiten ausgeht.

Wenn sie positiv ausfällt, ist die Erstellung eines Überschuldungsstatus entbehrlich. Fällt sie negativ aus, muss der Geschäftsführer einen Überschuldungsstatus erstellen, in dem die Vermögenswerte und Schulden der Gesellschaft anders als in der normalen Bilanz nicht zu Buchwerten, sondern zu ihren realistischen Veräußerungswerten anzusetzen sind.
Ergibt die im Falle einer negativen Prognose vorzunehmende Gegenüberstellung der im Überschuldungsstatus zu Veräußerungswerten angesetzten Vermögenswerte und Schulden ein negatives Reinvermögen, liegt der Tatbestand der Überschuldung vor. Bei positivem Reinvermögen kann Überschuldung drohen. Es besteht dann zwar noch keine Insolvenzantragspflicht der Geschäftsführer, doch ist die negative Prognose als massives Warnsignal aufzufassen.
Die Neufassung des *§ 19 Abs. 2 InsO* ist bis zum 31.12.2010 befristet. Ab dem 01.01.2011 gilt wieder die Fassung des *§ 19 Abs. 2 InsO* vor seiner Änderung durch das FMStG. Danach hat eine positive Fortführungsprognose lediglich zur Folge, dass bei der Erstellung der Überschuldungsbilanz einer Gesellschaft nicht Fortführungs- sondern realitische Veräußerungswerte anzusetzen sind.

Bereits im Vorfeld einer Überschuldung treffen den Geschäftsführer verschiedene Pflichten. So muss er eine Gesellschafterversammlung gem. *§ 49 III GmbHG* einberufen, wenn das Stammkapital zu 50 % aufgezehrt wurde. In diesem Stadium muss über Sanierungsmöglichkeiten (→ *Sanierung des Unternehmens*) beraten werden. Der Geschäftsführer kann in diesem Stadium verpflichtet sein, einer Kürzung seiner Bezüge zuzustimmen.

Es bestehen verschiedene Möglichkeiten eine Überschuldung zu vermeiden oder gegebenenfalls abzuwenden, z. B.:
- Erhöhung des Stammkapitals: Bereits die wirksame Beschlussfassung über eine Bar- oder Sachkapitalerhöhung und die wirksame Übernahme des Geschäftsanteils gegen die Verpflichtung zur Leistung der Stammeinlage durch den (neuen) Gesellschafter kann die Überschuldung bei ausreichender Höhe beseitigen.

- Die Darlehensgewährung durch Gesellschafter oder sonstige Dritte beseitigt für sich alleine noch nicht die Überschuldung, denn dem Aktivposten „Geld" steht ein Passivposten „Darlehen" gegenüber. Damit ändert sich im Ergebnis am Bilanzbild nichts. Etwas anderes gilt dann, wenn der Gläubiger erklärt, mit seiner Forderung hinter die in *§ 39 I Nr. 1 -5 InsO* genannten Forderungen zurücktreten zu wollen (sog. Rangrücktritt). Die Forderung muss dann nicht mehr im Überschuldungsstatus ausgewiesen werden.
- Der Forderungsverzicht, sei es durch einen darlehensgebenden Gesellschafter oder einen Drittgläubiger, ist ein klassisches Mittel im Bereich der finanziellen Sanierung. Bei dem wirksamen Abschluss eines Forderungsverzichts sind die umfassten Forderungen nicht mehr im Überschuldungsstatus auszuweisen. Achtung: Der Forderungsverzicht ist für die Gesellschaft in der Regel ein steuerbarer Ertrag, außerdem erlöschen die Sicherheiten, die an den Bestand einer Forderung gebunden sind (z. B. Bürgschaft).
- Freiwillige Zuschüsse der Gesellschafter können eine Überschuldung verhindern. Ob der Zuschuss zur Stärkung des Eigenkapitals oder zur sofortigen Verlustdeckung verwendet wird, hängt von der Erklärung des Gesellschafters ab.

- **Haftung:** Stellt der Geschäftsführer den Insolvenzantrag nicht rechtzeitig, ist er der Gesellschaft gegenüber zum Ersatz derjenigen Zahlungen verpflichtet, die die Gesellschaft nach Entstehung des Insolvenzgrundes geleistet hat (*§ 64 GmbHG*). Dies gilt nur nicht für solche Zahlungen, die auch nach Eintritt der Insolvenz mit der Sorgfalt eines ordentlichen Geschäftsmanns vereinbar sind. Hierunter fallen insbesondere Beratungskosten.

Gegenüber denjenigen Gesellschaftsgläubigern, die zum Zeitpunkt der Insolvenz Forderungen gegen die Gesellschaft hatten (Altgläubiger), haftet der Geschäftsführer persönlich auf die Differenz zwischen der tatsächlichen Insolvenzquote und der Insolvenzquote, die der Altgläubiger bei rechtzeitigem Insolvenzantrag erhalten hätte (so genannter Quotenschaden).
Gegenüber denjenigen Gesellschaftsgläubigern, deren Forderungen gegen die Gesellschaft erst nach dem Zeitpunkt der Insolvenz entstanden sind (Neugläubiger), haftet der Geschäftsführer persönlich für den vollen Schaden.
Seit dem 1.11.2008 hat sich die Haftung des Geschäftsführers und damit der Gläubigerschutz noch verschärft: Den Geschäftsführer trifft eine Ersatzpflicht auch für Zahlungen an die Gesellschafter, soweit diese zur Zahlungsunfähigkeit der Gesellschaft führen mussten. Die Ersatzpflicht des Geschäftsführers tritt nur dann nicht ein, wenn er dies auch bei Beachtung der Sorgfalt eines ordentlichen Geschäftsmannes nicht erkennen konnte.

Die Pflicht zum Insolvenzantrag birgt für den Geschäftsführer doppeltes Haftungsrisiko: Stellt er den Insolvenzantrag verfrüht, so haftet er gegenüber der Gesellschaft aus *§ 43 II GmbHG*, während er bei einer zu späten Stellung des Antrags einer Haftung nach *§ 15 a InsO i.V.m. § 823 II BGB* ausgesetzt ist. Zur Vermeidung dieser Situation sollte der Geschäftsführer sich stets bei den ersten Anzeichen einer Krise durch die Erstellung von Liquiditäts- und Vermögensübersichten einen Überblick verschaffen.

- **Strafbarkeit:** Die Verletzung der Insolvenzantragspflicht ist mit Freiheitsstrafe bis zu drei Jahren oder Geldstrafe bedroht (*§ 15a InsO*). Für die Gesellschaft ist jeder Geschäftsführer zur Stellung des Antrags verpflichtet. Dies gilt auch dann, wenn mehrere Geschäftsführer vorhanden sind und die Geschäftsführer nach dem Gesellschaftsvertrag nur gemeinschaftliche Vertretungsmacht besitzen. Stellt in einem solchen Fall lediglich ein Geschäftsführer den Antrag, so ist dieser dennoch wirksam und entlastet die anderen Geschäftsführer.

I

3. Tipps und Beispiele

! Vielfach versuchen die Gesellschafter den an sich fälligen Insolvenzantrag durch die Beschaffung neuen Kapitals zu verhindern. Die entsprechenden Bemühungen ziehen sich regelmäßig über einen gewissen Zeitraum hin. Der Geschäftsführer, dessen Arbeitsplatz auf dem Spiel steht, vertraut zumeist auf den Erfolg der Kapitalbeschaffungsbemühungen, auch wenn er in diese selbst nicht eingebunden ist. Scheitern diese Bemühungen letztlich, ist die Drei-Wochen-Frist häufig überschritten, den Geschäftsführer trifft jedoch die volle straf- und haftungsrechtliche Verantwortung.

Für den Geschäftsführer bieten sich in dieser Situation zwei Möglichkeiten:

- Entweder er beantragt trotz der Kapitalbeschaffungsbemühungen rechtzeitig die Insolvenz.
- Oder er legt rechtzeitig vor Ablauf der Drei-Wochen-Frist sein Amt nieder und nimmt zur Vermeidung seiner Einstufung als faktischer Geschäftsführer ab dann keine Geschäftsführungshandlungen mehr vor; erfolgt dies gegen den Willen der Gesellschafter, läuft er allerdings Gefahr, dass sein Anstellungsvertrag fristlos gekündigt wird.

Interessenkollision

Kommt ein Geschäftsführer im Rahmen seiner Tätigkeiten für die Gesellschaft in eine Interessenkollision mit privaten Interessen, so hat er einen solchen Konflikt stets zu seinen Lasten zu entscheiden. So müssen z. B. Geschäftschancen, die auch privat genutzt werden könnten, bei entsprechendem Bedarf auf die Gesellschaft übergeleitet werden. Hält sich der Geschäftsführer nicht an diesen Grundsatz, so haftet er der Gesellschaft wegen unredlicher Geschäftsführung aus Verletzung seines Anstellungsvertrags.

Jahresabschluss

1. Überblick

Der Geschäftsführer einer mittleren GmbH (→ *Mittlere GmbH*) und ebenso einer großen GmbH (→ *Große GmbH*) hat die Pflicht, in den ersten drei Monaten eines Geschäftsjahres einen Jahresabschluss und einen Lagebericht für das vergangene Geschäftsjahr aufzustellen und den Abschlussprüfern vorzulegen (*§§ 264 I 2, 316 I HGB*). Handelt es sich bei der Gesellschaft um eine kleine GmbH (→ *Kleine GmbH*), verlängert sich die Frist auf sechs Monate (*§ 264 I 3 HGB*) und die Pflicht zur Vorlage des Jahresabschlusses bei einem Abschlussprüfer entfällt (*§ 316 Abs. 1 HGB*). Die GmbH hat für den Jahresabschluss

- eine Bilanz,
- eine Gewinn- und Verlustrechnung,
- einen Anhang sowie
- bei einer mittleren und großen GmbH einen Lagebericht aufzustellen (*§ 264 I 3 HGB*).

Der Geschäftsführer hat bei der Erstellung des Jahresabschlusses die Grundsätze der ordnungsgemäßen Buchführung und Bilanzierung zu beachten. Hat die Gesellschaft mehrere Geschäftsführer und diese Aufgabe auf einen Geschäftsführer übertragen, dann beschränkt sich die Pflicht der übrigen Geschäftsführer auf die ordentliche Auswahl und regelmäßige Überwachung dieses Geschäftsführers. Die abschließende Entscheidung über den Jahresabschluss erfordert Einstimmigkeit der Geschäftsführer, wenn nicht der Gesellschaftsvertrag oder die Geschäftsordnung eine abweichende Regelung trifft.

Kommt es im Rahmen der Auf- und Feststellung des Jahresabschlusses zu Zuwiderhandlungen, so werden diese mit einem Ordnungsgeld bis zu 25.000 Euro geahndet (*§ 334 HGB*). Hierunter fallen insbesondere Zuwiderhandlungen gegen Vorschriften

- über Form oder Inhalt (*§ 334 I Nr. 1a GmbHG*),
- über die Bewertung (*§ 334 I Nr. 1b GmbHG*),
- über die Gliederung (*§ 334 I Nr. 1c GmbHG*),
- über die in der Bilanz oder im Anhang zu machenden Angaben (*§ 334 I Nr. 1d GmbHG*),
- über den Inhalt des Lageberichts bei der Aufstellung eines solchen (*§ 334 I Nr. 3 GmbHG*).

2. Einzelfragen

- **Vorlage und Feststellung des Jahresabschlusses:** Die Geschäftsführer haben den Jahresabschluss und den Lagebericht unverzüglich nach der Aufstellung den Gesellschaftern zum Zwecke der Feststellung des Jahresabschlusses vorzulegen (*§ 42 a I 1 GmbHG*). Wurde eine Abschlussprüfung durchgeführt (bei der mittelgroßen und großen GmbH), haben die Geschäftsführer unmittelbar nach Eingang des Prüfungsberichts diesen den Gesellschaftern zu präsentieren (*§ 42 a I 2 GmbHG*). Bei der kleinen GmbH müssen die Gesellschafter innerhalb der ersten elf Monate des Geschäftsjahrs über die Feststellung des Jahresabschlusses und die Ergebnisverwendung beschließen. Bei der mittelgroßen und großen GmbH verkürzt sich diese Frist auf acht Monate (*§ 42 a II 1 GmbHG*). Diese Fristen sind durch den Gesellschaftsvertrag nicht verlängerbar (*§ 42 a II 2 GmbHG*).

  Die Anfechtung des festgestellten Jahresabschlusses richtet sich nach den allgemeinen Regeln über die Anfechtung von Gesellschafterbeschlüssen. Anfechtungsgründe können sich aus Verfahrensmängeln und inhaltlichen Gründen ergeben.

- **Offenlegung des Jahresabschlusses:** Mit Wirkung vom 1.1.2007 haben sich durch das Gesetz über elektronische Handelsregister und Genossenschaftsregister sowie das Unternehmensregister (EHUG) die rechtlichen Vorschriften über die Offenlegung von Jahresabschlüssen signifikant geändert. Die Geschäftsführer einer GmbH haben den festgestellten Jahresabschluss unverzüglich nach dessen Vorlage an die Gesellschafter, spätestens jedoch zwölf Monate nach dem Bilanzstichtag , beim Betreiber des elektronischen Bundesanzeigers einzureichen (*§ 325I HGB*) und bekannt machen zu lassen (*§ 325 II HGB*). Bei der kleinen GmbH muss der Anhang die die Gewinn- und Verlustrechnung (GuV) betreffenden Angaben nicht enthalten. Bei der mittelgroßen und großen GmbH sind der Lagebericht und, soweit sich dies aus dem eingereichten Jahresabschluss nicht ergibt, der Vorschlag für die Verwendung des Ergebnisses und der Beschluss über seine Verwendung unter Angabe des Jahresüberschusses oder Jahresfehlbetrags einzureichen. Wird der Jahresabschluss bei nachträglicher Prüfung oder Feststellung geändert, ist auch die Änderung einzureichen.

Der Betreiber des elektronischen Bundesanzeigers prüft, ob die offenlegungspflichtigen Unterlagen fristgerecht und vollständig eingereicht worden sind (*§ 329 HGB*). Stellt der Betreiber des elektronischen Bundesanzeigers fest, dass die offen zu legenden Unterlagen nicht fristgerecht oder nicht vollständig eingereicht wurden, unterrichtet er das Bundesamt für Justiz, das dann ein Ordnungsgeldverfahren gegen die GmbH durchführt. Das Ordnungsgeld beträgt mindestens 2.500 Euro und höchstens 25.000 Euro.

K

Kaduzierung

→ *Ausscheiden eines Gesellschafters*

Kapitalerhaltungsgebot

1. Überblick

Zum Schutz der Gläubiger dürfen die Geschäftsführer keine Verfügungen zugunsten der Gesellschafter treffen, die das Stammkapital der Gesellschaft schmälern und zu einer Unterbilanz führen, eine Unterbilanz vertiefen oder gar zu einer Überschuldung der Gesellschaft führen (*§ 30 GmbHG*). Eine Unterbilanz liegt vor, wenn das Nettovermögen der Gesellschaft – Aktivvermögen abzüglich aller Verbindlichkeiten zuzüglich der Rückstellungen aber ohne Berücksichtigung der Rücklagen – nicht mehr ausreicht, um das Stammkapital zu decken, wobei stille Reserven nicht in die Berechnung mit einzubeziehen sind (*BGH NJW 1988, 139*).

K

2. Einzelfragen

- **Ausnahmen:** Kein Verstoß gegen das Kapitalerhaltungsgebot liegt vor bei Leistungen, die bei Bestehen eines Beherrschungs- oder Gewinnabführungsvertrags erfolgen oder die durch einen vollwertigen Gegenleistungs- oder Rückgewähranspruch gegen den begünstigten Gesellschafter gedeckt sind (*§ 30 I Satz 2 GmbHG n. F.*). Kein Verstoß gegen das Kapitalerhaltungsgebot liegt ferner vor bei der Rückgewähr eines Gesellschafterdarlehens und Leistungen auf Forderungen aus Rechtshandlungen, die einem Gesellschafterdarlehen wirtschaftlich gleichstehen (*§ 30 I Satz 2 GmbHG n. F.*).

- **Folgen eines Verstoßes:** Gemäß *§ 31 GmbHG* sind die Zahlungen, die trotz des Kapitalerhaltungsgebots geleistet wurden, von dem begünstigten Gesellschafter an die Gesellschaft zurückzuerstatten, wobei dies nicht nur den das Stammkapital schmälernden Teil betrifft, sondern die gesamte Leistung (*BGH NJW 1977, 104*). War der empfangende Gesellschafter jedoch im guten Glauben, so hat er nur den Teil der Leistung zurückzubezahlen, der zur Befriedigung der Gläubiger notwendig ist (*§ 31 II GmbHG*). Waren die Gesellschafter bei Empfang der Leistung im Glauben, dass es sich um Gewinnteile handele, so müssen sie die Leistungen nicht zurückerstatten (*§ 32 GmbHG*).

- **Erstattungsansprüche:** Verstößt der Geschäftsführer gegen die Kapitalerhaltungsvorschriften, so haftet er neben den Gesellschaftern auf Rückerstattung (*§ 43 II GmbHG*). Für die Geltendmachung des Erstattungsanspruchs gegen einen Gesellschafter muss kein vorheriger Gesellschafterbeschluss gefasst werden, da dieser sofort fällig ist (*GmbHR 87, 224*).

Kapitalerhöhung

1. Überblick

Der Begriff der Kapitalerhöhung umfasst jede Erweiterung der Kapitalgrundlage einer Gesellschaft durch Einbringung eigener oder Aufnahme fremder Mittel gegen die Gewährung der neu entstehenden Geschäftsanteile (*§ 55 GmbHG*). Eine Kapitalerhöhung kann aus Gesellschaftsmitteln (nominell) oder durch Zuführung neuer Mittel (effektiv) erfolgen.

2. Einzelfragen

Verfahren: Eine Kapitalerhöhung bedarf einer Satzungsänderung durch notariell beurkundeten Gesellschafterbeschluss, da das Stammkapital notwendiger Bestandteil der Satzung ist. Für den Gesellschafterbeschluss ist eine Dreiviertelmehrheit der abgegebenen Stimmen notwendig (*§ 53 II GmbHG*). Der Gesellschafterbeschluss muss regeln,

- wie das Kapital erhöht wird (Nennwerterhöhung oder effektive Kapitalerhöhung),
- in welcher Größe es erhöht werden soll,
- wer zur Übernahme des erhöhten Stammkapitals zugelassen wird und
- wer im Fall der Kapitalerhöhung mit Sacheinlagen (*§ 56 GmbHG*) welche Sacheinlagen zu welchem Zeitpunkt zu leisten hat.

Der Geschäftsführer muss die Kapitalerhöhung zum Handelsregister anmelden (*§ 57 GmbHG*) (→ *Anmeldung der GmbH*).
Gleichzeitig mit der Anmeldung sind der Kapitalerhöhungsbeschluss sowie die Neufassung des Satzungswortlauts, die notariell beglaubigten Übernahmeerklärungen der Gesellschafter, eine Liste der (eventuell neuen) Gesellschafter und die Höhe der von ihnen übernommenen Anteile beim Handelsregister einzureichen. Der Geschäftsführer hat die Versicherung abzugeben, dass die Mindesteinzahlung nach *§ 7 II GmbHG* erfolgt ist und ihm zur freien Verfügung steht. Die Abgabe einer falschen Versicherung ist strafbar (*§ 82 I Nr. 3 GmbHG*).
Einzahlungen auf eine geplante Kapitalerhöhung haben dann Tilgungswirkung für

die vom Gesellschafter im Rahmen der Kapitalerhöhung übernommene Einzahlungspflicht, wenn das Kapital bei Eingang der Anmeldung beim Handelsregister noch unverbraucht zur Verfügung steht (*BGH DStR 1996, 1416*). Die Zahlung auf ein debitorisches Konto der Gesellschaft steht dann zur freien Verfügung, wenn eine Überziehung des Kontos über den ausdrücklich eingeräumten Kredirahmen hinaus durch die Bank stillschweigend geduldet wird (*BGH DB 2005, 1223*).

3. Tipps und Beispiele

! Benötigt die Gesellschaft von ihren Gesellschaftern zusätzliches Kapital, so muss sie sich dieses nicht notwendigerweise durch Kapitalerhöhung beschaffen. Häufig wird der Gesellschaft frisches Kapital per Gesellschafterdarlehen oder Einzahlung der Gesellschafter in die freie Kapitalrücklage zugeführt. Die Gewährung/Empfangnahme von Gesellschafterdarlehen und die Einzahlung der Gesellschafter in die freie Kapitalrücklage unterliegen nicht den formellen Regelungen für eine Kapitalerhöhung.

Karenzentschädigung

→ *Wettbewerbsverbot*

Kleine GmbH

Nach dem Bilanzrichtliniengesetz wird zwischen der kleinen, mittleren und großen GmbH unterschieden (→ *Jahresabschluss*, → *Kleine GmbH*, → *Mittlere GmbH*). Gemäß § 267 I HGB ist eine GmbH als kleine GmbH zu qualifizieren, wenn am Bilanzstichtag mindestens zwei der nachstehenden Größen nicht überschritten sind:

- Eine Bilanzsumme nach Abzug eines auf der Aktivseite ausgewiesenen Fehlbetrags in Höhe von 4.015.000 Euro.
- Umsatzerlöse in den zwölf Monaten vor dem Abschlussstichtag in Höhe von 8.030.000 Euro.
- Die Zahl der Mitarbeiter beträgt im Jahresdurchschnitt bis zu 50.

Für Kleine GmbH`s besteht die Möglichkeit einer verkürzten Bilanzaufstellung (*§ 266 I HGB*).

Krankheit

1. Überblick

Im Falle der Krankheit hat der Geschäftsführer grundsätzlich Anspruch auf weiteren Erhalt seiner Vergütung (→ *Gehalt*).

2. Tipps und Beispiele

! Die Vergütung sollte im Fall der Krankheit oder sonstiger unverschuldeter Behinderungen des Geschäftsführers nach Möglichkeit schriftlich fixiert werden. Es sollten Regelungen vorhanden sein, die erläutern, ob dem Geschäftsführer bei krankheitsbedingter Abwesenheit oder sonstiger unverschuldeter Abwesenheit die ihm zustehende Vergütung weiter bezahlt werden soll. Des Weiteren sollte geregelt werden, ob der Geschäftsführer bei jeder Krankheit oder nur bei vorübergehender seine Vergütung erhält und ob sie eventuell zu kürzen sind. Gegebenenfalls kann vereinbart werden, dass auf Kosten des Geschäftsführers nach einiger Zeit eine Ersatzkraft eingestellt wird.

Fehlt eine vertragliche Regelung, greift *§ 616 BGB* ein. Danach hat der Geschäftsführer Anspruch auf Weiterzahlung der Vergütung, falls er für eine verhältnismäßig nicht erhebliche Zeit durch einen in seiner Person liegenden Grund ohne sein Verschulden an der Dienstleistung verhindert ist. Als nicht erheblich wird eine Zeit von sechs bis acht Wochen angesehen. Es handelt sich bei den Zahlen nicht um starre Richtwerte. So kann die Zeit auch darunter liegen. Handelt es sich um einen langjährigen und besonders erfahrenen, verdienstvollen und bewährten Geschäftsführer, kann der Zeitraum auch deutlich über dem angegebenen Richtwert liegen (→ *Gehalt*).

Kündigung

→ *Beendigung des Geschäftsführeranstellungsverhältnisses*

L

Lagebericht

→ *Jahresabschluss*

Liquidation der Gesellschaft

1. Überblick

Die Beendigung der Gesellschaft erfolgt durch Liquidation. Die Liquidation führt nicht zum sofortigen Erlöschen der Gesellschaft. Die bisherige Firma ist jedoch mit dem Zusatz „in Liquidation" (i. L.) zu versehen.

2. Einzelfragen

- **Folge der Liquidation:** Die Gesellschaft verliert bei einer Liquidation ihren ursprünglichen Erwerbszweck und befasst sich nun mit der Verwertung ihres Vermögens durch Veräußerung. Aus dem Erlös werden zunächst die Verbindlichkeiten beglichen. Verbleibt hiernach ein Überschuss, so wird dieser an die Gesellschafter entsprechend dem Umfang ihrer Beteiligung am Stammkapital verteilt.

- **Liquidationsgründe:** Die Gründe für eine Liquidation sind in *§ 60 I GmbHG* aufgezählt. Praktisch besonders relevant sind die Eröffnung der Insolvenz (→ *Insolvenz*) sowie der freiwillige Liquidationsbeschluss der Gesellschafter, der mit einer satzungsändernden Mehrheit der Stimmen zu fassen ist; die Anzahl der Stimmen kann vom Umfang der Kapitalbeteiligung abweichen (etwa wegen stimmrechtslosen Beteiligungen oder Mehrstimmrechten). Die Satzung kann weitere Gründe für eine Liquidation vorsehen.

- **Bekanntmachung:** Die Liquidatoren sind verpflichtet, die Auflösung der Gesellschaft zum Handelsregister anzumelden und bekannt zu machen, indem sie dies zu drei verschiedenen Zeitpunkten im elektronischen Bundesanzeiger und ggf. weiteren, in der Satzung bezeichneten Gesellschaftsblättern (*§ 12 GmbHG*) veröffentlichen lassen (→ *Liquidatoren*). Hierbei sind die Gläubiger aufzufordern, sich bei der Gesellschaft zu melden. Die Liquidation kann erst nach Ablauf eines Jahres ab der dritten Veröffentlichung beendet werden (sog. Sperrjahr, *§ 73 GmbHG*).

Liquidatoren

1. Überblick

Die Geschäftsführer, die zum Zeitpunkt des Liquidationsbeginns im Amt sind, werden automatisch die Liquidatoren der Gesellschaft, wenn der Gesellschaftsvertrag oder ein Gesellschafterbeschluss diese Aufgabe nicht anderen Personen zuweist (*§ 66 I GmbHG*).

Etwas anderes gilt nur für den Fall der Liquidation auf Grund Insolvenz: Liquidator ist hier der Insolvenzverwalter.

2. Einzelfragen

- **Geschäftsführer als Liquidator:** Der Geschäftsführer muss das Amt des Liquidators annehmen und nur aus wichtigem Grund niederlegen, wenn er sich nicht schadenersatzpflichtig machen will. Auf Antrag von Gesellschaftern, die mindestens 10 % des Stammkapitals halten, kann bei Vorliegen eines wichtigen Grundes die Bestellung von Liquidatoren durch das Gericht erfolgen (*§ 66 II GmbHG*). Ein Liquidator, der nicht Geschäftsführer ist, kann das Amt ohne Angabe von Gründen sofort wirksam niederlegen.

- **Aufgaben:** Der Liquidator hat grundsätzlich dieselben Rechte und Pflichten wie der Geschäftsführer, mit dem Unterschied, dass seine Handlungen auf die Abwicklung der Gesellschaft gerichtet sind. Meldet sich ein bekannter Gläubiger nicht, so ist die geschuldete Summe zu hinterlegen, wenn die Berechtigung zur Hinterlegung vorhanden ist. Bestehende Forderungen der Gesellschaft hat der Liquidator einzuziehen.

- **Anmeldung der Auflösung:** → *Liquidation der Gesellschaft*

M, N, O

Minderheitenrechte

Im GmbHG sind vier Minderheitenrechte geregelt, die einer Minderheit der Gesellschafter mit insgesamt mindestens 10 % des Stammkapitals zustehen. Diese sind:

- das Recht, die Gesellschafterversammlung einzuberufen und Gegenstände zur Gesellschafterbeschlussfassung zu verlangen;
- das Recht, Auflösungsklage nach *§ 61 II GmbHG* zu erheben;
- das Recht, bei einer Liquidation der Gesellschaft einen Liquidator durch das Gericht bestellen zu lassen (*§ 66 II GmbHG*);
- das Recht auf Auskunft und Einsichtnahme (*§ 51a und b GmbHG*), wobei dieses Recht jedem einzelnen Gesellschafter zusteht.

Diese Minderheitenrechte gelten zwingend und können nicht durch Gesellschafterbeschluss oder Gesellschaftsvertrag beseitigt oder zum Nachteil der Minderheitsgesellschafter verändert werden.

Mittlere GmbH

1. Überblick

Nach der Unterscheidung durch das Bilanzrichtliniengesetz handelt es sich bei einer Gesellschaft um eine mittlere GmbH, wenn diese am Bilanzstichtag mindestens zwei der für die kleine GmbH (→ *Kleine GmbH*) aufgeführten Größenordnungen überschreitet und zugleich von den folgenden Größenordnungen zwei nicht überschreitet (*§ 267 II HGB*):

- Eine Bilanzsumme in Höhe von 16.060.000 Euro.
- Umsatzerlöse in Höhe von 32.120.000 Euro.
- Zahl der Mitarbeiter beträgt im Jahresdurchschnitt bis zu 250.

2. Einzelfragen

→ *Jahresabschluss*

Nebentätigkeit des Geschäftsführers

Eine Nebentätigkeit ist eine nicht vom Anstellungsvertrag erfasste Tätigkeit des Geschäftsführers außerhalb des Unternehmensgegenstands der Gesellschaft. Tätigkeiten im Bereich des Unternehmensgegenstandes fallen unter das Wettbewerbsverbot (→ *Wettbewerbsverbot*).

Eine Nebentätigkeit des Geschäftsführers ist grundsätzlich zulässig. Klauseln im Anstellungsvertrag, die eine Nebentätigkeit der vorherigen Zustimmung der Gesellschaft unterstellen, sind wegen Verstoßes gegen die Berufsfreiheit des *Art. 12 GG* unwirksam und damit nicht verbindlich.

Notgeschäftsführer

1. Überblick

Hat die Gesellschaft z. B. infolge von Niederlegung des Amts durch den einzigen Geschäftsführer keinen handlungsfähigen Geschäftsführer mehr, bestellt das Registergericht auf Antrag eines Beteiligten einen Notgeschäftsführer (*§ 29 BGB analog*).

2. Einzelfragen

- **Voraussetzungen:** Zunächst müssen die Gesellschafter versuchen, einen neuen Geschäftsführer zu bestellen. Die Bestellung des Notgeschäftsführers erfolgt erst, wenn dies nicht möglich ist, weil z. B. eine Einigung unter den Gesellschaftern nicht zustande kommt oder die Gesellschafterversammlung nicht rechtzeitig zusammentreten kann. Der Antrag kann beispielsweise von einem Gesellschafter, einem ehemaligen Geschäftsführer oder auch einem Gläubiger der Gesellschaft gestellt werden. Ein Notgeschäftsführer darf zu diesem Amt nicht gezwungen werden. Er hat dieselben Rechte und Pflichten wie ein Geschäftsführer.

- **Dauer der Bestellung:** Die Bestellung des Notgeschäftsführers endet mit der Bestellung eines neuen Geschäftsführers durch die Gesellschafterversammlung oder durch Abberufung durch das Registergericht. Ein Gesellschafter kann bei Vorlage eines wichtigen Grundes einen Antrag auf Abberufung des Notgeschäftsführers stellen.

Organhaftung

Schließt der Geschäftsführer Rechtsgeschäfte für die Gesellschaft ab, wird ausschließlich die Gesellschaft Vertragspartner. Gleichzeitig wird ein Verschulden des Geschäftsführers im Rahmen der Erfüllung der Verpflichtungen der Gesellschaft dieser als ihr eigenes Verschulden zugerechnet (*§ 278 BGB*). Für Verletzungshandlungen des Geschäftsführers außerhalb der Erfüllung von Verpflichtungen haftet die Gesellschaft Dritten gegenüber gemäß *§ 31 BGB*; die Gesellschaft kann sich jedoch von dieser Haftung frei zeichnen, wenn sie nachweist, dass sie den Geschäftsführer sorgfältig ausgewählt und regelmäßig überwacht hat
(→ *Haftung*).

P, Q

Pensionsrückstellung / Pensionszusage

→ *Altersversorgung, betriebliche*

Pflegeversicherung

1. Überblick

Die Pflegeversicherung ergänzt die klassischen Bereiche der Sozialversicherung (Krankenversicherung, Unfallversicherung, Rentenversicherung und Arbeitslosenversicherung). Steht der Geschäftsführer in einem abhängigen Beschäftigungsverhältnis, hängt es von seinem Jahresverdienst ab, ob er kranken- und pflegeversicherungspflichtig ist. Im Grundsatz folgt die Pflegeversicherung der Krankenversicherung, d.h. derjenige, der krankenversicherungspflichtig ist, unterliegt auch der Versicherungspflicht in der sozialen Pflegeversicherung.
Als Leistungen der Pflegeversicherung werden gewährt: Häusliche Pflege, Pflegegeld, Pflegehilfsmittel, teilstationäre Pflege, Kurzzeitpflege und Pflegepersonen.

2. Einzelfragen

Versicherungsmöglichkeiten des Geschäftsführers: Für den GmbH-Geschäftsführer bieten sich verschiedene Pflegeversicherungsmöglichkeiten, die allerdings dadurch beeinflusst werden, ob sich der GmbH-Geschäftsführer in einer gesetzlichen oder privaten Krankenversicherung befindet:

- **Gesetzliche Krankenversicherung:** Der Geschäftsführer kann aufgrund seines Einkommens freiwilliges Mitglied einer gesetzlichen Krankenversicherung sein. Trifft das zu, gilt zunächst, dass auch das freiwillige Mitglied einer gesetzlichen Krankenversicherung versicherungspflichtig in der sozialen Pflegeversicherung ist, denn die Versicherungspflicht in der sozialen Pflegeversicherung richtet sich allein danach, ob eine Mitgliedschaft in einer gesetzlichen Pflegeversicherung besteht.
  Daneben besteht aber die Möglichkeit, sich von der Versicherungspflicht befreien zu lassen und einer privaten Pflegeversicherung beizutreten. Voraussetzung ist ein Antrag bei der zuständigen Pflegekasse und zwar innerhalb von drei Monaten nach Beginn der Versicherungspflicht der sozialen Pflegeversicherung.

Ferner muss der Nachweis erbracht werden, dass eine private Pflegeversicherung besteht und dass die Leistungen der privaten Pflegeversicherung der gesetzlichen Pflegeversicherung entsprechen.

- **Private Krankenversicherung:** Hat der Geschäftsführer eine private Krankenversicherung abgeschlossen, muss bei dieser Versicherung eine private Pflegeversicherung abgeschlossen werden. Die private Pflegeversicherung muss wiederum die entsprechenden Leistungen der sozialen Pflegeversicherung beinhalten. Handelt es sich bei der privaten Krankenversicherung lediglich um eine Zusatzversicherung, z. B. eine private Krankenhausversicherung, besteht die Versicherungsfreiheit nicht.
  Entscheidet sich danach der Geschäftsführer zu Abschluss und Aufrechterhaltung einer privaten Pflegeversicherung, erhält er von der GmbH einen steuerfreien Zuschuss zu der Pflegeversicherung (*§ 61 SGB XI*). Voraussetzung ist, dass der Geschäftsführer einen Versicherungsnachweis erbringt. Die GmbH muss dann einen Zuschuss in der Höhe leisten, der als Arbeitgeberanteil im Rahmen einer sozialen Pflegeversicherung zu zahlen wäre. Allerdings ist der Zuschuss auf die Hälfte des Betrages begrenzt, den der Geschäftsführer für die private Pflegeversicherung zu zahlen hat.

Pflichten des Geschäftsführers

→ *Geschäftsführungsangelegenheiten*, → *Haftung*, → *Treuepflicht*, → *Verkehrssicherungspflicht*

P

Poolverträge

Poolverträge sind Nebenabsprachen zwischen Gesellschaftern. Sie treten vor allem bei Stimmrechtsvereinbarungen auf. Mit diesen Verträgen nimmt eine Gesellschaftergruppe – häufig Familienangehörige – eine Bündelung ihrer Stimmrechte zum Erhalt ihres Einflusses in der Gesellschaft vor. Die Verträge können sich aber durchaus auch auf die Gewinnverteilung beziehen. Durch Poolverträge wird ein beteiligter Gesellschafter-Geschäftsführer ggf. zu einem beherrschenden Gesellschafter-Geschäftsführer. Die Einordnung als beherrschender Gesellschafter-Geschäftsführer ist relevant für andere Bereiche im Zusammenhang mit der Tätigkeit als Geschäftsführer, etwa für verdeckte Gewinnausschüttungen (→ *verdeckte Gewinnausschüttung), Sozialversicherungspflicht* → *Sozialversicherung*), Vergütung (→ *Altersvorsorge, betriebliche*) oder ein Wettbewerbsverbot (→ *Wettbewerbsverbot*).

Produkthaftung

1. Überblick

Geschäftsführer, die zwar grundsätzlich nicht persönlich haften, werden aber für Schäden, die durch fehlerhafte Produkte verursacht werden, zur Verantwortung gezogen, wenn die Haftung aufgrund einer unerlaubten Handlung durch die Verletzung einer Verkehrssicherungspflicht (→ *Verkehrssicherungspflicht*) in Betracht kommt.

2. Einzelfragen

- **Haftungsart:** Es handelt sich bei Produkthaftung um Gefährdungshaftung. Damit muss kein Verschulden vorliegen.

- **Haftungsumfang:** Den Hersteller von Produkten trifft eine Organisationspflicht, seinen Betrieb so einzurichten, dass nach dem Stand der Technik und Wissenschaft Fehler, die den Erwerber des Produkts schädigen können, schon bei der Entwicklung vermieden werden. Darüber hinaus trifft den Hersteller eine Produktüberwachungspflicht, nachdem die Produkte auf den Markt gelangen. Ihn treffen dann Instruktions- und Folgewarnpflichten. Im äußersten Falle trifft ihn eine Rückrufpflicht.

- **Persönliche Haftung des Geschäftsführers:** Der Geschäftsführer ist kein Hersteller i. S. d. Produkthaftungsgesetzes. Hersteller ist die GmbH und diese haftet beim Auftritt von Fehlern und daraus resultierenden Schäden auch ohne Verschulden.

- Der Geschäftsführer haftet aber persönlich, wenn er seinen Organisationspflichten nicht nachkam, d. h. der Pflicht zu sorgfältiger Entwicklung, Produktion, Produktbeobachtung und Instruktion schuldhaft nicht nachgekommen ist.

Für „Ausreißer" haftet nicht der Geschäftsführer, sondern die GmbH.

Prokura

1. Überblick

Bei der Prokura gem. *§ 48 HGB* handelt es sich um eine spezielle handelsrechtliche Vollmacht, die nur von Kaufleuten erteilt werden kann.

2. Einzelfragen

- Erteilung von Prokura: Die GmbH kann einer einzelnen Person Prokura erteilen (Einzelprokura) oder mehreren gemeinsam (Gesamtprokura).
  Die Gesellschafterversammlung beschließt gem. *§ 46 Nr. 7 GmbHG* über die Erteilung der Prokura. Die Bestellung im Außenverhältnis wird durch den Geschäftsführer wahrgenommen. Zwar muss die Prokura im Handelsregister eingetragen werden, allerdings hat die Eintragung nur deklaratorische Wirkung.

- Erlöschen der Prokura: Die Abberufung des Prokuristen erfolgt durch Widerruf des Geschäftsführers. Ein zusätzlicher Gesellschafterbeschluss ist nicht notwendig. Erforderlich ist aber weiterhin, dass das Erlöschen der Prokura im Handelsregister eingetragen wird. Das gilt nach der Rechtsprechung selbst dann, wenn die ursprüngliche Erteilung der Prokura nicht im Handelsregister eingetragen wurde.

- **Umfang der Prokura:** Der Prokurist unterscheidet sich von dem üblichen Vertreter dadurch, dass seine Vertretungsmacht nur in gesetzlich vorgeschriebenen Fällen wirksam im Außenverhältnis begrenzt werden kann (*§ 49 HGB*). Damit ermächtigt die Prokura zu allen außergerichtlichen und gerichtlichen Rechtshandlungen, die der Betrieb des Handelsgewerbes mit sich bringt. Zwar sind Einschränkungen im Innenverhältnis zulässig. Ihr Abweichen davon hat aber im Verhältnis gegenüber Dritten grundsätzlich keine Auswirkung. Allerdings macht sich der Prokurist gegenüber der GmbH schadenersatzpflichtig.

Prozessbeteiligung der GmbH

Passiv legitimiert ist immer die Gesellschaft selbst, wobei sie durch ihren Geschäftsführer vertreten wird (*§ 35 I GmbHG*). Die Prozessfähigkeit der GmbH endet, wenn sie aus dem Handelsregister gelöscht wurde.
Zu erwähnen ist weiterhin, dass eine GmbH für Aktivprozesse auch dann noch partei- und rechtsfähig ist, wenn die Insolvenzeröffnung mangels Masse abgelehnt wurde, solange die Löschung wegen Vermögenslosigkeit nach *§ 141a FGG* noch nicht erfolgt ist. Dadurch, dass der Geschäftsführer die GmbH im Prozess vertritt, kann er – solange er dieses Amt inne hat – nicht als Zeuge gehört werden. Dagegen ist das bei den übrigen Gesellschaftern jederzeit möglich.

R

Reform

1. Überblick

Am 01.11.2008 ist das Gesetz zur Modernisierung des GmbH-Rechts und zur Bekämpfung von Missbräuchen (MoMiG) in Kraft getreten. Es stellt die größte Reform des GmbH-Rechts seit 1980 dar.

Die Reform soll nach der Gesetzesbegründung im Wesentlichen drei Ziele erreichen:

- Erleichterung und Beschleunigung von GmbH-Gründungen,
- Erhöhung der Attraktivität und Wettbewerbsfähigkeit der GmbH, und
- Bekämpfung von Missbräuchen.

Einer der wesentlichen Kernpunkte des MoMiG ist die Schaffung einer haftungsbeschränkten Unternehmergesellschaft als Variante der GmbH, bei der das Stammkapital frei gewählt werden kann, mindestens aber 1 Euro betragen muss.

2. Einzelfragen

- **Erleichterung und Beschleunigung von GmbH-Gründungen:** Die GmbH-Reform möchte Unternehmensgründungen erleichtern und beschleunigen.
  - Einführung eines Musterprotokolls: Für den Fall, dass eine Gesellschaft nicht mehr als drei Gesellschafter und einen Geschäftsführer haben soll, gestattet der Gesetzgeber nunmehr die Gründung in einem vereinfachten Verfahren. Dies gilt sowohl für die normale GmbH als auch für die neu eingeführte Unternehmergesellschaft. Dafür ist ein Musterprotokoll zu verwenden, das sowohl als Gesellschafterliste als auch als Gesellschaftsvertrag fungiert (*§ 2 Ia GmbHG*). Ein Vorteil besteht in vergleichsweise günstigen Notarkosten, da der übliche Mindestgeschäftswert von 25.000 Euro nicht angesetzt wird. Dafür müssen die Gesellschafter allerdings die starren Regelungen des Musterprotokolls in Kauf nehmen, von denen nicht abgewichen werden darf. So gestattet das vereinfachte Gründungsverfahren nur reine Bargründungen. Die Regelung von Minderheitsrechten und Vinkulieren sind nicht vorgesehen.
  - Flexibilität bei der Gestaltung von Gesellschaftsanteilen: Jeder Gesellschaftsanteil muss nach der neuen Regelung in *§ 5 GmbHG* nur noch auf einen Betrag von mindestens 1 Euro lauten und nicht mehr wie bisher durch fünfzig teilbar sein. Vorhandene Gesellschaftsanteile können damit künftig leichter gestückelt werden. Bei der Errichtung der Gesellschaft kann ein Gesellschafter nunmehr auch mehrere Gesellschaftsanteile übernehmen. Damit verbunden sind Erleich-

terungen für die Übertragung von Gesellschaftsanteilen, da auch das Verbot, mehrere Teile von Gesellschaftsanteilen gleichzeitig an denselben Erwerber zu übertragen, beseitigt worden ist (*§ 17 V GmbHG a. F.*). Die Änderung des Mindestnennbetrages auf 1 Euro hat auch zu einer Veränderung bei den Stimmrechten geführt, so dass gem. *§ 47 II GmbHG n. F.* jeder Euro eines Geschäftsanteils eine Stimme gewährt, es sei denn, der Gesellschaftsvertrag regelt etwas anderes.

- Gründung von Ein-Personen-GmbHs: Bei Gründung einer Ein-Personen-GmbH ist der Gesellschafter künftig von der Pflicht zur Sicherheitsleistung befreit, so dass es genügt, wenn er ein Viertel des Nennbetrages seines Anteils, mindestens aber 12.500 Euro (die Hälfte des Mindeststammkapitals) bar einzahlt (*§ 7 II GmbHG*). Sacheinlagen müssen wie bisher vor Anmeldung der Gesellschaft vollständig erbracht werden.
- Wegfall der Genehmigungspflicht: Eine wirkliche Erleichterung bei der Anmeldung der Gesellschaft zur Eintragung in das Handelsregister ist der Wegfall der Pflicht zur Vorlage der Genehmigung, wenn es sich um einen genehmigungspflichtigen Unternehmensgegenstand handelt (*§ 8 I Nr.6 GmbHG a. F.*). Beschleunigt werden dadurch insbesondere Gründungen von Gesellschaften aus dem Handwerks-, Restaurant- oder Baugewerbe (u. a. Makler und Bauträger), die eine gewerberechtliche Erlaubnis benötigen.
- Prüfungspflichten des Handelsregisters: Die Prüfungspflichten des Handelsregisters bei der Anmeldung insbesondere im Rahmen der Werthaltigkeitskontrolle bei Sacheinlagen reduzieren sich geringfügig. Nachweise über die Leistung der Einlagen „endgültig zur freien Verfügung der Geschäftsführer" darf das Gericht erst bei „erheblichen Zweifeln an der Richtigkeit der Versicherung" der Geschäftsführer verlangen (*§ 7 II 2 GmbHG n. F.*). Wegen einer bloßen Überbewertung der Sacheinlage darf neuerdings die Eintragung in das Handelsregister ebenfalls nicht mehr scheitern, es sei denn, die Überbewertung ist „nicht unwesentlich" (*§ 9c I GmbHG n. F.*).
- Belehrung der Geschäftsführer: Die erforderliche Belehrung der Geschäftsführer über ihre unbeschränkte Auskunftspflicht gegenüber dem Registergericht kann nunmehr auch schriftlich erfolgen und durch einen im Ausland bestellten Notar, durch einen Vertreter eines (dem Notar) vergleichbaren rechtsberatenden Berufs (z. B. Rechtsanwalt) oder einen Konsularbeamten vorgenommen werden. Diese klarstellende Regelung in *§ 8 III 2 GmbHG n. F.* stellt eine Erleichterung gerade für Gesellschaften dar, deren Geschäfte künftig ganz oder teilweise vom Ausland aus geführt werden. Bisher war es nicht gestattet, eine GmbH vom Ausland aus zu führen, da sich deren Geschäftsführung wegen *§ 4a II GmbHG a. F.* zwingend im Inland befinden musste. Die Regelung in *§ 4a II GmbH* wurde durch die Reform ersatzlos gestrichen.

- Modernisierung des Handelsregisters: Die Erleichterungen für Gründer durch das MoMiG stehen im Zusammenhang mit der Modernisierung des Handelsregisters, die durch das Gesetz über elektronische Handelsregister und Genossenschaftsregister sowie das Unternehmensregister (EHUG) eingeleitet wurde. Dieses Gesetz ist am 01.01.2007 in Kraft getreten. Danach wurden Handels-, Genossenschafts- und Partnerschaftsregister zum 01.01.2007 auf den elektronischen Betrieb umgestellt. Die zur Gründung der GmbH erforderlichen Unterlagen werden seitdem nur noch elektronisch beim Handelsregister eingereicht. Da das Erfordernis der notariellen Beglaubigung der Anmeldungen erhalten bleibt, übermittelt der Notar die Anmeldung und die weiteren Dokumente elektronisch an das zuständige Registergericht. Dieses kann die Daten unmittelbar in das Register übernehmen. Handelsregistereintragungen sollen zukünftig nur noch elektronisch bekannt gemacht werden (elektronischer Bundesanzeiger). Die Daten sind künftig für Jedermann über das Internet einsehbar, wozu nunmehr insbesondere die Gesellschafterliste sowie die zustellungsfähige inländische Geschäftsanschrift zählen.

- **Erhöhung der Attraktivität der GmbH als Rechtsform:** Die Reform möchte ferner durch eine Reihe von Maßnahmen die Attraktivität der GmbH erhöhen und Nachteile der deutschen GmbH im Wettbewerb mit ausländischen Rechtsformen ausgleichen.
  - Ausländischer Verwaltungssitz: Die Reform ermöglicht es künftig, den Verwaltungssitz einer GmbH abweichend vom eigentlichen Satzungssitz zu wählen. Dieser Verwaltungssitz soll, ohne dass dies ausdrücklich geregelt ist, auch im Ausland liegen können. Der Satzungssitz muss sich aber weiterhin zwingend in Deutschland befinden (*§ 4a GmbHG n. F.*). Damit soll es der GmbH gestattet werden, ihre hauptsächliche Geschäftstätigkeit nunmehr vollständig außerhalb Deutschlands zu entfalten. Damit wird eine attraktive Alternative für deutsche Unternehmen geschaffen, etwaige Auslandstöchter in der Rechtsform der ihnen vertrauten GmbH zu führen. Die bisherige Regelung gem. *§ 4a II GmbHG a. F.* machte dies unmöglich und wurde ersatzlos gestrichen. Der Gesetzgeber bekennt sich damit implizit zur Gründungstheorie, wonach es für die Geltung des Gesellschaftsstatuts allein darauf ankommt, wo die Gesellschaft gegründet und registriert ist. Unter der bisher geltenden Sitztheorie hatte die Verlagerung des Verwaltungssitzes einer Gesellschaft ins Ausland stets zu deren Auflösung (Liquidation) geführt.
  - Aufwertung der Gesellschafterliste: Die GmbH-Gesellschafterliste wird nach dem Vorbild des Aktienregisters aufgewertet. Damit gilt künftig nur derjenige als Gesellschafter, der in die Gesellschafterliste eingetragen ist (*§ 16 I GmbHG*

n. F.). Bisher kam es dafür auf die Anmeldung bei der Gesellschaft an. Die Gesellschafterliste wird beim Handelsregister geführt und ist künftig für Jedermann einsehbar. Die Gesellschaftsanteile müssen nunmehr durchgehend nummeriert werden, was insbesondere bei Anteilsübertragungen die eindeutige Identifizierbarkeit erleichtern dürfte. Für Änderungen der Gesellschafterliste sind wie bisher die Geschäftsführer verantwortlich, die verpflichtet sind, die Liste auf Mitteilung und Nachweis zu aktualisieren und zum Handelsregister einzureichen (*§ 40 I GmbHG n. F.*).

– Gutgläubiger Erwerb: Mit der Aufwertung der Gesellschafterliste verbunden hat das MoMiG die Möglichkeit eines gutgläubigen Erwerbs von Gesellschaftsanteilen. Das heißt, derjenige, der einen Gesellschaftsanteil erwirbt, kann künftig darauf vertrauen, dass die in der Gesellschafterliste verzeichnete Person auch wirklich Gesellschafter ist (*§ 16 III GmbHG n. F.*). Ein gutgläubiger Erwerb scheidet nur in den Fällen aus, in denen die Gesellschafterliste weniger als drei Jahre unrichtig und die Unrichtigkeit dem Berechtigten nicht zuzurechnen ist. Dazu gibt es Übergangsfristen für bestehende Gesellschaften, bei denen ein gutgläubiger Erwerb von Gesellschaftsanteilen frühestens für Rechtsgeschäfte nach dem 01.05.2009 stattfinden kann, vorausgesetzt die Unrichtigkeit ist dem Berechtigten zuzurechnen. Wenn nicht, ist ein gutgläubiger Erwerb frühestens für Rechtsgeschäfte nach dem 01.11.2011 möglich. Grundsätzlich wird die Einführung des gutgläubigen Erwerbs zu einem erhöhten Maß an Rechtssicherheit bei Anteilsveräußerungen führen und ggf. den bisher erforderlichen Aufwand des Nachweises einer lückenlosen Veräußerungskette entbehrlich machen.
– Neuregelung der Kapitalerhaltung: Die Reform führt zu wesentlichen Änderungen im System der Kapitalerhaltung und kehrt im Prinzip zur bilanziellen Betrachtungsweise zurück. Wie bisher darf gem. *§ 30 I GmbHG* das zur Erhaltung des Stammkapitals erforderliche Vermögen der Gesellschaft nicht an die Gesellschafter ausgezahlt werden. Von diesem Grundsatz gibt es nunmehr drei Ausnahmen:
  - Leistungen im Rahmen eines GmbH-Vertragskonzerns,
  - Leistungen die durch einen vollwertigen Gegenleistungs- oder Rückgewähranspruch gegen den Gesellschafter gedeckt sind und
  - Leistungen auf Rückgewähr eines Gesellschafterdarlehens.

Gerade für Gesellschafterdarlehen und damit gleichgestellte Leistungen bringt das MoMiG ein mehr an Rechtssicherheit für die Geschäftsführer, die bisher bei sog. Eigenkapital ersetzenden Darlehen das Rückzahlungsrisiko kaum überblicken konnten. Ungeachtet der größeren Rechtssicherheit obliegt den

Geschäftsführern künftig die Verpflichtung, die Vollwertigkeit des Gegenleistungs- oder Rückgewähranspruchs sorgfältig zu prüfen, da sie anderenfalls gem. *§ 43 III GmbHG* persönlich für etwaige Schäden haften.

- Gewährleistung des Cash-Pooling: Durch die Möglichkeit, künftig ohne Rücksicht auf die Höhe des Stammkapitals Vermögen an Gesellschafter auszuzahlen, vorausgesetzt der Gegenleistungs- oder Rückgewähranspruch gegen den Gesellschafter ist vollwertig, soll der Praxis des Cash-Pooling insbesondere im Konzern Rechnung getragen werden. Cash-Pooling ist ein Instrument zum Liquiditätsausgleich zwischen den Unternehmensteilen im Konzern, wonach Konzerngesellschaften liquide Mittel beispielsweise der Konzernmutter im Wege eines Darlehens zuführen. Der Liquidität gewährenden Konzerngesellschaft verbleibt der Anspruch auf Rückforderung. Indem der Gesetzgeber künftig einen Aktivtausch ermöglicht (Guthaben gegen vollwertige Forderung), bekennt er sich explizit zur bilanziellen Betrachtungsweise. Nach Ansicht des Gesetzgebers ist das Cash-Pooling grundsätzlich ökonomisch sinnvoll und dient regelmäßig auch dem Interesse der betroffenen Konzerntöchter. Bisher war das Cash-Pooling unter Angriff des Stammkapitals außerhalb des Vertragskonzerns unzulässig, auch wenn der Rückzahlungsanspruch gegen den Gesellschafter im Einzelfall vollwertig gewesen ist. Bei Vollwertigkeit des Gegenleistungs- oder Rückgewähranspruches sind der GmbH zukünftig somit Darlehen an ihre Gesellschafter selbst im Stadium der Unterbilanz gestattet.
- Neuregelung des Rechts der Gesellschafterdarlehen: Die durch das MoMiG vorgenommene Deregulierung des Eigenkapitalersatzrechts führt dazu, dass es künftig die Unterscheidung zwischen „Eigenkapital ersetzenden“ und „normalen“ Gesellschafterdarlehen nicht mehr geben wird. Rückzahlungen auf Gesellschafterdarlehen fallen damit nicht mehr unter das Auszahlungsverbot gem. *§ 30 I GmbHG* und werden als Fremdkapital bilanziert. Dies gilt auch in einer Überschuldungsbilanz, es sei denn, es ist insoweit ein Rangrücktritt gem. *§ 19 II 2 InsO* erklärt worden. Der Gläubigerschutz wird nunmehr allein durch insolvenzrechtliche Regelungen gewährleistet. Das bedeutet, dass künftig sämtliche Zahlungen der Gesellschaft auf Gesellschafterdarlehen, die im Jahr vor dem Antrag auf Insolvenz erbracht wurden, anfechtbar sind (*§ 135 InsO n. F.*). Daneben werden künftig Rückforderungen aus Gesellschafterdarlehen, abgesehen von Kleinbeteiligungen nicht geschäftsführender Gesellschafter von nicht mehr als 10 %, in der Insolvenz als nachrangig und letztlich wie Eigenkapital behandelt. Das bisher geltende Eigenkapitalersatzrecht gem. *§§ 32a, 32b GmbHG a. F.* inklusive der dazu bestehenden Rechtsprechungsregeln bleibt lediglich für „Altfälle“ anwendbar, bei denen das Insolvenzverfahren bereits vor dem 01.11.2008 eröffnet worden ist (*Art. 103d EGInsO*).

- Regelung der verdeckten Sacheinlage: Der Gesetzgeber hat im Rahmen des MoMiG die von der Rechtsprechung entwickelten Kriterien zur verdeckten Sacheinlage kodifiziert. Eine verdeckte Sacheinlage ist jetzt in *§ 19 I GmbHG n. F.* legal definiert und liegt vor, wenn eine Geldeinlage eines Gesellschafters bei wirtschaftlicher Betrachtung und aufgrund einer im Zusammenhang mit der Übernahme der Geldeinlage getroffenen Abrede vollständig oder teilweise als Sacheinlage zu bewerten ist. Der Gesellschafter, der statt einer Bareinlage eine verdeckte Sacheinlage erbringt, wird gem. *§ 19 IV 1 GmbHG n. F.* nicht von seiner Einlageverpflichtung befreit. Daran hat sich im Grundsatz auch nach dem MoMiG nichts geändert. Anders als bisher sind die Abreden und die Rechtshandlungen zu ihrer Ausführung nicht mehr unwirksam (*§ 19 IV 2 GmbHG n. F.*). Vielmehr kommt es zu einer Anrechnung des Wertes der Sacheinlage auf die fortbestehende Bareinlageverpflichtung. Diese Verpflichtung ist demnach erfüllt, wenn der eingebrachte Vermögensgegenstand den Nennbetrag des übernommenen Geschäftsanteils erreicht. Für die Differenz haftet der Gesellschafter weiterhin, wobei er die Beweislast für die Werthaltigkeit des eingebrachten Vermögensgegenstandes trägt (*§ 19 IV 5 GmbHG n. F.*). Die Rechtslage wird durch die Neuregelung erheblich vereinfacht, was sich in Bezug auf die Rechtssicherheit und bestehende Risiken für Gesellschafter und Geschäftsführer nur positiv auswirken kann. Probleme im Zusammenhang mit der verdeckten Sacheinlage werden sich regelmäßig erst in der Insolvenz der Gesellschaft ergeben, wobei der Beweis der Vollwertigkeit ggf. schwer zu führen sein wird. Da die Anrechnung auf die Bareinlageverpflichtung nicht vor Eintragung der Gesellschaft ins Handelsregister erfolgt (*§ 19 IV 4 GmbHG n. F.*), ist es dem Geschäftsführer verwehrt, die gem. *§ 8 II GmbHG* geforderte und mit Freiheitsstrafe bedrohte Versicherung abzugeben, dass die geschuldete Bareinlage vollständig erbracht ist.
- Regelung des Hin- und Herzahlens bei der Kapitalaufbringung: Das sog. Hin- und Herzahlen, das in der Vergangenheit wegen der Umgehung der Vorschriften über Sacheinlagen als unwirksam angesehen wurde, ist nunmehr ebenfalls kodifiziert. Dabei handelt es sich etwa um Fälle, in denen die Gesellschaft dem Gesellschafter aufgrund einer Absprache eine Bareinlage im Wege eines Neudarlehens direkt wieder auszahlen soll (z. B. Cash-Pooling). Nicht erfasst werden Fallgestaltungen, die zwar als Einlagenrückgewähr bewertet werden können, zugleich aber die Kriterien einer verdeckten Sacheinlage gem. *§ 19 IV GmbHG n. F.* erfüllen. Der Gesellschafter wird künftig von seiner Einlageverpflichtung befreit, wenn die Leistung an den Gesellschafter durch einen vollwertigen und fälligen Rückgewähranspruch gedeckt ist (*§ 19 V GmbHG n. F.*). Nach der gesetzlichen Regelung handelt es sich um eine Alles-

oder-Nichts-Lösung. Die Rückzahlung oder die Vereinbarung der Rückzahlung muss in der Anmeldung zum Handelsregister angegeben werden (*§ 19 V 2 GmbHG n. F.*).

- Einführung einer haftungsbeschränkten Unternehmergesellschaft: Um Unternehmensgründern eine flexible und kostengünstige Rechtsform zur Verfügung zu stellen, besteht ab 01.11.2008 die Möglichkeit der Gründung einer sog. haftungsbeschränkten Unternehmergesellschaft. Diese führt in Abweichung zur normalen GmbH die Bezeichnung „Unternehmergesellschaft (haftungsbeschränkt)“ oder „UG (haftungsbeschränkt)“. Dabei handelt es sich nicht um eine eigenständige Rechtsform, sondern um eine Variante der GmbH. Bis auf einige Sonderregelungen finden alle Bestimmungen des GmbH-Rechts auf die Unternehmergesellschaft Anwendung. Wesentliches Merkmal der Unternehmergesellschaft ist die Höhe des Stammkapitals, die unterhalb des Betrages von 25.000 Euro frei gewählt werden darf, mindestens aber 1 Euro betragen muss (*§ 5a I GmbHG n. F.*). Sacheinlagen sind gem. *§ 5a II GmbHG n. F.* ausdrücklich ausgeschlossen. Um tendenziell eine höhere Eigenkapitalausstattung zu erreichen, hat die Unternehmergesellschaft bei positivem Geschäftsergebnis zwingend eine gesetzliche Rücklage zu bilden, in die gem. *§ 5a III GmbHG n. F.* ein Viertel des um einen Verlustvortrag aus dem Vorjahr erzielten Jahresüberschusses einzustellen ist. Die Rücklage ist gebunden und darf nur für bestimmte Zwecke (Kapitalerhöhungen aus Gesellschaftsmitteln, Ausgleich eines Jahresfehlbetrages oder eines Verlustvortrages) verwendet werden. Sobald die Gesellschaft ein Stammkapital von mindestens 25.000 Euro aufweist, wird aus der Unternehmergesellschaft automatisch eine normale GmbH, so dass die besonderen Regelungen zur Unternehmergesellschaft nicht mehr anwendbar sind. Der Unternehmergesellschaft soll es aber in diesem Fall gestattet sein, die Firmenbezeichnung „Unternehmergesellschaft (haftungsbeschränkt)“ beizubehalten (*§ 5a V GmbHG n. F.*). Angesichts der nachvollziehbaren Vorbehalte im Hinblick auf eine hinreichende Kapitalausstattung bleibt abzuwarten, ob die Unternehmergesellschaft im Rechtsverkehr angenommen und akzeptiert wird.

- **Bekämpfung von Missbräuchen:** Den in der Praxis in bestimmtem Umfang bestehenden Missbrauch im Zusammenhang mit der Verwendung einer Gesellschaft mit beschränkter Haftung möchte der Gesetzgeber mit einer Reihe von Regelungen bekämpfen:
  - Künftig ist im Handelsregister eine zustellungsfähige inländische Geschäftsanschrift einzutragen (*§ 10 I GmbHG n. F.*). Wenn unter dieser eingetragenen Anschrift eine Zustellung (auch durch Niederlegung) nicht möglich ist, haben

Gläubiger grundsätzlich die Möglichkeit, eine öffentliche Zustellung im Inland zu bewirken. Die Rechtsverfolgung gegenüber der Gesellschaft wird dadurch wesentlich erleichtert. Der Gesetzgeber wirkt dadurch insbesondere betrügerischen Bestrebungen der für die Gesellschaft handelnden Personen entgegen, sich durch bestimmte Maßnahmen, wie etwa der Verlegung der Geschäftsräume, der Schließung des Geschäftslokals oder des Umzuges des Geschäftsführers ins Ausland, dem Einflussbereich der Gläubiger zu entziehen.

- Zusätzlich zur Eintragung einer inländischen Geschäftsanschrift ist es der GmbH künftig gestattet, eine Person ins Register eintragen zu lassen, die den Gläubigern als weiterer Zustellungsempfänger neben den Vertretern der Gesellschaft dient (*§ 10 II GmbHG n. F.*). Die GmbH kann so die nachteiligen Folgen einer öffentlichen Zustellung vermeiden.
- Der Gläubigerschutz wird auch im Falle der Führungslosigkeit der Gesellschaft (Gesellschaft ohne Geschäftsführer) verbessert. In diesem Fall wird die Gesellschaft durch die Gesellschafter vertreten (*§ 35 I 2 GmbHG n. F.*). Erst diese Regelung eröffnet die Möglichkeit (öffentlicher) Zustellungen, da diese an den gesetzlichen Vertreter der GmbH erfolgen müssen. Zudem besteht eine subsidiäre Insolvenzantragspflicht der Gesellschafter einer GmbH. Das bedeutet, dass jeder Gesellschafter im Falle der Führungslosigkeit der Gesellschaft verpflichtet ist, bei Zahlungsunfähigkeit und Überschuldung einen Insolvenzantrag zustellen, es sei denn, er hat vom Insolvenzgrund und von der Führungslosigkeit keine Kenntnis (*§ 15a III InsO n. F.*). Die Verletzung der Insolvenzantragspflicht ist nunmehr auch für die Gesellschafter strafbar.
- Das MoMiG führt ebenfalls zu einer Verschärfung der Geschäftsführerhaftung. Geschäftsführer haften in der Insolvenz der Gesellschaft künftig auch für die Zahlungen, die die Zahlungsunfähigkeit der Gesellschaft erst herbeiführen. Das bestehende Zahlungsverbot gem. *§ 64 GmbHG* wurde entsprechend erweitert.
- Die Ausschlussgründe für Geschäftsführer (*§ 6 II GmbHG*) werden um Verurteilungen u. a. wegen Insolvenzverschleppung und falscher Angaben im Zusammenhang mit der Gründung einer GmbH erweitert. Zudem ist ein Geschäftsführer nicht (mehr) als geeignet anzusehen, wenn dieser zu einer Freiheitsstrafe von mindestens einem Jahr wegen weiterer zentraler Straftatbestände mit Unternehmensbezug (Betrug, Untreue oder Veruntreuen von Arbeitsentgelt) verurteilt worden ist.

Rentenversicherung

1. Überblick

Die gesetzliche Rentenversicherung ist ein Versicherungszweig der Sozialversicherung. Geschäftsführer, die sich nicht in einem versicherungspflichtigen Beschäftigungsverhältnis befinden, können trotzdem Mitglied in der gesetzlichen Rentenversicherung werden.

2. Einzelfragen

- **Rentenversicherungspflicht:** Nach der Rechtssprechung des Bundessozialgerichts sind Geschäftsführer einer GmbH grundsätzlich abhängig beschäftigt und deshalb in allen Zweigen der Sozialversicherung versicherungspflichtig. Eine abhängige Beschäftigung ist jedoch nach der Rechtsprechung ausgeschlossen, wenn wegen einer gleichzeitig bestehenden Gesellschafterstellung die Willensbildung der GmbH vom Geschäftführer bestimmt wird. Dies wird etwa angenommen, wenn der Geschäftsführer Mehrheitsgesellschafter ist oder ihm eine Sperrminorität zusteht, so dass er kraft seiner gesellschaftsrechtlichen Stellung als Gesellschafter-Geschäftsführer in der Lage ist, ihm nicht genehme Entscheidungen der Gesellschaft zu verhindern. In diesen Fällen gilt der Geschäftsführer in der Sozialversicherung als selbstständig tätige Person (→ *Sozialversicherung*).

  Umstritten war bis vor kurzem die Anwendung der seit 01.01.1999 geltenden Regelungen für so genannte arbeitnehmerähnliche Selbstständige. Darunter fallen grundsätzlich alle selbstständig tätigen Personen, die keinen versicherungspflichtigen Arbeitnehmer beschäftigen und die auf Dauer und im Wesentlichen nur für einen Auftraggeber tätig sind. Das Bundessozialgericht hat in einer neueren Entscheidung diese Regelungen auch auf Gesellschafter-Geschäftsführer angewandt und diese als rentenversicherungspflichtig angesehen (*BSG NZA 2006, 396*). Mit dem Haushaltsbegleitgesetz, das am 01.07.2006 in Kraft getreten ist, hat der Gesetzgeber darauf reagiert und die entsprechende Regelung in *§ 2 S. 1 Nr. 9 SGB VI* abgeändert. Danach unterliegen Gesellschafter-Geschäftsführer der Rentenversicherungspflicht, wenn die Gesellschaft selbst auf Dauer und im Wesentlichen nur für einen Auftraggeber tätig ist und keinen versicherungspflichtigen Arbeitnehmer beschäftigt.

- **Rentenversicherungsmöglichkeiten:** Befindet sich der Geschäftsführer in einem nicht versicherungspflichtigen Beschäftigungsverhältnis, so bestehen für ihn zwei Möglichkeiten, Mitglied der gesetzlichen Rentenversicherung zu werden:

- Er kann zum einen gem. *§ 4 II SGB VI* Pflichtmitglied werden. Den dazu notwendigen Antrag muss der Geschäftsführer innerhalb von fünf Jahren nach Aufnahme der selbstständigen Tätigkeit oder ab Ende der Versicherungspflicht stellen. Es handelt sich hierbei um eine Ausschlussfrist. Wird diese versäumt, bleibt dem Geschäftsführer eine zweite Möglichkeit:
- Er kann gem. *§ 7 SGB VI* auch freiwilliges Mitglied werden. Die freiwillige Mitgliedschaft ist an keine bestimmte Vorversicherungszeit geknüpft.

Ressortaufteilung

1. Überblick

Hat eine GmbH mehrere Geschäftsführer, bietet es sich an, den einzelnen Geschäftsführern ihren Kenntnissen nach spezifische Tätigkeitsbereiche zuzuweisen. Damit kann die Effizienz der Geschäftsführung gesteigert werden. Im Hinblick auf die Haftung verbleibt es aber bei der Gesamtverantwortung eines jeden Geschäftsführers.

2. Einzelfragen

Auswirkung auf die Pflichten des Geschäftsführers: Eine Ressortaufteilung entbindet den einzelnen Geschäftsführer allerdings nicht, seiner Überwachungspflicht gegenüber den anderen Geschäftsführern nachzukommen. Die Überwachungspflicht verlangt, dass sich jeder Geschäftsführer über Ereignisse aus den anderen Zuständigkeitsgebieten informiert. Gewährleistet wird das durch regelmäßige Beratungen, bei denen sich die Geschäftsführer einen Gesamtüberblick über die einzelnen Ressorts verschaffen können.

3. Tipps und Beispiele

! Haftungsrisiko: Es ist davor zu warnen, dass eine Ressortaufteilung das Haftungsrisiko der einzelnen Geschäftsführer vermindert. Der Gesellschaft und Dritten gegenüber gilt insoweit uneingeschränkt das Prinzip der Gesamtverantwortung eines jeden Geschäftsführers. *§ 43 II GmbHG* ordnet für den Fall, dass die Geschäftsführung aus mehreren Personen besteht, an, dass grundsätzlich gemeinschaftlich gehaftet (Gesamtschuldner) wird. Damit kann jeder Geschäftsführer in Anspruch genommen werden und zwar in der vollen Höhe. Relevant ist das vor allem in finanziellen Krisensituationen, in denen die laufende Erfüllung der Verbindlichkeiten der Gesellschaft nicht mehr gewährleistet erscheint. Davon zu unterscheiden ist die Frage, wie ein Ausgleich im Innenverhältnis vorgenommen wird. Hier wird der Geschäftsführer, dessen Ressort betroffen ist, den gesamten Schaden zu tragen haben (→ *Haftung*).

Rücklagen

1. Überblick

Die Rücklage ist ein Geldbetrag, der bei einem Unternehmen als Reserve bereitgestellt ist. Die Rücklage wird – im Gegensatz zu der stillen Reserve – auf der Passivseite der Bilanz ausgewiesen. Stille Reserven entstehen, indem Vermögensgegenstände in der Bilanz mit einem niedrigeren Wert als dem wirklichen Verkehrswert angesetzt sind.
Verpflichtet zur Rücklagenbildung sind Aktiengesellschaften (AG) und Kommanditgesellschaften auf Aktien sowie neuerdings auch Unternehmergesellschaften, deren Stammkapital weniger als 25.000 Euro beträgt (→ *Unternehmergesellschaft*).

2. Einzelfragen

- **Pflicht zur Rücklagenbildung:** Die GmbH ist im Gegensatz zur AG gesetzlich nicht verpflichtet, Rücklagen zu bilden. Die Gesellschafter können im Beschluss über die Verwendung des Ergebnisses Beträge in Gewinnrücklagen vortragen, es sei denn die Satzung regelt etwas anderes. Wird ein Verlust ermittelt, brauchen gebildete Rücklagen nicht aufgelöst zu werden.

- **Rücklagen für Sozialabgaben:** Ausnahmsweise nimmt die Rechtsprechung eine Pflicht des Geschäftsführers zur Bildung von Rücklagen für Sozialabgaben an, für deren ordnungsgemäße Abführung der Geschäftsführer als Arbeitgeber im Sinne von *§ 266a StGB* Sorge zu tragen hat. Drängen sich wegen der konkreten finanziellen Situation der Gesellschaft deutliche Bedenken auf, dass zum Fälligkeitszeitpunkt ausreichende Zahlungsmittel vorhanden sein werden, muss der Geschäftsführer durch Bildung von Rücklagen sicherstellen, dass am Fälligkeitstag die Arbeitnehmerbeiträge zur Sozialversicherung fristgerecht an die zuständige Einzugsstelle entrichtet werden können (*BGH NJW 2006, 3573*). Andernfalls droht die persönliche Haftung des Geschäftsführers (→ *Haftung*).

- **Rücklagenarten:** Es gibt zwei Arten von Rücklagen, d.h. zum einen die Kapitalrücklage und zum anderen die Gewinnrücklage.
  - Die Kapitalrücklage nimmt diejenigen Rücklageposten auf, die nicht aus Gewinnen gebildet sind.
  - Gewinnrücklagen müssen aus dem Ergebnis gebildet werden. Hierzu zählen vertragliche Rücklagen sowie Rücklagen für eigene Anteile.

3. Tipps und Beispiele

! Es ist darauf zu achten, dass durch die Bildung von Rücklagen Minderheitenrechte ausreichend berücksichtigt werden. Unzulässig ist es, wenn die Minderheit durch die Rücklagenbildung „ausgehungert" werden soll.

Rückstellungen

1. Überblick

Für ungewisse Verbindlichkeiten und für drohende Verluste aus schwebenden Geschäften müssen Rückstellungen gebildet werden. Sie werden in der Bilanz auf der Passivseite aufgenommen.

2. Einzelfragen

Fälle für Rückstellungen: Rückstellungen sind zu bilden für unterlassene Aufwendungen. Kommt es häufig zu Kulanzfällen, sind ebenfalls Rückstellungen zu bilden, letztlich auch bei Pensionsverpflichtungen (→ *Altersversorgung, betriebliche*).

3. Tipps und Beispiele

! Rückstellungen wirken auch steuerlich. Seit 1998 sind Rückstellungen in der Steuerbilanz für drohende Verluste aus schwebenden Geschäften allerdings unzulässig. Deshalb mussten hierfür bestehende Rückstellungen aufgelöst werden (*§ 5 IVa EStG*).

S

Sacheinlagen

1. Überblick

Das GmbH-Recht geht von dem Grundsatz aus, dass ein Gesellschafter seine Einlage in Geld leistet. Dies gilt sowohl im Falle der Neugründung als auch im Rahmen einer Kapitalerhöhung. Der Gesellschafter kann aber auch ein Wirtschaftsgut als Einlage leisten, falls dies in der Satzung ausdrücklich vereinbart worden ist (*§§ 5 IV, 19 V GmbHG*). Die Fixierung der Leistung kann auch in einer Anlage erfolgen, wobei die Anlage Bestandteil der Satzung sein muss. Sieht die Satzung vor, dass der Einlageverpflichtung auch durch einen Vermögensgegenstand nachgekommen werden kann, müssen die Vorschriften über die Sachgründung bzw. der Sachkapitalerhöhung beachtet werden.

2. Einzelfragen

- **Einlagefähige Vermögensgegenstände:** Es gibt keine gesetzlichen Vorschriften darüber, welche Vermögensgegenstände einlagefähig sind. Verlangt wird indes, dass es sich um verkehrsfähige Vermögensgegenstände mit einem feststellbaren wirtschaftlichen Wert handelt. In Betracht kommen deswegen:
  - Bewegliche und unbewegliche Sachen, wobei es unerheblich ist, ob das Eigentum daran an die GmbH übertragen oder ihr die Sache dauerhaft zur Nutzung überlassen wird.
  - Daneben können Rechte (Mitgliedschafts- und Immaterialgüterrechte) eingebracht werden.
  - Auch Forderungen (des Gesellschafters gegenüber Dritten oder der Gesellschaft selbst) sind einlagefähig.
  - Letztlich sind auch Sach- und Rechtsgesamtheiten (vor allem Handelsgeschäfte, Unternehmen und Teilbetriebe etc.) taugliche Vermögensgegenstände.

  Nicht einlagefähig sind dagegen Dienstleistungen des Gesellschafters.

- **Bewertung der Vermögensgegenstände:** Die Bewertung der Sacheinlage stellt in der Praxis das häufigste Problem dar, denn Gegenstände oder Rechte haben keinen für jedermann feststellbaren Wert.

  Sollen Gegenstände in das Unternehmen eingebracht werden, stellt zunächst der objektive Zeitwert den Bewertungsmaßstab dar. Darüber hinaus muss aber auch die konkrete Verwendungsmöglichkeit in der GmbH berücksichtigt werden. Bei Gegenständen des Anlagevermögens ist der Wiederbeschaffungspreis und bei Gegenständen des Umlaufvermögens der Veräußerungserlös anzusetzen.

- **Bewertung eines Unternehmens:** Die meisten Probleme ergeben sich, wenn ein Unternehmen eingebracht werden soll, denn dessen Bestand an Aktiva und Passiva verändert sich ständig. Deshalb muss ein Stichtag für den Übergang des Unternehmens festgelegt werden. Die Bewertungsgrundlage ist bezogen auf eine für den Stichtag erstellte Einbringungsbilanz.

- **Bewertungszeitpunkt:** Der Bewertungszeitpunkt der Einlage ist gem. *§ 9 GmbHG* die Anmeldung der Gesellschaft zum Handelsregister. In diesem Zeitpunkt muss der Wert der Sacheinlage der ansonsten in Geld zu erbringenden Einlage entsprechen.

  Die Sacheinlage muss gem. *§ 7 III GmbH* vollständig erbracht worden sein, bevor die Gesellschaft im Handelsregister (→ *Handelsregister*) eingetragen wurde.
  Soll als Sacheinlage ein Grundstück eingebracht werden, muss bedacht werden, dass dazu einige Formalien erforderlich sind: Es muss neben der Auflassung die Eintragungsbewilligung sowie die Einreichung des Antrags beim Grundbuchamt erfolgt sein.
  Letztlich muss ein Sachgründungsbericht von sämtlichen Gesellschaftern erstellt werden (*§ 5 IV 2 GmbHG*). Er muss die für Sacheinlagen wesentlichen Umstände darlegen und eine Bewertungsmöglichkeit eröffnen. Beim Übergang eines Unternehmens sind die Jahresergebnisse der beiden letzten Geschäftsjahre hinzuzufügen.

- **Haftungsrisiken:** Die Haftung der Gesellschafter und Geschäftsführer kann sich bei Sacheinlagen unter zwei Gesichtspunkten ergeben:
  Entspricht der Wert der Sacheinlage im Zeitpunkt der Anmeldung der Gesellschaft zum Handelsregister nicht dem Betrag der durch den Gesellschafter übernommenen Stammeinlage, haftet dieser in Höhe der Differenz. Die Differenz ist vom Gesellschafter in Geld zu leisten (*§ 9 I GmbHG*) (Differenzhaftung) (→ *Haftung*).
  Ferner können die Gesellschafter und Geschäftsführer persönlich auf Schadenersatz in Anspruch genommen werden, wenn sie falsche Angaben im Sachgründungsbericht machen (*§ 9a I GmbHG*)(→ *Haftung*).
  Daneben können die Gesellschafter und Geschäftsführer in diesem Fall strafrechtliche Sanktionen gem. *§ 82 I Nr. 1 u. 2 GmbHG* treffen.

- **Verdeckte Sacheinlage:** Ergibt sich aus einer Abrede im Zusammenhang mit der Übernahme einer Bareinlage, dass im wirtschaftlichen Ergebnis der Gesellschaft nicht Geld sondern eine Sachleistung zufließen soll, liegt eine verdeckte Sacheinlage vor (→ *verdeckte Sacheinlage*). In diesem Fall muss die Bareinlage ggf. noch einmal geleistet werden. Zudem wäre bei Vorliegen einer verdeckten Sacheinlage eine Versicherung des Geschäftsführers bei Anmeldung der Gründung oder einer Kapitalerhöhung, die Bareinlage befinde sich endgültig zu seiner freien Verfügung, falsch, da die Anrechnung des Werts des Sachgegenstands wegen *§ 19 IV 4 GmbHG* nicht vor Eintragung in das Handelsregister erfolgt. Insoweit würde sich der Geschäftsführer auch strafbar machen (*§ 82 I Nr. 1 GmbHG*). (→ *Strafbarkeit des Geschäftsführers*).

3. Tipps und Beispiele

X Beispiel für eine Gesellschaftsgründung, bei der sowohl eine Bar- als auch eine Sacheinlage vereinbart wird

Das Stammkapital der Gesellschaft beträgt 100.000 Euro
(in Worten: Einhunderttausend Euro).
Als Stammeinlage übernehmen auf dieses Stammkapital:

1. Herr A: 25.000 Euro
2. Herr B: 25.000 Euro
3. Herr C: 25.000 Euro
4. Herr D: 25.000 Euro

Die Einlagen sind in Geld zu leisten, und zwar zu einem Viertel vor Anmeldung der Gesellschaft zur Eintragung im Handelsregister. Die Geschäftsführung kann auf Grundlage eines Gesellschafterbeschlusses die restlichen Einzahlungen auf die Stammeinlage einfordern.

Die Gesellschafter C und D leisten ihre Einlage durch Einbringung der in den Anlagen 1 und 2 zu diesem Vertrag bezeichneten Vermögensgegenstände in die Gesellschaft. Die Übereignung der Gegenstände erfolgt sofort und vollständig an die Gesellschaft.

Sanierung des Unternehmens

1. Überblick

Sanierungsgedanken gewinnen immer dann an Raum, wenn sich das Unternehmen in einer wirtschaftlichen Krise befindet. Ziel jeder Sanierung ist, die Krise zu beseitigen, das Unternehmen zu restrukturieren, die Liquidität zu verbessern, die Kapitalausstattung zu verstärken und gleichzeitig die Kosten zu reduzieren.

2. Einzelfragen

- **Pflicht des Geschäftsführers:** Die Aufgabe des Geschäftsführers besteht darin, durch seine Leitung die unternehmerischen Ziele der Gesellschaft zu erreichen. Das erfordert eine regelmäßige Kontrolle. Insoweit ist es nicht ausreichend, dass sich der Geschäftsführer auf die am Bilanzstichtag aufgestellten Buchwerte verlässt und anschließend bis zum nächsten Bilanzstichtag abwartet.

- **Vorgehen bei Anzeichen einer Krise:** Der Geschäftsführer ist verpflichtet, sich bei Anzeichen einer Krise einen Überblick über die Vermögensverhältnisse der Gesellschaft zu verschaffen. Der Geschäftsführer erstellt dazu eine Aufstellung über den aktuellen Vermögensstatus der Gesellschaft. Nicht berücksichtigt werden dabei stille Reserven und der Firmenwert, es sei denn, sie wären im Liquidationsfall realisierbar.
  Aufgrund des aktuellen Vermögensstatus muss der Geschäftsführer abwägen, ob das Unternehmen überhaupt noch sanierungsfähig ist und welche konkreten Sanierungsmaßnahmen vorzunehmen sind. Hinsichtlich der Sanierungsfähigkeit des Unternehmens muss der Geschäftsführer vor allem die Eröffnungsgründe eines Insolvenzverfahrens (Überschuldung, Zahlungsunfähigkeit und drohende Zahlungsunfähigkeit) bei seiner Abwägung berücksichtigen (→ *Insolvenz*). Dies vor allem auch, damit der Geschäftsführer seiner eventuell bestehenden Insolvenzantragspflicht gem. *§ 15a InsO* (*früher: § 64 I GmbHG*) nachkommt. Sein Prüfungsergebnis hat der Geschäftsführer den Gesellschaftern mitzuteilen.

- **Sanierungsziel:** Die Sanierungsinstrumente müssen zuallererst die Reduzierung von Kosten bewirken. Damit geht regelmäßig ein Stellenabbau einher. Des Weiteren benötigt das Unternehmen Eigen- und Fremdkapital, denn es muss in Bereiche investieren, die es bisher vernachlässigte und so die Krise möglicherweise ausgelöst wurde.

- **Sanierungsmaßnahmen:** Entsprechend des Sanierungsziels stehen als Maßnahmen die Verbesserung der Liquidität des Unternehmens sowie die Stärkung seiner

Kapitalausstattung an. Dazu zählt der Verkauf von Grundstücken, Beteiligungen und Wertpapieren etc., der Einzug von fälligen Forderungen oder deren Abtretung an ein Inkassounternehmen, die Durchführung des „Sale-and-lease-back-Verfahrens“ (Verkauf von Anlagevermögen unter Auflösung stiller Reserven mit anschließendem Rückleasing) usw.
Das Eigenkapital kann auch durch Aufnahme eines weiteren Gesellschafters erhöht werden. Soll ein weiterer Gesellschafter aufgenommen werden, ist es nicht unüblich, dass dieser die Einräumung gewisser Vorrechte verlangt, z. B. Vorrechte bei der Gewinnausschüttung.
Das gleiche Ziel kann auch durch die Aufnahme eines stillen Gesellschafters erreicht werden (→ *Stille Beteiligung*). Voraussetzung ist aber, dass dieser auch am Verlust beteiligt und im Insolvenzverfahren wie ein Eigenkapitalgeber zu behandeln ist. Seine Einlage ist innerhalb des Eigenkapitals auszuweisen. Ist der stille Gesellschafter nur am Gewinn beteiligt, wird seine Einlage bei den Verbindlichkeiten ausgewiesen.

- **Sanierungsprivileg:** Erfolgt durch einen Gläubiger ein Beteiligungserwerb in der Krise zu Sanierungszwecken, führt dies bis zur nachhaltigen Sanierung nicht zur Behandlung bestehender oder neu gewährter Darlehen als Eigenkapital. Dieses bisher nur im GmbH-Gesetz enthaltene Sanierungsprivileg ist nunmehr in die Insolvenzordnung übernommen (*§ 39 IV InsO*) und gilt auch für andere Kapitalgesellschaften. In der Insolvenz werden Forderungen auf Rückgewähr eines derartigen Gesellschafterdarlehens dementsprechend nicht nachrangig berücksichtigt. Auch das Anfechtungsrecht gem. *§ 135 InsO* gilt nicht für solche Gesellschafterdarlehen. Privilegiert ist nur der Erwerb zum Zweck der Überwindung der Krise. Ansonsten gilt ab 01.11.2008 der Grundsatz, dass jedes Darlehen eines Gesellschafters zwar als Fremdkapital anzusehen ist, in der Insolvenz aber nur nachrangig, d. h. nach allen anderen Gläubigern der Gesellschaft, berücksichtigt wird und damit wie Eigenkapital haftet. Davon ausgenommen sind nur Kleinbeteiligungen nicht geschäftsführender Gesellschafter von nicht mehr als 10 %. Die Unterscheidung zwischen „Eigenkapital ersetzenden“ und „normalen“ Gesellschafterdarlehen ist damit zukünftig obsolet (→ *Reform*).

- **Haftung des Geschäftsführers:** (→ *Haftung*).
  Schadenersatzansprüche der Gesellschafter bei Pflichtverletzungen des Geschäftsführers ergeben sich unter folgenden Gesichtspunkten:
  - Einerseits liegt eine zum Schadenersatz verpflichtende Handlung vor, wenn die Gesellschafter den Vorwurf erheben, dass der Geschäftsführer nicht rechtzeitig die noch mögliche Sanierung des Unternehmens eingeleitet hat. In die-

sem Fall hat der Geschäftsführer seine unmittelbar aus *§ 43 GmbHG* resultierende Pflicht gegenüber den Gesellschaftern verletzt, weshalb er verpflichtet ist, den Gesellschaftern den dadurch entstandenen Schaden zu ersetzen.
- Gem. *§ 64 GmbHG* können die Gesellschafter Ansprüche gegenüber dem Geschäftsführer geltend machen, wenn der Geschäftsführer seiner Insolvenzantragspflicht nicht in der dafür vorgesehenen Zeit von drei Wochen nachkommt.

- **Drei-Wochenfrist:** Hinsichtlich der Drei-Wochenfrist ist zu unterscheiden zwischen einer möglichen Haftung des Geschäftsführers wegen schuldhafter Verletzung der Insolvenzantragspflicht und der Frage, innerhalb welchen Zeitraums der Geschäftsführer ggf. berechtigt ist, Sanierungsbemühungen anzustellen, ohne sich deswegen pflichtwidrig zu verhalten.
  - Geht es um die Sanierungsbemühungen, wird die Drei-Wochenfrist an die Kenntnis des Geschäftsführers von der Insolvenzreife geknüpft, da es bei der Drei-Wochenfrist allein darum geht, Sanierungsmaßnahmen in dieser Situation zu begrenzen. Dabei ist nicht relevant, wann bei pflichtgemäßem Verhalten die Überschuldung zu erkennen gewesen wäre. Anerkannt ist aber, dass der Geschäftsführer die Frist nicht ohne Weiteres ausschöpfen darf, denn nach *§ 15a InsO* muss der Insolvenzantrag unverzüglich gestellt werden. Dennoch ist Sinn und Zweck der Drei-Wochenfrist, dass der Geschäftsführer entscheiden kann, ob er einen Insolvenzantrag stellt. Ferner soll geprüft werden, ob nicht eventuell mildere Maßnahmen möglich sind, um das Unternehmen zu retten. Insoweit kommen hier Sanierungsbemühungen zum Tragen. Wird die dreiwöchige Frist dazu genutzt, Sanierungsmaßnahmen umzusetzen, haftet der Geschäftsführer nicht gem. *§ 64 GmbHG*, wenn objektiv die Wahrscheinlichkeit besteht, dass der Insolvenzgrund innerhalb dieser Zeit beseitigt wird.
  - Hinsichtlich der Haftung wegen schuldhafter Verletzung der Insolvenzantragspflicht kommt es jedoch nicht auf die positive Kenntnis des Geschäftsführers vom Beginn der Antragspflicht an. Denn für eine Haftung wegen Versäumung der Insolvenzantragspflicht (Insolvenzverschleppung) genügt nach allgemeiner Ansicht einfachste Fahrlässigkeit.

- **Steuerliche Behandlung:** Steuerfrei waren früher Erhöhungen des Betriebsvermögens, die dadurch entstanden, dass Schulden zum Zwecke der Sanierung ganz oder teilweise erlassen wurden. Diese Regelung des *§ 3 Nr. 66 EStG* wurde aufgehoben. Diese Vorschrift findet letztmalig Anwendung auf Vorfälle, die vor dem 01.01.1998 liegen.
  Die Finanzverwaltung sieht jedoch für derartige Sanierungsgewinne seit 2003 für den Steuerpflichtigen aus sachlichen Billigkeitsgründen eine erhebliche Härte.

Die entsprechende Steuer soll daher auf Antrag des Steuerpflichtigen nach *§ 163 AO* abweichend festgesetzt und nach *§ 222 AO* mit dem Ziel des späteren Erlasses (*§ 277 AO*) zunächst unter Widerrufsvorbehalt ab Fälligkeit gestundet werden (*BMF DStR 2003, 690*).

3. Tipps und Beispiele

! Gesellschafterdarlehen in Krisenzeiten: Aufgrund des MoMiG hat sich seit 01.11.2008 die Unterscheidung zwischen „Eigenkapital ersetzenden" und „normalen" Gesellschafterdarlehen erledigt. Nunmehr werden, absehen von Kleinbeteiligungen nichtgeschäftsführender Gesellschafter von nicht mehr als 10 %, Gesellschafterdarlehen trotz Bilanzierung als Fremdkapital in der Insolvenz nur nachrangig, d. h. nach allen anderen Gläubigern der Gesellschaft, berücksichtigt und haften somit wie Eigenkapital (→ *Reform*). Trotzdem müssen Gesellschafterdarlehen bei einer Überschuldungsbilanz auf der Passivseite berücksichtigt werden und können demnach eine Überschuldung der Gesellschaft nicht verhindern. Dieses Problem kann nur vermieden werden, wenn Gesellschafter einen Rangrücktritt gem. *§ 19 II InsO* erklären.

X Beispiel für eine Rangrücktrittserklärung:

„Der Gesellschafter A erklärt für dessen Forderung auf Rückgewähr seines Darlehens an die Gesellschaft bis zur Überwindung der Krise den Nachrang im Insolvenzverfahren hinter die Forderungen der Insolvenzgläubiger gem. *§ 39 I InsO*."

Ohne Abgabe einer Rangrücktrittserklärung muss der Geschäftsführer die Forderung in einer Überschuldungsbilanz berücksichtigen. Nach der bisherigen Rechtsprechung bedurfte es eines sog. qualifizierten Rangrücktrittes, um eine drohende oder bereits eingetretene Überschuldung zu beseitigen, d. h. die Gesellschafter hatten zu erklären, sie wollen wegen des Darlehens bis zur Überwindung der Krise das Darlehen zugleich mit den Einlagerückgewähransprüchen der Mitgesellschafter berücksichtigen (Gleichsetzung mit statuarischen Kapital). Diese Erklärung reicht nicht mehr aus, da nunmehr ein Nachrang sogar hinter die Gesellschafter-Darlehensgeber treten muss, um die Passivierung der Darlehensforderung im Überschuldungsstatus zu vermeiden (*§ 19 II InsO*). Aus steuerlicher Sicht ist dies nach der bisherigen Rechtsprechung unschädlich, da der qualifizierte Rangrücktritt – anders als ein Forderungsverzicht – nichts an der Passivierung im Rahmen des Jahresabschlusses und der Steuerbilanz ändert. Eine den Gewinn erhöhende Auflösung der Darlehensverbindlichkeit mussten die Gesellschafter mithin nicht befürchten (*BFH DStR 2006, 75*). Es spricht nichts dafür, dass der Gesetzgeber mit der Reform daran etwas ändern wollte.

- **Ergebnisabführungsvertrag:** Die Krise wird am ehesten abgewendet, wenn der Geschäftsführer mit der Muttergesellschaft – sofern vorhanden – einen Ergebnisabführungsvertrag schließt. Die Muttergesellschaft kann die Verluste Steuer sparend selbst verwerten. Bei der Tochtergesellschaft ist die Bilanz stets ausgeglichen, denn in Höhe des Verlustes hat die Tochtergesellschaft eine entsprechende Forderung gegenüber der Muttergesellschaft. Somit wird die Überschuldung vermieden. Die Muttergesellschaft kann die Verluste nur dann steuerlich verwerten, wenn sie mit der Tochter einen Ergebnisabführungsvertrag abschließt (*§ 291 I AktG*) und damit die Voraussetzungen gem. *§ 14 KStG* erfüllt.

Satzung

→ *Gesellschaftsvertrag*

Schadenersatzansprüche Gesellschaft – Geschäftsführer – Gesellschafter

→ *Haftung*

Schwarzarbeit

Die Vereinbarung von Schwarzarbeit wird für den Geschäftsführer zunehmend riskanter, denn er ist dazu verpflichtet, dass die Sozialversicherungsbeiträge rechtzeitig und vollständig gezahlt werden. Der Geschäftsführer macht sich gegenüber der Einzugsstelle gem. *§§ 28e, 28h SGB IV* auf der Grundlage des *§ 823 II BGB i.V.* mit den *§§ 266a I, 14 I Nr. 1 StGB* schadenersatzpflichtig, wenn die Sozialversicherungsbeiträge der Arbeitnehmer trotz Fälligkeit nicht abgeführt werden. Die Schadenersatzpflicht trifft den Geschäftsführer auch bei vereinbarter Schwarzarbeit.

Selbstanzeige

1. Überblick

Straffrei bleibt der Geschäftsführer im Falle der Steuerhinterziehung oder im Falle der leichtfertigen Steuerverkürzung, wenn er die unrichtigen oder unvollständigen Angaben bei der Finanzbehörde berichtigt oder ergänzt oder unterlassene Angaben nachholt und die rückständigen Steuern nachzahlt.

2. Einzelfragen

- **Zeitliche Begrenzung:** Die Möglichkeit für eine Selbstanzeige ist zeitlich beschränkt. Kommt es zu einer Betriebsprüfung, ist eine Straffreiheit durch Selbstanzeige gem. *§ 371 II Nr. 1a AO* nicht mehr zu erreichen. Ferner tritt Straffreiheit nicht ein, sobald die Tat entdeckt wurde oder die Einleitung eines Strafverfahrens bekannt gegeben wurde.
  Die Bußgeld befreiende Selbstanzeige bei leichtfertigen Steuerverkürzungen gem. *§ 378 III AO* ist dagegen unabhängig von einer Betriebsprüfung bis zur Bekanntgabe eines Strafverfahrens möglich.

- **Umfang der Selbstanzeige:** Wenn eine Selbstanzeige verfasst wird, müssen alle bis dahin nicht erfolgten oder nicht vollständigen Angaben genau abgefasst werden, sodass auf dieser Grundlage Steuerbescheide erlassen werden können. Können diese genauen Angaben nicht gemacht werden, sollen Richtwerte genommen werden, wobei diese eher zu hoch als zu niedrig angesetzt werden sollten.
  Beachtet werden muss zudem der Veranlagungszeitraum, auf den sich die Selbstanzeige beziehen soll.

- **Begleichung der Steuerschuld:** Straffreiheit tritt nach alledem nur dann ein, wenn die Steuern innerhalb einer vom Finanzamt gesetzten Frist nachgezahlt werden. Kann der Betrag nicht in der vorgesehenen Frist geleistet werden, scheidet eine Selbstanzeige aus. Möglich ist aber, dass das Finanzamt einer Fristverlängerung oder einer Stundung zustimmt (*§ 371 III AO*).
  Eine Selbstanzeige ist nur dann sinnvoll, wenn die Rückzahlung überhaupt vorgenommen werden kann.

3. Tipps und Beispiele

! Liegen die Steuerhinterziehungen schon einen längeren Zeitraum zurück, sollte vorher gründlich die Frage der Verjährung geprüft werden. Die Verjährungsfrist beträgt maximal 10 Jahre und beginnt mit Ablauf des Kalenderjahres, in dem der Anspruch erstmals fällig geworden ist.

Selbstkontrahieren

1. Überblick

§ 181 BGB verbietet das so genannte Insichgeschäft. Ein Vertreter kann im Namen des Vertretenen mit sich im eigenen Namen oder als Vertreter eines Dritten kein Rechtsgeschäft vornehmen, es sei denn, dass das Rechtsgeschäft ausschließlich in

Erfüllung einer Verbindlichkeit besteht oder die Vornahme des Geschäfts dem Vertreter gestattet wurde.
Des Weiteren ist ein Insichgeschäft gestattet, wenn es lediglich einen rechtlichen Vorteil verschafft. Diese Konstellation wird nur selten vorkommen. Zu denken ist an den Fall einer Schenkung.
Ob ein Insichgeschäft vorliegt, lässt sich am besten anhand des Merkmals der Personenidentität feststellen: Der Vertrag kommt tatsächlich nur durch eine Person zustande, da sie letztlich sowohl für die eine, als auch für die andere Vertragsseite auftritt.

2. Einzelfragen

- **Fallkonstellationen:** Die typischen Fälle des Insichgeschäfts sind der Abschluss eines Vertrags zwischen dem Geschäftsführer und der GmbH, denn der Geschäftsführer agiert auf beiden Seiten. Es liegt auch ein Insichgeschäft vor, wenn der Geschäftsführer sich durch eine dritte Person vertreten lässt. Hier wird die Personenidentität lediglich durch einen Kunstgriff aufgehoben.
  Ebenfalls liegt ein Insichgeschäft vor, wenn der Geschäftsführer die GmbH vertritt und gleichzeitig den Vertragspartner auf der anderen Seite.

- **Befreiung vom *§ 181 BGB*:** Eine Befreiung vom Verbot des Insichgeschäfts ist möglich. Dabei muss zwischen einer generellen und konkreten Befreiung unterschieden werden:
  - Die generelle Befreiung vom Selbstkontrahierungsverbot in einer GmbH bedarf eines mit einfacher Mehrheit gefassten Gesellschafterbeschlusses. Häufig wird aber bereits in der Satzung eine entsprechende Regelung formuliert. Des Weiteren muss die Eintragung zum Handelsregister erfolgen, wobei die Befreiung vom Selbstkontrahierungsverbot auch ohne Eintragung wirksam ist. Die Handelsregistereintragung hat lediglich deklaratorische Wirkung.
  - Soll der Geschäftsführer lediglich für ein konkretes Geschäft von dem Verbot befreit werden, muss ebenfalls ein mit einfacher Mehrheit gefasster Gesellschafterbeschluss vorliegen. Allerdings erfolgt keine Eintragung zum Handelsregister.

- **Ein-Personen-GmbH:** Die Befreiung des *§ 181 BGB* gewinnt bei der Ein-Personen-GmbH an Bedeutung. Hinsichtlich der generellen und der auf ein konkretes Rechtsgeschäft erteilten Befreiung gilt, dass zusätzlich eine entsprechende Regelung in der Satzung erfolgt ist und die Befreiung zum Handelsregister angemeldet wurde.

- **Missachtung des *§ 181 BGB*:** Wird gegen *§ 181 BGB* verstoßen, ist das Rechtsgeschäft bis zu seiner Genehmigung schwebend unwirksam. Wird nachträglich die Genehmigung erteilt, wird das Rechtsgeschäft rückwirkend wirksam.
  Der Verstoß gegen *§ 181 BGB* kann auch steuerliche Auswirkung entfalten. Gerade im Zusammenhang mit der Vergütungsvereinbarung des Geschäftsführers muss *§ 181 BGB* beachtet werden. Liegt eine Missachtung vor, und erhält der Geschäftsführer danach seine Vergütung, werden sämtliche Auszahlungen in verdeckte Gewinnausschüttungen (→ *Verdeckte Gewinnausschüttung*) umgewandelt.

Sonderkonto

Die Einrichtung eines Sonderkontos stellt eine Variante dar, mit der garantiert werden kann, dass die Mindesteinlage von 12.500 Euro im Zeitpunkt der Anmeldung der GmbH dieser ungeschmälert zur Verfügung steht. Häufig wird aber bereits zugunsten der werdenden GmbH ein Bankkonto errichtet worden sein.
Entscheidend ist, dass die Geschäftsführer der GmbH über das Guthaben uneingeschränkt verfügen können. Das ist nur dann der Fall, wenn die geschuldeten Einlagen sowohl in tatsächlicher wie auch in rechtlicher Hinsicht auf die GmbH übergegangen sind. Insofern ist den Voraussetzungen im Zusammenhang mit der Anmeldung der GmbH nicht Genüge getan, wenn es sich um ein persönliches Konto des Gesellschafters handelt.

Sorgfaltsmaßstab des Geschäftsführers

Der Sorgfaltsmaßstab ist gleichzeitig der Verschuldensmaßstab des Geschäftsführers. Danach begründet sich eine Haftung gem. *§ 43 GmbHG* (→ *Haftung*). Verlangt wird die Sorgfalt eines ordentlichen Geschäftsmanns. Der Geschäftsführer befindet sich in einer leitenden Position, in der er selbständig treuhänderisch fremde Vermögensinteressen wahrt. Seine Aufgabe und die Größe und Art des Unternehmens bilden den Sorgfaltsmaßstab i. S. d. *§ 43 I GmbHG*. Der Geschäftsführer ist darlegungspflichtig, ob er die Sorgfalt eines ordentlichen Geschäftsmanns aufgebracht hat. Verstößt der Geschäftsführer gegen diesen Sorgfaltsmaßstab, kann er sich nicht darauf berufen, dass seine persönlichen Fähigkeiten, z. B. wegen mangelnder Vorbildung, unzureichend waren.
Andererseits trifft die Gesellschafter ein erhebliches Mitverschulden, wenn sie wussten, dass der Geschäftsführer aufgrund seiner Kenntnisse oder Fähigkeiten gar nicht in der Lage war, seine Tätigkeit ordnungsgemäß auszuführen.

Sorgfaltspflichten des Geschäftsführers

→ *Haftung*, → *Pflichten der Geschäftsführer*, → *Treuepflicht*, → *Verkehrssicherungspflicht*

Sozialversicherung

1. Überblick

Es handelt sich um eine gesetzliche Zwangsversicherung mit dem Ziel der Leistungsgewährung bei Krankheit, Arbeitsunfall, Berufsunfähigkeit, Erwerbsunfähigkeit, Alter und Tod. Die dazu notwendigen Mittel werden durch Beiträge der Arbeitgeber und Versicherten sowie durch Zuschüsse des Bundes aufgebracht.
Versicherungspflichtig sind alle Personen, die in einem Beschäftigungs- oder Arbeitsverhältnis abhängige Arbeit leisten (*§ 7 I SGB IV*).

2. Einzelfragen

Sozialversicherungspflicht: Die Sozialversicherungsmöglichkeit des GmbH-Geschäftsführers hängt zunächst davon ab, ob er gleichzeitig Gesellschafter der GmbH ist.

Handelt es sich danach um einen Fremdgeschäftsführer, befindet er sich regelmäßig in einem abhängigen Beschäftigungsverhältnis, denn er ist gegenüber der Gesellschafterversammlung weisungsgebunden. Damit ist er i. d. R. sozialversicherungspflichtig. Ein weiteres Indiz für das Abhängigkeitsverhältnis sind die Gehaltszahlungen.

Bei Gesellschafter-Geschäftsführern bedarf es einer differenzierten Betrachtungsweise. Im Falle des Gesellschafter-Geschäftsführers, der zudem die Mehrheit der Stimmrechte hält, liegt regelmäßig kein Abhängigkeitsverhältnis vor und somit auch kein Arbeitnehmerstatus, der eine Sozialversicherungspflicht begründet (→ *Rentenversicherung*).
Schwieriger ist die Situation, wenn der Gesellschafter-Geschäftsführer lediglich Minderheitsgesellschafter ist. Das Vorliegen verschiedener Indizien spricht gegen ein abhängiges Beschäftigungsverhältnis:

- Eine Beteiligung von mindestens 50 % bzw. Möglichkeit einer Sperrminorität in der Gesellschafterversammlung.
- Eine Befreiung von *§ 181 BGB*.
- Der Geschäftsführer ist nicht an die Weisungen der Gesellschafterversammlung gebunden. Das wird häufig dann vorliegen, wenn der Geschäftsführer zudem über ausgeprägte Branchenkenntnis verfügt.

- Die Entstehung einer Gesellschaft (Umwandlung oder Neugründung). Im Falle der Umwandlung von einem Einzelunternehmen in eine GmbH wird regelmäßig der frühere Einzelkaufmann auch nach der Umwandlung das Unternehmen maßgeblich und eigenverantwortlich führen.

Spaltung

1. Überblick

Im Rahmen der Umstrukturierung von Unternehmensträgern kennt das UmwG vier Umwandlungsarten. Eine Unterart ist die Umwandlung durch Spaltung (*§§ 123 bis 173 UmwG*). Die Spaltung ihrerseits gliedert sich wiederum auf in die Varianten der Aufspaltung, Abspaltung und Ausgliederung.

2. Einzelfragen

- **Aufspaltung:** Die Vermögensteile gehen im Wege der Sonderrechtsnachfolge gem. *§ 123 I UmwG* als Gesamtheit auf zwei bestehende (Aufspaltung durch Aufnahme) oder neu gegründete Gesellschaften (Aufspaltung durch Neugründung) über. Der übertragende Rechtsträger geht ohne Abwicklung unter. Dafür erhalten die Anteilsinhaber des übertragenden Rechtsträgers Anteile oder Mitgliedschaften am übernehmenden Rechtsträger.

- **Abspaltung:** Der Unterschied zur Aufspaltung liegt gem. *§ 123 II UmwG* darin, dass der übertragende Rechtsträger weiterhin besteht. Es werden einzelne oder mehrere Vermögensteile im Wege der Sonderrechtsnachfolge übertragen, entweder durch Aufnahme oder Neugründung. Die Anteilseigner des übertragenden Rechtsträgers erhalten entsprechend ihrer übertragenen Vermögensanteile neue Anteile oder Mitgliedschaften.

- **Ausgliederung:** Sie ähnelt der Abspaltung, denn auch hier bleibt der übertragende Rechtsträger bestehen. Der Unterschied zur Abspaltung liegt gem. *§ 123 III UmwG* darin, dass nicht dem Anteilseigner des übertragenden Rechtsträgers neue Anteile oder Mitgliedschaften gewährt werden, sondern dem übertragenden Rechtsträger selbst.

Spekulationsgeschäft

1. Überblick

Der Begriff des Spekulationsgeschäftes wird mehrfach verwendet: Zum einen kann dadurch die persönliche Haftung des Geschäftsführers gem. *§ 43 GmbHG* begründet werden (→ *Haftung*) und zum anderen wird der Begriff im Zusammenhang mit der Veräußerung von Anteilen verwendet.

2. Einzelfragen

- **Persönliche Haftung des Geschäftsführers:** Der GmbH-Geschäftsführer haftet aufgrund seiner Organstellung dafür, dass er die Geschäfte mit der Sorgfalt eines ordentlichen Kaufmanns führt. Verletzt er diese Pflicht, ist er der Gesellschaft gegenüber zum Ersatz des Schadens gem. *§ 43 GmbHG* verpflichtet. In diesem Zusammenhang gehört es zu einer ordentlichen Geschäftsführung, dass der Geschäftsführer keine Geschäfte eingeht, die übermäßig riskant sind und bei denen darüber hinaus die Finanzierung nicht gesichert ist, falls das Geschäft fehlschlägt. Zur Sicherheit sollte der Geschäftsführer die Gesellschafter über sein Vorgehen und über sämtliche Risiken grundlegend informieren (→ *Zustimmungsbedürftige Geschäfte*).

- **Veräußerung von Gesellschaftsanteilen:** Veräußert ein Gesellschafter seine Anteile innerhalb von zwölf Monaten, nachdem er sie selbst erworben hat, liegt ein Spekulationsgeschäft vor.
  Die steuerrechtliche Behandlung gem. *§ 23 EStG* hängt davon ab, ob Gewinne oder Verluste erzielt wurden. Gewinne aus Spekulationsgeschäften sind steuerpflichtig. Verluste sind grundsätzlich abzugsfähig, jedoch nur in der Höhe der Spekulationsgewinne, die der Steuerpflichtige im selben Kalenderjahr erzielt hat.

  Mit Einführung der Abgeltungssteuer im Rahmen der Unternehmensteuerreform 2008 müssen Gewinne aus privaten Veräußerungsgeschäften mit Wertpapieren (einschl. Gesellschaftsanteilen) versteuert werden, auch wenn die Haltedauer mehr als ein Jahr beträgt. Es handelt sich um Einkünfte aus Kapitalvermögen gem. *§ 20 II EStG*. Dies gilt für alle Gewinne, bei denen die zugrunde liegenden Gesellschaftsanteile nach dem 31.12.2008 erworben werden.

  Kein Spekulationsgeschäft im engeren Sinne lag nach dem Einkommensteuergesetz bis zum 31.12.2001 vor, wenn es sich bei dem veräußerten Anteil um eine wesentliche Beteiligung handelt. Der Gesellschafter muss in den letzten fünf Jahren mit 10 % oder mehr am Kapital der Gesellschaft beteiligt gewesen sein. In einem solchen Fall erfolgt grundsätzlich eine Besteuerung nach *§ 17 EStG*. Ab dem 01.01.2001 führt bereits eine Beteiligung von 1 % an der Gesellschaft zu einer Anwendung von *§ 17 EStG* für den veräußernden Gesellschafter.

Erfolgt indes die Veräußerung einer Beteiligung, die über 1 % liegt, innerhalb der Frist von zwölf Monaten, so liegen sowohl die Voraussetzungen des *§ 20 II EStG* als auch die des § 17 EStG vor. In diesem Fall finden vorrangig die Regelungen über Einkünfte aus Gewerbebetrieb gem. *§ 17 EStG Anwendung* (*§ 20 VIII EStG*).

Sperrminorität

Ein Gesellschafter-Geschäftsführer, der nur bis zu 50 % am Stammkapital beteiligt ist und somit nicht über eine kapitalmäßige Mehrheitsbeteiligung verfügt, ist grundsätzlich gegenüber der Gesellschafterversammlung weisungsgebunden (→ *Weisung der Gesellschafter*). Andererseits kann die Satzung vorsehen, dass der Gesellschafter-Geschäftsführer Beschlüsse der Gesellschafterversammlung verhindern kann. Er verfügt dann über eine so genannte Sperrminorität und kann damit entscheidenden Einfluss auf die Geschicke der Gesellschaft nehmen.

Die Vereinbarung einer Sperrminorität zugunsten des Gesellschafter-Geschäftsführers in der Satzung führt im Ergebnis dazu, dass der Gesellschafter-Geschäftsführer, obwohl er nicht Mehrheitsgesellschafter ist, nicht als Arbeitnehmer im sozialversicherungsrechtlichen Sinne angesehen wird und dementsprechend nicht sozialversicherungspflichtig ist. Damit kann das Merkmal der Sperrminorität zur Abgrenzung herangezogen werden, ob der Gesellschafter-Geschäftsführer als Arbeitnehmer im oben genannten Sinne anzusehen ist (→ *Sozialversicherung*).

Stammkapital

1. Überblick

Eine Definition des Begriffs liefert das GmbHG nicht. In *§ 3 I Nr. 3 GmbHG* wird ausdrücklich erwähnt, dass die Satzung den Betrag des Stammkapitals enthalten muss. Das Stammkapital drückt zumindest bei der Gründung einer GmbH eine Art Ziel für die Eigenkapitalausstattung aus. Stammkapital und Eigenkapital müssen nicht identisch sein. Bereits bei der Gründung kann es zu Abweichungen kommen. Durch das Stammkapital soll die GmbH mit gewissen Eigenmitteln ausgestattet werden, um somit die Interessen der Gläubiger zu schützen.

2. Einzelfragen

- **Pflicht der Gesellschafter:** Die Gesellschafter sind deshalb verpflichtet, die möglichst vollständige Aufbringung des Stammkapitals zu gewährleisten. Die Aufbringung erfolgt dadurch, dass die Gesellschafter ihre Einlage erbringen.

  Die Höhe des Stammkapitals (derzeit mindestens 25.000 Euro) ist gem. *§ 10 I GmbHG* beim Handelsregister einzutragen und bekannt zu geben (so genannte Anzeigepflicht).
  Nachdem die GmbH entstanden ist, trifft den Gesellschafter die Pflicht, das Stammkapital zu erhalten (so genannte Erhaltungspflicht). Maßgebliche Vorschriften sind die *§§ 30, 31 GmbHG*. Ob die Vorschriften zur Erhaltungspflicht tatsächlich ausreichend sind, ist auch nach in Kraft treten des MoMiG fraglich. Zum einen ist fraglich, inwieweit heute noch an der Mindestkapitalgrenze von 25.000 Euro, zumindest bei Neugründungen festgehalten werden kann, denn die Geschäftsvolumen steigen in keinem angemessenen Verhältnis zur Eigenkapitalausstattung. Des Weiteren werden nur Entnahmen durch die Gesellschafter erfasst und nicht auch Vermögenseinbußen aufgrund schlechter Geschäftsführung. Insoweit ist es erfreulich, dass der Gesetzgeber entgegen seiner ursprünglichen Absicht im Gesetzgebungsverfahren das Mindeststammkapital nicht auf 10.000 Euro herabgesetzt hat. Eine wirkliche Alternative insbesondere zur englischen „Limited" wurde vielmehr in der nunmehr möglichen „Unternehmergesellschaft" gesehen, deren Gründung seit 01.11.2008 nahezu mindestkapitalfrei (1 Euro) möglich ist (→ *Unternehmergesellschaft*).

  Es besteht die Möglichkeit den Betrag des Stammkapitals zu ändern. Es bedarf dazu aber einer Satzungsänderung gem. *§§ 53 ff. GmbHG*. Kommt es zu einer Kapitalherabsetzung, ist *§ 58 GmbHG* zu beachten. Danach muss die Kapitalherabsetzung bekannt gemacht werden. Zudem sind Gläubiger, die der Kapitalherabsetzung nicht zustimmen, wegen der erhobenen Ansprüche zu befriedigen oder sicherzustellen. Dazu haben die Geschäftsführer gegenüber dem Handelsregister bestimmte Versicherungen abzugeben.

- **Pflicht des Geschäftsführers:** Befindet sich die GmbH in einer wirtschaftlichen Krise und wurde das Stammkapital bis zur Hälfte verbraucht, ist der Geschäftsführer verpflichtet, unverzüglich (ohne schuldhaftes Zögern = sofort nach Kenntniserlangung) eine Gesellschafterversammlung einzuberufen (*§ 49 III GmbHG*).

- **Haftung des Geschäftsführers:** Kommt es unter Verstoß gegen die Regelung des *§ 30 GmbHG* dennoch zu Auszahlungen an einen Gesellschafter, haftet der Geschäftsführer ggf. gem. *§ 31 GmbHG* auf die Rückzahlung des Betrages (→ *Haftung*).

- **Verjährung der Einlageforderung:** Die Forderung der Gesellschaft gegen ihre Gesellschafter auf Leistung der Stammeinlage verjährt nach der im Jahre 2004 eingeführten Regelung des *§ 19 VI GmbHG* in 10 Jahren von ihrer Entstehung an. Diese Regelung wurde notwendig, da nach In-Kraft-Treten der Schuldrechtsreform im Jahre 2002 die dreißigjährige Regelverjährung durch eine nur dreijährige Regelverjährung abgelöst worden ist, die grundsätzlich auch die Einlageforderung umfasst hat. Die dreijährige Verjährung stand allerdings mit anderen im GmbH-Gesetz geregelten Verjährungsvorschriften für andere Ansprüche nicht im Einklang. Dementsprechend müssen GmbH-Gesellschafter damit rechnen, dass auch mehr als zehn Jahre vor in Kraft treten der Schuldrechtsreform fällig gewordene Forderungen auf Leistung der Stammeinlage noch nicht verjährt sind. Verjährt eine solche Forderung dennoch, kann das eine persönliche Haftung des Geschäftsführers bewirken (*§ 43 II GmbHG*), wobei dieser Anspruch gegen den Geschäftsführer gemäß *§ 43 IV GmbHG* nach weiteren 5 Jahren verjährt (→ *Haftung*).

Steuererklärung

1. Überblick

Die Verpflichtung zur Erstellung der Steuererklärung trifft in der GmbH den Geschäftsführer. Er muss die Erklärung rechtzeitig und unterschrieben sowie unter Umständen mit einer Wahrheitsbescheinigung beim zuständigen Finanzamt einreichen.

2. Einzelfragen

- Keine Übertragbarkeit auf andere Personen: Diese Aufgabe kann nicht an einen Handlungsbevollmächtigten oder Prokuristen übertragen werden. Verletzt der Geschäftsführer diese Pflicht und kommt es somit zu Steuerschulden, trifft ihn persönlich die Steuerhaftung. Die Rechtsgrundlage dafür bietet *§ 69 AO*. Daneben muss immer noch eine Bestrafung wegen Steuerhinterziehung in Betracht gezogen werden. Bei mehreren Geschäftsführern trifft grundsätzlich jeden von ihnen die Verantwortung für die ordnungsgemäße Steuerabführung der Gesellschaft. Zwar kann die Haftung durch Aufgabendelegation auf einzelne Geschäftsführer beschränkt werden. Allerdings trifft dennoch jeden Geschäftsführer die Überwachungspflicht. Bestehen begründete Zweifel, muss entweder sofort selbst eingegriffen oder fachkundiges Personal mit dieser Aufgabe betraut werden.

  Der Geschäftsführer kann sich nicht darauf berufen, dass ihm die notwendigen Fachkenntnisse gefehlt hätten, denn dann wäre er verpflichtet gewesen, Fachkundige zu Rate zu ziehen.

- **Steuerhaftung:** Regelmäßig kommt es zu einer Steuerhaftung bei der Umsatzsteuer, Lohnsteuer, Körperschaftsteuer und Gewerbesteuer. Hohe Geldbußen bis zu 50.000 Euro werden vor allem bei Verstößen im Zusammenhang mit der Umsatz- und Lohnsteuer verhängt.

- **Gleichmäßige Tilgung:** Verfügt die GmbH nicht über ausreichende finanzielle Mittel, um sowohl ihre Steuerverbindlichkeiten als auch die Gläubigerverbindlichkeiten zu erfüllen, gilt der Grundsatz, dass die vorhandenen Mittel gleichmäßig zur Befriedigung der privaten Gläubiger und des Fiskus eingesetzt werden müssen. Ansonsten droht eine persönliche Inanspruchnahme des Geschäftsführers wegen vorsätzlicher oder grob fahrlässiger Verletzung der Verpflichtung, Ansprüche der GmbH aus dem Steuerschuldverhältnis nicht oder nicht rechtzeitig zu erfüllen (*§ 69 AO*).

- **Haftung des Geschäftsführers:** Die Dauer der Haftung des Geschäftsführers bestimmt sich nach seiner Amtszeit. Beendet der Geschäftsführer seine Tätigkeit in der GmbH, haftet er nicht mehr für künftige Steuerverbindlichkeiten. Ansonsten endet die Haftung des Geschäftsführers durch Eröffnung des Insolvenzverfahrens oder wenn dem Geschäftsführer ein anderes Verfügungsverbot auferlegt wird.

  In diesen Zusammenhang fällt auch die Steuerhinterziehung. In *§ 370 AO* werden die Varianten der Steuerhinterziehung aufgeführt:
  - Wenn gegenüber den Finanzbehörden über steuerlich erhebliche Tatsachen unrichtige oder unvollständige Angaben gemacht werden.
  - Wenn Finanzbehörden über steuerlich erhebliche Tatsachen in Unkenntnis gelassen werden.
  - Wenn pflichtwidrig die Verwendung von Steuerzeichen oder Steuerstempeln unterlassen wird und dadurch Steuern verkürzt oder dadurch für sich oder einen anderen nicht gerechtfertigte Steuervorteile erlangt werden.

  Liegt danach eine Steuerhinterziehung vor, wird eine Geldstrafe oder eine Freiheitsstrafe von bis zu fünf Jahren verhängt. Bei juristischen Personen und somit auch bei der GmbH trifft es den hauptverantwortlich Handelnden und somit meist den Geschäftsführer.

- **Gründe für Steuerfahndung:** Die Anlässe dafür, dass die Steuerfahndung ins Haus kommt, sind sehr verschieden. Häufig sind Fälle, in denen Mitwisser, z. B. Angestellte oder Mittäter, Anzeige bzw. Selbstanzeige erstatten, um selbst straffrei zu bleiben. Die Selbstanzeige bewirkt, dass andere keine Selbstanzeige mehr stellen können.

Die Banken sind verpflichtet, über Freistellungsaufträge Auskunft zu geben. Außerdem erstatten Finanzämter Kontrollmitteilungen, wenn bei Erbschaften das Kapitalvermögen 50.000 Euro übersteigt.

- **Steuerverfahren:** Im Steuerverfahren hat der Betroffene zwar im Gegensatz zum Strafverfahren eine Mitwirkungspflicht. Allerdings entfällt die Erzwingungsmöglichkeit, wenn der Betroffene sich dadurch selbst belasten würde. Verweigert der Betroffene danach zu Recht die Mitwirkung, kann das Finanzamt zum Instrument der Schätzung greifen (*§ 162 AO*). Häufig wird sich aber dann der Betroffene bereit erklären, abweichend von seinen Rechten doch die gewünschten Auskünfte zu erteilen.
  Zu erwähnen ist dabei noch, dass sich das Finanzamt oder die Steuerfahndung diverser Mittel bedienen kann, um die notwendigen Informationen zu erhalten. Regelmäßig werden sie deshalb an die Banken herantreten und diese werden ihnen alle gewünschten Informationen erteilen, denn es gibt weder ein Bankgeheimnis noch ein Aussageverweigerungsrecht zugunsten der Banken.

- **Zugelassene Vertreter im Steuerverfahren:** In einem Steuerverfahren werden regelmäßig Anwälte aufgrund ihrer prozessualen Kenntnisse die Verteidigung übernehmen. Daneben besteht die Möglichkeit, dass ein Steuerberater als Verteidiger zugelassen wird (*§ 392 AO, § 138 II StPO*). Bei schwierigen und umfangreichen Verfahren, in denen sowohl prozessuale Probleme als auch steuerrechtliche Fragen erörtert werden müssen, ist es teilweise angezeigt, dass ein Rechtsanwalt zusammen mit einem Steuerberater (wobei auch Wirtschaftsprüfer oder Steuerbevollmächtigte denkbar sind) gemeinsam die Verteidigung des Mandanten übernehmen. Das Gesetz sieht in *§ 392 I AO* eine entsprechende Regelung vor.

- **Verjährung:** Bei der Frage der Verjährung muss differenziert werden:
  - Die steuerlichen Verjährungsfristen, die sich auf die Festsetzung der Steuern beziehen, beginnen mit der Jahres- bzw. Monatserklärung und enden maximal nach zehn Jahren.
  - Die strafrechtliche Verjährungsfrist beläuft sich auf maximal fünf Jahre, vorausgesetzt es handelt sich nicht um eine banden- oder gewerbsmäßige Begehung (dann zehn Jahre).

3. Tipps und Beispiele

! Es sollte stets darauf geachtet werden, dass bereits leichtfertige (d. h. Verletzungen der gebotenen Sorgfalt in ungewöhnlich hohem Maße) Steuerverkürzungen gem. *§ 378 AO* unter Strafe gestellt sind!

Steuerliche Behandlung des Geschäftsführergehalts

1. Überblick

Die Bezüge des Geschäftsführers im Rahmen seiner Tätigkeit stellen grundsätzlich Betriebsausgaben der GmbH dar. Es ist dabei unerheblich, ob es sich um Einkünfte aus nichtselbstständiger oder selbständiger Tätigkeit handelt.
In Ausnahmefällen werden die Bezüge als verdeckte Gewinnausschüttungen behandelt (→ *Verdeckte Gewinnausschüttung*). Angenommen wird das bei unangemessen hohen Bezügen des Gesellschafter-Geschäftsführers. Weiterhin gilt Entsprechendes, wenn der Geschäftsführer zwar selbst nicht Gesellschafter ist, aber einem Gesellschafter sehr nahe steht (Ehegatte, Kind etc.).

2. Einzelfragen

- **Steuerfreie Gehaltsbestandteile des Geschäftsführers:** Grundsätzlich stellen sämtliche Bezüge des Geschäftsführers Einkünfte aus nichtselbstständiger Arbeit dar und unterliegen somit der Lohnsteuer.
  Andererseits sind nach *§ 3 Nr. 62 EStG* Ausgaben des Arbeitgebers für die Zukunftssicherung des Arbeitnehmers steuerfrei, wenn die Ausgaben aufgrund einer gesetzlichen Verpflichtung des Arbeitgebers geleistet wurden. Damit sind Beitragsteile des Arbeitgebers zur gesetzlichen Sozialversicherung und der Arbeitslosenversicherung steuerfrei. Voraussetzung ist aber, dass der Arbeitgeber die Zahlungen leistete und dass es sich um Zuschüsse für die Zukunftssicherung eines Arbeitnehmers handelt. In Bezug auf den GmbH-Geschäftsführer bedeutet das, dass es sich um einen abhängig Beschäftigten im sozialversicherungsrechtlichen Sinne handelt. Beim Fremdgeschäftsführer liegt diese Voraussetzung zweifelsfrei vor. Eine differenzierte Betrachtungsweise muss beim Gesellschafter-Geschäftsführer vorgenommen werden (→ *Sozialversicherung*). Handelt es sich beim Gesellschafter-Geschäftsführer danach nicht um einen abhängig Beschäftigten, sind die gezahlten Zuschüsse nicht von der Lohnsteuer befreit.
  Damit ist aber noch nicht die Frage beantwortet, ob der an den Gesellschafter-Geschäftsführer gezahlte Zuschuss als Betriebsausgabe anerkannt wird und somit nicht der Steuer unterliegt oder ob es sich nicht vielmehr um eine verdeckte Gewinnausschüttung handelt. Für die Annahme einer Betriebsausgabe muss eine entsprechende Regelung im Geschäftsführervertrag (→ *Anstellungsvertrag*) vorhanden sein. Anderenfalls liegt eine verdeckte Gewinnausschüttung vor. Anerkannt ist aber, dass in der dauernden Zahlung des Arbeitgeberbeitrags und der ständigen Verbuchung eine mündliche Veränderung des Geschäftsführervertrags vorgenommen wurde. Folglich werden die Beträge dann nicht mehr rechtsgrundlos gezahlt und stellen damit auch keine verdeckte Gewinnausschüttung dar.

- **Einzelne Positionen:** Die GmbH kann ihrem Geschäftsführer entstandene Reisekosten steuerfrei erstatten, wobei es Einschränkungen zu beachten gilt: Fahrkosten können weiterhin in der tatsächlich entstandenen Höhe steuerfrei erstattet werden.
  Dagegen werden bei Verpflegungsmehraufwendungen und Unterbringungskosten nur noch Pauschbeträge seitens der GmbH steuerfrei erstattet, unabhängig davon, wie hoch die tatsächlichen Kosten waren.

  Folgende Pauschbeträge sind nach *§ 4 V 1 Nr. 5 EStG* steuerfrei:
  - Bei Abwesenheit von 24 Stunden ein Pauschbetrag von 24 Euro.
  - Bei Abwesenheit von mindestens 14 Stunden ein Pauschbetrag von 12 Euro.
  - Bei Abwesenheit von mindestens acht Stunden ein Pauschbetrag von 6 Euro.

  Die Kosten der Übernachtung können zwar grundsätzlich in voller Höhe erstattet werden. Allerdings ist es ebenfalls zulässig die Übernachtungskosten bei Inlandsreisen mit einem Pauschbetrag von 20 Euro durch die GmbH zu erstatten. Die private Pkw-Nutzung des gesellschaftseigenen PKW durch einen Fremdgeschäftsführer ist lohnsteuerpflichtig, denn sie stellt einen geldwerten Vorteil aus dem Dienstverhältnis dar (→ *Dienstwagen*).

3. Tipps und Beispiele

! Ist der Geschäftsführer für die Gesellschaft eine Zeitlang im Ausland tätig, bleibt er unbeschränkt steuerpflichtig.

Wird dem Gesellschafter-Geschäftsführer ein PKW zur privaten Nutzung überlassen, sollte diese Vorteilsgewährung im Geschäftsführervertrag enthalten sein. Ansonsten besteht wiederum die Gefahr einer verdeckten Gewinnausschüttung.

Stille Beteiligung

1. Überblick

Die Errichtung einer stillen Gesellschaft richtet sich nach den *§§ 230 ff. HGB*. Es handelt sich um eine Innengesellschaft, sie tritt nach außen nicht in Erscheinung und wird nicht im Handelsregister eingetragen. Die „GmbH & Still“ hat als Innengesellschaft kein eigenes Vermögen. Eigentümer des Betriebsvermögens ist die GmbH.

2. Einzelfragen

- **Die typische stille Gesellschaft:** Der typische stille Gesellschafter ist nicht gleichzeitig Gesellschafter einer GmbH, sondern bildet mit dieser Gesellschaft zusammen eine weitere Gesellschaft („GmbH & Still"), wobei sich der stille Gesellschafter mit einer Vermögenseinlage beteiligt.
  Er ist aber nicht an dem Vermögen der Gesellschaft beteiligt und hat zudem auch keine Mitspracherechte, abgesehen von den in *§ 233 HGB* genannten, sodass seine Rolle eher an einen Darlehensgeber erinnert.
  Der stille Gesellschafter ist indes kein Darlehensgeber, denn seine Vermögenseinlage wird nicht fest verzinst, sondern er erhält eine Gewinnbeteiligung. Handelt es sich um eine unangemessen hohe Gewinnbeteiligung und ist der stille Gesellschafter gleichzeitig Gesellschafter der GmbH, liegt eine verdeckte Gewinnausschüttung vor.

- **Die atypische stille Gesellschaft:** Sie liegt vor, wenn dem stillen Gesellschafter weitergehende Rechte eingeräumt werden, sodass er Einfluss auf die Unternehmensleistung nehmen kann.
  Ein weiteres starkes Indiz für eine atypische stille Beteiligung ist, wenn der stille Gesellschafter nicht nur an Gewinn und Verlust, sondern zudem am Vermögen der GmbH beteiligt ist.
  Der atypische stille Gesellschafter unterliegt aufgrund seiner Ähnlichkeit zu den anderen Gesellschaftern der Haftung des *§ 32a GmbHG*.

- **Steuerliche Behandlung:** Sie richtet sich danach, ob es eine typische oder atypische Gesellschaft ist. Die GmbH ist verpflichtet, vom Gewinnanspruch des stillen Gesellschafters 25 % als Kapitalertragssteuer einzubehalten (*§§ 43 I 1 Nr. 3, 43a I 1 Nr. 1 EStG*). Der Kapitalertragssteueranspruch entsteht, sobald dem Gläubiger die Erträge zugeflossen sind (*§ 44 EStG*).
  Anders verhält es sich im Falle einer atypischen stillen Gesellschaft, denn hier ist der Beteiligte Mitunternehmer, sodass er Einkünfte aus Gewerbe hat, welche gem. *§ 15 I 1 Nr. 2 EStG* zu versteuern sind. Das gilt auch, wenn der atypische stille Gesellschafter der Gesellschaft Vermögensgegenstände zur Nutzung überlassen hat und dafür eine Vergütung erhält.

3. Tipps und Beispiele

! Eine „GmbH & Still" bietet sich dann an, wenn die stillen Gesellschafter nicht nur am Gewinn, sondern auch am Verlust beteiligt sind, denn dann können die auf die stillen Gesellschafter entfallenden Verlustanteile von den Gesellschaftern im Rahmen der übrigen positiven Einkünfte ausgeglichen werden.

Strafbarkeit des Geschäftsführers

Es gibt eine Reihe von Strafvorschriften, die den Geschäftsführer unmittelbar betreffen, obwohl aufgrund des Trennungsprinzips die persönliche Haftung des Geschäftsführers nicht den Regelfall darstellt:

- Das GmbHG enthält selbst strafrechtliche Vorschriften (*§§ 82, 84 u. 85 GmbHG*), nach denen das Verhalten des Geschäftsführers sanktioniert wird. Dies betrifft insbesondere falsche Angaben des Geschäftsführers im Zusammenhang mit der Gesellschaftsgründung bzw. Kapitalerhöhung (z. B. im Falle einer verdeckten Sacheinlage) oder die unbefugte Offenbarung von Betriebs- oder Geschäftsgeheimnissen.

- In die Insolvenzordnung verlagert wurde die Regelung über die Strafbarkeit wegen einer Verletzung der Insolvenzantragspflicht, weil der Geschäftsführer den Insolvenzantrag nicht, nicht richtig oder nicht rechtzeitig gestellt hat *(§ 15a IV InsO)*.

- Weiterhin gibt es eine Reihe von Strafvorschriften in Spezialgesetzen, die sich mit speziellen Wirtschaftszweigen beschäftigen (→ *Umweltstrafrecht*).

- Zu erwähnen sind ferner die allgemeinen Strafvorschriften insbesondere die *§§ 263 ff. StGB*, d. h. Betrugs- und Untreuetatbestände, sowie Straftatbestände im Zusammenhang mit einer Krise der Gesellschaft, wie z. B. Verletzung der Buchführungspflichten (*§ 283b StGB*), Bankrott (*§ 283 StGB*) sowie Gläubiger- und Schuldnerbegünstigung (*§§ 283c, 283d StGB*).

- Eine Strafbarkeit des Geschäftsführers kann sich auch ergeben, wenn er seine Produktbeobachtungspflicht (→ *Produkthaftung*) verletzt hat. Der Geschäftsführer wird danach verantwortlich gemacht, wenn es in Zusammenhang mit einem Produkt zu Schädigungen kam, die nicht unmittelbar auf eine Handlung des Geschäftsführers zurückzuführen waren. Dabei trifft ihn die Pflicht, sich zu vergewissern, dass keine Gefahren von dem Produkt ausgehen. Ihm obliegt somit eine Kontrollpflicht.

T

Tagesordnung

1. Überblick

Die ordnungsgemäße Einberufung der Gesellschafterversammlung ist an verschiedene Voraussetzungen geknüpft. Die Gesellschafter sollen sich auf die Gesellschafterversammlung vorbereiten können. Deshalb soll die Tagesordnung mit den Beschlussgegenständen bereits in der Einladung enthalten sein.
Ein Verstoß gegen diese Sollvorschrift bleibt indes ohne Sanktionen, da *§ 51 IV GmbHG* ein Nachschieben der Tagesordnung bis drei Tage vor der Versammlung zulässt.

2. Einzelfragen

- **Tagesordnungspunkte:** Eine bestimmte Reihenfolge der Tagesordnungspunkte muss nicht eingehalten werden, denn der Ankündigung der einzelnen Punkte kommt keine rechtlich bindende Wirkung für die tatsächliche Reihenfolge in der Versammlung zu.
  Andererseits muss die Bezeichnung der Tagesordnungspunkte bzw. der Beschlussthemen eindeutig erfolgen, denn auch derjenige Gesellschafter, der nicht ständig mit den Gesellschaftsangelegenheiten betraut ist, soll die Bedeutung der Beschlussfassung erkennen können.

- **Ergänzung der Tagesordnungspunkte:** Das Einberufungsorgan kann die Tagesordnungspunkte ergänzen, vorausgesetzt, die Fristen und Formen für die Ankündigung werden eingehalten. Auch eine Minderheit, die nach *§ 50 I GmbHG* die Einberufung verlangen kann, kann gem. *§ 50 II GmbHG* verlangen, dass weitere Tagesordnungspunkte angekündigt werden. Unterlässt der Geschäftsführer die Ankündigung, so kann die ankündigungsberechtigte Minderheit die Tagesordnung selbst gem. *§ 50 III GmbHG* ergänzen.

- **Ankündigungsmängel:** Mängel der Ankündigung, weil etwa Tagesordnungspunkte gar nicht oder nicht eindeutig erfolgten, können zur Anfechtung oder gar zur Nichtigkeit der gefassten Gesellschafterbeschlüsse führen.
  → *Beschlussfassung der Gesellschafter*

Tantieme

1. Überblick

Die Vergütung des Geschäftsführers kann entweder über feste Bezüge oder erfolgsabhängige Bezüge, so genannte Tantieme, erfolgen. Tantiemen können in verschiedenen Formen gewährt werden.

2. Einzelfragen

- **Arten von Tantiemen:**
  - Zum einen gibt es die variable Tantieme (Gewinntantieme oder auch Umsatztantieme). Umsatztantiemen werden in der Praxis seltener vereinbart, aufgrund der Gefahr, dass der Geschäftsführer dann lediglich Umsatzinteressen verfolgt und dabei die Rentabilität für das Unternehmen vernachlässigt. Auf der anderen Seite empfiehlt es sich, Umsatztantiemen bei neuen Gesellschaften oder noch gewinnschwachen Unternehmen zu vereinbaren.
  - Zum anderen werden auch häufig so genannte Fixtantiemen vereinbart, die auf die variablen Tantiemen angerechnet werden.

- **Berechnungsgrundlage:** Sofern nicht anders vereinbart, stellt die Handelsbilanz die maßgebliche Berechnungsgrundlage für Gewinntantiemen dar. Rücklagen und Tantiemen selbst sind vorher nicht abzuziehen. Ein Verlustvortrag, der nach der Tantiemenpflicht entstanden ist, ist ebenfalls nicht anzurechnen. Abzuziehen vom Jahresgewinn sind ein Gewinnvortrag, die Körperschaft- und Vermögensteuer und außergewöhnliche Erträge. Die Berechnungsgrundlage für Umsatztantiemen richtet sich nach der vereinbarten Bezugsgröße und dem von der Gesellschaft angestrebten Zweck der Tantiemenregelung. Scheidet ein Geschäftsführer während des laufenden Geschäftsjahrs aus, erhält er eine anteilige Tantieme bezogen auf das gesamte Geschäftsjahr und nicht für den aktiven Zeitraum der Geschäftsführung.

- **Tantiemenanspruch:** Der Anspruch entsteht regelmäßig zum Ende des Geschäftsjahrs mit Feststellung des Jahresabschlusses, abgesehen von möglichen Vorauszahlungen, wenn Tantiemen für das Geschäftsjahr gezahlt werden.

3. Tipps und Beispiele

- **Regelung im Anstellungsvertrag:** Im Anstellungsvertrag sollten die Art und die Höhe der Tantieme genau geregelt werden. Vor allem bei Gesellschafter-Geschäftsführern ist eine vertragliche Regelung aus steuerlichen Gründen angezeigt. Lässt sich aus dem Vertrag keine genaue Regelung – auch nicht durch Auslegung – entnehmen, wird die Höhe der Tantieme nach billigem Ermessen bestimmt.

- **Gesellschafter-Geschäftsführer:** Erhält der Gesellschafter-Geschäftsführer als Vergütung eine Umsatztantieme und ist diese ohne Angabe eines wichtigen Grundes vereinbart worden, so wird die Umsatztantieme steuerrechtlich als verdeckte Gewinnausschüttung behandelt (*BFH GmbHR 1989, 475; BFH GmbHR 1978, 93*).

Tausch von Anteilen

Anteile werden regelmäßig aufgrund eines Kaufvertrags veräußert. Der Abschluss des Kaufvertrags verpflichtet den Veräußerer zur Abtretung der Gesellschaftsanteile und den Käufer zur Bezahlung des Kaufpreises, wobei der Kaufpreis regelmäßig der Verkehrswert ist. Statt gegen Geld kann ein Anteil aber auch gegen einen anderen Anteil hingegeben und somit im Wege des Tauschs abgetreten werden.

Teilung von Gesellschaftsanteilen

1. Überblick

Der Gesellschaftsanteil kann dergestalt geteilt werden, dass nach seiner Teilung mehrere selbstständige Gesellschaftsanteile entstehen. Jeder Teil wird nach seinem Nennbetrag bezeichnet und neuerdings auch mit einer laufenden Nummer versehen. Die Summe der Nennbeträge muss dem Nennbetrag des ursprünglichen Anteils entsprechen. Insgesamt hat sich seit in Kraft treten der GmbH-Reform am 01.11.2008 das Verfahren im Zusammenhang mit der Teilung von Gesellschaftsanteilen wesentlich vereinfacht.

Keine Teilung liegt vor, wenn nur einzelne, aus der Mitgliedschaft fließende vermögensrechtliche Ansprüche (z. B. Dividendenanspruch) veräußert werden.

T

2. Einzelfragen

- **Teilungsvoraussetzungen:** Nach *§ 46 Nr. 4 GmbHG* bedarf die Teilung der Zustimmung der Gesellschafter. Das Erfordernis der Genehmigung der Gesellschaft (regelmäßig durch Erklärung des Geschäftsführers) wurde durch die GmbH-Reform beseitigt (→ *Reform*). Die Teilung von Anteilen kann aber durch die Satzung erschwert oder gar ausgeschlossen werden. Ferner ist es weiter zulässig, die Teilung an weitere Voraussetzungen zu knüpfen. Es kann z. B. verlangt werden, dass ein einstimmiger Gesellschafterbeschluss für die Teilung notwendig ist, dass die durch Teilung entstehenden Anteile bestimmte Mindestnennbeträge haben müssen oder dass sie kein Stimmrecht haben.

Die übrigen Voraussetzungen für eine zulässige Teilung sind mit der ersatzlosen Streichung von *§ 17 GmbHG a. F.* im Wesentlichen entfallen. Vorratsteilungen sind nunmehr ebenso erlaubt, wie die gleichzeitige Übertragung mehrerer Teile von Gesellschaftsanteilen eines Gesellschafters an denselben Erwerber. Bisher war die Teilung von Anteilen nur möglich, wenn einzelne Teile veräußert oder vererbt worden sind. Der Betrag des Teilanteils musste auf den gesetzlichen Mindestnennbetrag einer jeden Stammeinlage – früher noch 100 Euro – lauten und durch 50 Euro teilbar sein. Diese Anforderungen sind mit der Reform entfallen.

- **Änderung der Gesellschafterliste:** Nach *§ 40 GmbHG* haben die Geschäftsführer nach Wirksamwerden jeder Veränderung in den Personen der Gesellschafter oder des Umfangs ihrer Beteiligungen eine neue Liste der Gesellschafter zum Handelsregister einzureichen. Dazu gehört auch die Teilung von Gesellschaftsanteilen, wobei die jeweiligen Gesellschaftsanteile zu nummerieren sind. Die Änderung der Gesellschafterliste durch die Geschäftsführer erfolgt auf Mitteilung und Nachweis, d. h. hier durch Anforderung des entsprechenden Teilungsbeschlusses der Gesellschafter.

Tendenzunternehmen

Tendenzunternehmen sind Unternehmen, die überwiegend politischen, karitativen, erzieherischen oder künstlerischen Zwecken dienen.
Die Vorschriften des Betriebsverfassungsgesetzes und diejenigen über die Betriebsänderungen gelten nur beschränkt. Alle weiteren Bestimmungen, z. B. über die Mitbestimmung, sind unanwendbar, soweit sie der Eigenart des Tendenzbetriebs entgegenstehen.

Tod des Geschäftsführers

Durch den Tod des Geschäftsführers endet automatisch dessen Amt. Die Erben rücken nicht in die Position des Geschäftsführers nach. Gleiches gilt im Falle des Gesellschafter-Geschäftsführers. Der Anteil ist zwar vererblich, allerdings ist der Geschäftsführer gesondert zu bestellen.

Tod des Gesellschafters

1. Überblick

Stirbt ein Gesellschafter, geht gem. *§ 1922 BGB* sein gesamtes Vermögen auf dessen Erben über und damit auch der Gesellschaftsanteil.

2. Einzelfragen

- **Erbfolge kraft Gesetzes:** Stirbt ein Gesellschafter und hat er keine letztwillige Verfügung errichtet, geht dessen Anteil gem. *§ 1922 BGB* auf den oder die Erben über. Sind mehrere Erben vorhanden, steht ihnen der Gesellschaftsanteil ungeteilt zu und zwar in Gesamthandsgemeinschaft. Sie können nur gemeinsam über den Anteil verfügen. Verfügungen über einen Gesellschaftsanteil bedürfen gem. *§ 2033 BGB* der notariellen Form und zwar auch dann, wenn der GmbH-Gesellschaftsanteil an einen Erben abgetreten wird. Sieht die Satzung im Falle der Abtretung von Anteilen die Genehmigung der GmbH vor, ist diese ebenfalls erforderlich.
  Mit dem erworbenen Gesellschaftsanteil gehen automatisch sämtliche Rechte und Pflichten des Erblassers auf die Erben über, z. B. auch die Zahlung einer noch rückständigen Stammeinlage. Die Miterben haften der Gesellschaft gegenüber gem. *§ 18 II GmbHG* gemeinschaftlich.
  Da die Erben kraft Gesetzes Gesellschafter werden, ist eine Anmeldung gem. *§ 16 GmbHG* gegenüber der Gesellschaft nicht erforderlich.

- **Erbfolge kraft letztwilliger Verfügung:** Der Erblasser kann über sein Vermögen letztwillig frei verfügen. Gewisse Einschränkungen können sich allerdings ergeben. Zunächst im Falle des Erbvertrags und des gemeinschaftlichen Testaments. Ferner sind die Pflichtteilansprüche zu berücksichtigen. Letztlich ist stets zu prüfen, in welchem Güterstand der Erblasser lebte. Bestand zwischen den Eheleuten der gesetzliche Güterstand der Zugewinngemeinschaft, erhält der überlebende Ehepartner neben dem Pflichtteil ein Viertel der Erbschaft und zwar als Ausgleich des Zugewinns.
  Der Erblasser kann im Wege einer letztwilligen Verfügung für den gesamten Nachlass einen oder mehrere Erben einsetzen. Bei mehreren Erben entsteht auch bezüglich des Gesellschaftsanteils eine Erbengemeinschaft. Die Erbengemeinschaft kann aufgelöst werden durch Zuteilung des Gesellschaftsanteils an einen Miterben, durch Aufteilung des gemeinschaftlichen Anteils auf die einzelnen Erben und durch Veräußerung des Anteils an einen Dritten.
  Der Erblasser kann aber sein Vermögen auch gezielt verteilen; z. B. kann er seine Kinder als Erben einsetzen. Davon ausgenommen ist aber der Gesellschaftsanteil. Diesen soll ein Dritter erhalten und zwar im Zuge eines Vermächtnisses.

Der Dritte erhält den Anteil dann auf folgendem Weg:
- Die Erben werden zunächst Inhaber des Anteils.
- Der Dritte hat einen schuldrechtlichen Anspruch gegenüber den Erben, dass der Gesellschaftsanteil abgetreten wird.
- Die Abtretung des Gesellschaftsanteils erfolgt wie bei der Veräußerung eines Gesellschaftsanteils (→ *Veräußerung von Gesellschaftsanteilen*).

3. Tipps und Beispiele

- **Vermächtnis eines Teilanteils:** Möglich ist auch, dass dem Dritten lediglich ein Teil des Gesellschaftsanteils vermacht wird. Dann müssen zusätzlich die Voraussetzungen bezüglich der Teilung von Gesellschaftsanteilen erfüllt werden (→ *Teilung von Gesellschaftsanteilen*). Das Vermächtnis kann nicht erfüllt werden, wenn die für die Abtretung notwendige Zustimmung der Gesellschafter nicht erteilt wird oder die Satzung eine Teilung der Anteile ausschließt. In dieser Situation besteht dann die Möglichkeit, dass der Vermächtnisnehmer seine Ansprüche entweder einem Gesellschafter oder einem Dritten abtritt, dem die Zustimmung erteilt wird.

Die Erben sind im Rahmen des ihnen möglichen verpflichtet, auf eine Zustimmung der Gesellschafter hinzuwirken. Darüber hinaus dürfen sie den Zustimmungsbeschluss nicht vereiteln. Andernfalls hat der Vermächtnisnehmer einen Schadenersatzanspruch gegenüber den Erben.

- **Vorausvermächtnis:** Ferner kann der Erblasser auch dergestalt über seinen Gesellschaftsanteil verfügen, dass ein Miterbe den Gesellschaftsanteil im Wege des Vorausvermächtnisses gem. *§ 2150 BGB* erhalten soll. Der Vorteil liegt darin, dass der Gesellschaftsanteil nicht auf das Erbteil des bedachten Erben angerechnet wird, sodass der Erbe die Erbschaft ausschlagen kann und nur das Vermächtnis annimmt oder umgekehrt.

Davon abzugrenzen ist die Teilungsanordnung (*§ 2048 BGB*). Bei der Teilungsanordnung wird der Gesellschaftsanteil auf den Erbteil des Bedachten angerechnet. Weiterhin kann der Bedachte nicht nur die Erbschaft ausschlagen und den Anteil annehmen. Wird die Erbschaft ausgeschlagen, schlägt sich dies auch auf den Anspruch des Gesellschaftsteils nieder. Hat der Erblasser durch Teilungsanordnung die Aufteilung des Gesellschaftsanteils unter den Miterben angeordnet, müssen wiederum die Vorschriften bezüglich der Teilung von Anteilen berücksichtigt werden.

Trennungsprinzip

Ein wesentliches Merkmal der GmbH ist, dass der oder die Gesellschafter für keine Verbindlichkeiten der GmbH persönlich haften (→ *Haftung*). Für Verbindlichkeiten der Gesellschaft haftet nur das Gesellschaftsvermögen. Dies ist selbst dann der Fall, wenn Einlageverpflichtungen noch nicht geleistet wurden. Hat der GmbH-Gesellschafter seine Einlage nicht erbracht, haftet er auch dann nicht den Gläubigern der GmbH unmittelbar persönlich in Höhe seiner Einlageverpflichtung. Er schuldet die Verbindlichkeit nur der GmbH gegenüber. Anders ist das im Falle des Kommanditisten einer KG.

Treuepflicht

1. Überblick

Die Treuepflicht ist gesetzlich nicht normiert. Sie lässt sich aber als allgemeiner Grundsatz auffassen. Die Geschäftsführer und auch die Gesellschafter haben alles zu unterlassen, was den Interessen der Gesellschaft schaden könnte. Positiv formuliert, müssen alle gemeinsam versuchen, das Gesellschaftsziel zu erreichen. Die Treuepflicht kann sich an verschiedenen Stellen auswirken.

2. Einzelfragen

- **Gesellschafterbeschlüsse:** Zum Tragen kommt die Treuepflicht häufig im Rahmen von Gesellschafterbeschlüssen. Hier kann man gezwungen sein, aufgrund der Treuepflicht ein bestimmtes Abstimmungsverhalten an den Tag zu legen (z. B. durch Zustimmung zu einer Kapitalerhöhung).

- **Riskante Geschäfte:** Der Geschäftsführer ist aufgrund seiner Treuepflicht dazu angehalten, keine Geschäfte für die Gesellschaft abzuschließen, die ihr nachhaltig schaden könnten, z. B. im Falle von „Spekulationsgeschäften" (→ *Spekulationsgeschäft*). Hierbei kann sich aufgrund der Treuepflicht des Geschäftsführers gegenüber der Gesellschaft ergeben, dass er die Gesellschafter über die geplante Maßnahme in Kenntnis zu setzen hat. Des Weiteren kann zur Absicherung des Weiteren Vorgehens die Einholung eines Gesellschafterbeschlusses notwendig sein.

- **Verstöße gegen die Treuepflicht:** Wird gegen Treuepflichten verstoßen, so sind die Konsequenzen unterschiedlich. Wird z. B. ein Geschäftsführer aufgrund eines gegen die Treuepflicht verstoßenden Gesellschafterbeschlusses gezwungen, eine bestimmte Handlung vorzunehmen oder zu unterlassen, besteht die Möglichkeit der Anfechtung. Des Weiteren können Schadenersatzansprüche begründet werden.

Typenvermischung

→ *GmbH & Co. KG*

U

Überschuldung

→ *Insolvenz*

Überwachungspflicht des Geschäftsführers

1. Überblick

Die Überwachungspflicht des Geschäftsführers hat nicht nur zivilrechtliche Auswirkungen, sondern kann daneben auch strafrechtliche Folgen haben.

2. Einzelfragen

- **Produktüberwachung:** Gerade im Bereich Produktsicherheit trifft den Geschäftsführer eine Überwachungspflicht. Kommt es im Zusammenhang mit dem Produkt zu Beeinträchtigungen, muss die Geschäftsführung damit rechnen, dass die Verantwortung zunächst bei ihr gesucht wird und lediglich in zweiter Linie bei dem einzelnen Mitarbeiter. Die Geschäftsführung kann sich auch nicht damit exkulpieren (entlasten), dass die Zuständigkeit der Produktüberwachung nicht in ihren Bereich fallen würde, denn gewisse Vorfälle betreffen das Unternehmen als Ganzes (→ *Ressortaufteilung*). Ebenfalls unerheblich ist der Einwand, dass die Gefährlichkeit des Produkts nicht bekannt gewesen wäre.

- **Ordnungsgemäße Überwachung:** Die Geschäftsführung und damit die Geschäftsführer werden nur dann nicht aufgrund eines Überwachungsfehlers belangt, wenn sie nachweisen können, dass sie nach den Schadenvorfällen unmittelbar Maßnahmen ergriffen haben, um weitere Schäden zu verhindern. In jedem Falle muss unverzüglich eine Warnung an alle Benutzer des Produkts ausgesprochen und nach Möglichkeit mit Hinweisen verbunden werden, damit es zu keinen weiteren Schäden kommt.
  Reichen indes Hinweise nicht aus, muss die Geschäftsführung notfalls den Rückruf des Produkts veranlassen. Nur auf diese Weise kann der Geschäftsführer seiner Überwachungspflicht nachkommen.

Umsatzsteuer

1. Überblick

Die Umsatzsteuer wird auf Lieferungen und sonstige Leistungen (z. B. Beratungen) und auf den Eigenverbrauch der Unternehmen erhoben. Der Umsatzsteuersatz beträgt seit dem 01.01.2007 19 %.

2. Einzelfragen

- **Bareinlagen:** Sie stellen keine Lieferungen oder sonstigen Leistungen dar. Kommt es zu einer Lieferung oder sonstigen Leistungen an einen Gesellschafter und sind in diesem Zusammenhang die Voraussetzungen der verdeckten Gewinnausschüttung erfüllt (→ *Verdeckte Gewinnausschüttung*), ist für die Umsatzsteuer das vereinbarte Entgelt zugrunde zu legen.

- **Steuerpflicht der GmbH:** Die Steuerpflicht der GmbH ergibt sich gem. *§ 2 UStG*.

- **Befreiungstatbestände:** In *§ 4 UStG* werden die Befreiungstatbestände geregelt. Eine Umsatzsteuerpflicht entfällt bei Umsätzen, die unter eine andere Verkehrssteuer fallen. Ist z. B. Gegenstand der Einlage ein Grundstück, ist die Einbringung umsatzsteuerfrei, denn diese fällt unter das GrEStG. Darunter fallen auch die Vermietung und Verpachtung von Grundstücken. Ebenfalls nicht unter das UStG fallen die Vermittlung von Krediten und zahlreiche weitere Umsätze aus dem Bankgeschäft.

- **Pflicht des Geschäftsführers:** Der Geschäftsführer ist verpflichtet, dafür zu sorgen, dass das Finanzamt nach Fälligkeit der Umsatzsteuer in gleichem Maße befriedigt wird wie die anderen Gläubiger (Grundsatz der anteiligen Tilgung). Werden nur die Gläubigerforderungen getilgt, ohne die fällige Umsatzsteuer an das Finanzamt abzuführen, kann der Geschäftsführer in Höhe der Umsatzsteuerforderung persönlich in Anspruch genommen werden.

Umsatzsteuerpflicht des Geschäftsführers

Der Geschäftsführer wird in Erfüllung seiner Tätigkeit als Organ nicht als Unternehmer i. S. d. UStG angesehen. Erbringt der Geschäftsführer seine Tätigkeit als freier Mitarbeiter, kann die GmbH eine in Rechnung gestellte Umsatzsteuer nicht als Vorsteuer abziehen. Ein Geschäftsführer wird nur dann als selbstständiger Unternehmer angesehen, wenn er außerhalb des Geschäftsführungsbereichs tätig wird und vertraglich eine klare Trennung zwischen der Tätigkeit als Berater und dem üblichen Tätigkeitsbereich eines Geschäftsführers erfolgt.

Umwandlung eines Unternehmens

1. Überblick

Die Umwandlung eines schon bestehenden Unternehmens in eine oder aus einer GmbH ist auf drei Arten möglich: Verschmelzung, Spaltung oder Formwechsel. Daneben besteht die Möglichkeit, ein bestehendes Unternehmen außerhalb des Anwendungsbereichs des Umwandlungsgesetzes in eine GmbH einzubringen.

2. Einzelfragen

- **Einbringung eines Einzelunternehmens in eine GmbH:** Zum einen besteht die Möglichkeit der Einbringung außerhalb des Anwendungsbereiches des Umwandlungsgesetzes im Wege der Einzelrechtsnachfolge. Soweit der Einbringende im Gegenzug neue Gesellschaftsanteile an der GmbH bekommt, kann dies aus steuerlicher Sicht sinnvoll sein und ggf. eine Aufdeckung etwaiger stiller Reserven gem. *§ 20 I UmwStG* vermieden werden. Die Einbringung des Unternehmens auf diesem Wege ist jedoch umständlich und die Bewertung möglicherweise problematisch, da jeder Vermögenswert einzeln übertragen werden muss. Im Einzelnen ist wie folgt zu unterscheiden:
  - Die Einbringung kann dadurch erfolgen, dass der Einzelunternehmer eine neue GmbH gründet. Das Einzelunternehmen wird dann gem. *§ 5 GmbHG* als Sacheinlage in die GmbH eingebracht (→ *Sacheinlagen*).
  - Die andere Variante wäre, das Einzelunternehmen in eine bereits bestehende GmbH einzubringen (*§ 55 GmbHG*). Das Einzelunternehmen wird dann im Rahmen einer Kapitalerhöhung in das Unternehmen übertragen. Erforderlich ist dafür, dass ein Beschluss über eine Kapitalerhöhung mit einer Sacheinlage vorliegt (→ *Kapitalerhöhung*).
  - Daneben kann die Umwandlung auch durch Veräußerung erfolgen. Dazu wird zunächst eine GmbH mit Barmitteln gegründet. Anschließend werden sämtliche Wirtschaftsgüter des Einzelunternehmens an die GmbH verkauft. Eine Aufdeckung etwaiger stiller Reserven ist in diesen Fällen nicht zu vermeiden, da *§ 20 I UmwStG* nicht gilt. Diese Umwandlungsform ist riskant, denn häufig wird der Einzelunternehmer sein Unternehmen an die neu gegründete GmbH dennoch zum „Buchwert“ verkaufen. Eine solche Vorgehensweise könnte leicht zur Annahme einer verdeckten Sacheinlage oder verdeckten Sachgründung führen (→ *Verdeckte Sacheinlage*).

- **Umwandlung eines Einzelunternehmens in eine GmbH:**
  Um die Nachteile der Einzelrechtsübertragung zu vermeiden, kann ein Einzelunternehmen auch im Wege der Ausgliederung in eine GmbH umgewandelt werden. Die Ausgliederung ist eine spezielle Form der Spaltung (→ *Spaltung*). Hier kommt es zur Gesamtrechtsnachfolge, ohne dass die Aktiva und Passiva jeweils einzeln übertragen werden müssen. Die Ausgliederung vollzieht sich, indem das Einzelunternehmen einen Teil seines Vermögens auf eine neue oder bereits bestehende GmbH überträgt (*§ 123 III UmwG*). Im Gegenzug werden die Anteile des übernehmenden oder neuen Rechtsträgers an den übertragenden Rechtsträger geleistet und nicht an die Anteilsinhaber (so aber bei der Aufspaltung und Abspaltung). Der übertragende Rechtsträger bleibt damit bestehen. Es entsteht folglich eine Beteiligungsgesellschaft oder Tochtergesellschaft des alten Unternehmensträgers.
  Diese Art der Umwandlung kann steuerlich vorteilhaft sein. Gem. *§ 20 I UmwStG* wird der Vorgang, dass ein Rechtsträger Teile seines Vermögens in einen übernehmenden Rechtsträger einbringt und dafür neue Gesellschaftsanteile erhält, ggf. steuerbegünstigt (steuerneutrale Ausgliederung), wenn es sich um die Ausgliederung eines Teilbetriebs oder Mitunternehmeranteils handelt und der übernehmende Rechtsträger eine Kapitalgesellschaft ist oder als Gegenleistung neue Gesellschaftsrechte an ihr gewährt.

- **Umwandlung einer GmbH in ein Einzelunternehmen:** Der oben beschriebene Vorgang der Umwandlung ist auch im umgekehrten Falle möglich. Eine Umwandlung einer GmbH in ein Einzelunternehmen wird gem. *§§ 120-122 i.V.m. §§ 46-59 UmwG* als Verschmelzung behandelt. Die Umwandlung einer GmbH in ein Einzelunternehmen wird auf die Verschmelzung durch Aufnahme durch den Alleingesellschafter beschränkt (→ *Verschmelzung*).
  Seit in Kraft treten des Handelsrechtsreformgesetzes im Jahre 1998 kann die Verschmelzung auch auf einen Alleingesellschafter erfolgen, der aufgrund eines fehlenden kaufmännischen Geschäftsbetriebes nicht im Handelsregister eintragungsfähig ist.

- **Umwandlung einer Personenhandelsgesellschaft in eine GmbH:** Sie ist sowohl durch Verschmelzung als auch durch Formwechsel durch das Umwandlungsgesetz unproblematisch möglich.

- **Umwandlung einer GmbH in eine Personengesellschaft:** Die häufigste Form der Umwandlung einer GmbH in eine Personengesellschaft ist der Formwechsel, daneben sind aber auch die Verschmelzung und Spaltung möglich.

- **Beteiligung einer Unternehmergesellschaft an Umwandlungsvorgängen:** Da die Unternehmergesellschaft nach der gesetzlichen Regelung nur eine Variante der GmbH ist, kann eine Unternehmergesellschaft grundsätzlich Beteiligte an Umwandlungsvorgängen nach dem Umwandlungsgesetz sein. Aufgrund der strukturellen Besonderheiten der Unternehmergesellschaft (so sind Sacheinlagen ausgeschlossen), gibt es aber Einschränkungen bei der Anwendung des Umwandlungsgesetzes auf Unternehmergesellschaften. So wird etwa eine Verschmelzung durch Neugründung einer Unternehmergesellschaft ausgeschlossen sein, da es sich dabei rein rechtlich um eine Sachgründung handelt, die dem Verbot der Sacheinlage bei der Unternehmergesellschaft entgegensteht (*§ 5a II 2 GmbHG*).

- **Steuerliche Aspekte:** Bei der Umwandlung sind gewisse steuerliche Grundregeln zu beachten. Ein Formwechsel von einer GmbH in eine AG oder von einer OHG in eine KG bleibt steuerlich ohne Konsequenzen, denn es ändert sich nur das „äußere Rechtskleid", der steuerliche Status bleibt unverändert. Damit ist der Formwechsel mangels entgegenstehender Vorschriften unter Fortführung der Buchwerte, also ohne Gewinnrealisierung und daraus erwachsende aktuelle Steuerfolgen möglich.

  Anders verhält es sich, wenn ein Einzelunternehmen in eine GmbH umgewandelt werden soll, wenn sich also der Rechtsformkreis ändert. Gleiches gilt bei Umwandlung einer GmbH in ein Einzelunternehmen.

  - Bei einem Formwechsel von einer Personengesellschaft zu einer Kapitalgesellschaft kann in den Fällen, in denen ein Betrieb, Teilbetrieb oder Mitunternehmeranteil in die Kapitalgesellschaft gegen Gewährung von Gesellschaftsanteilen eingebracht wird, eine so genannte Buchwertverknüpfung stattfinden. Darunter versteht man die Übertragung der Vermögens- und Schuldposten aus der Schlussbilanz der Personengesellschaft in die Eröffnungsbilanz der Kapitalgesellschaft zu unveränderten Werten. Es kommt somit nicht zu einer Gewinn realisierenden Auflösung stiller Reserven und daraus resultierenden Steuerfolgen.

    Beim Gesellschafter entsteht zunächst kein Gewinn. Nach den bisher geltenden Regelungen des Umwandlungssteuerrechts handelte es sich bei den durch den Formwechsel erhaltenen Anteilen an der Kapitalgesellschaft um sog. einbringungsgeborene Anteile. Diese Anteile waren innerhalb einer Sperrfrist von sieben Jahren nach der Einbringung steuerverhaftet, so dass die Veräußerung innerhalb dieses Zeitraums voll steuerpflichtig war. Mit in Kraft treten des SEStEG am 13.12.2006 wurden diese Regelungen geändert. Nunmehr gilt im Grundsatz das Halbeinkünfteverfahren für den Gewinn aus der Veräußerung auch der durch den Formwechsel erhaltenen Anteile an der Kapitalgesell-

U

schaft. Im Gegensatz zur bisherigen Regelung kommt es aber bei einer Veräußerung der Anteile innerhalb von sieben Jahren zu einer rückwirkenden Besteuerung des sog. Einbringungsgewinns (§ 22 UmwStG). Damit ist die Steuerfestsetzung des einbringenden Gesellschafters für den jeweiligen Veranlagungszeitraum, in dem die Einbringung erfolgte, rückwirkend zu ändern. Der im Zeitpunkt der Veräußerung der Anteile zu versteuernde Einbringungsgewinn reduziert sich dabei für jedes seit dem Einbringungszeitpunkt abgelaufene Jahr um ein Siebtel. Bei der übernehmenden Kapitalgesellschaft kommt es im Wirtschaftsjahr der schädlichen Anteilsveräußerung zu einer korrespondierenden Aufstockung der eingebrachten Wirtschaftsgüter, so dass die bisher auftretende Doppelbesteuerung durch die Buchwertfortführung bei der Kapitalgesellschaft vermieden werden kann.

- Auch im Falle der Umwandlung einer Kapitalgesellschaft in eine Personengesellschaft ist die Buchwertverknüpfung zulässig, sodass in der Form wechselnden Kapitalgesellschaft kein steuerpflichtiger Schlussgewinn entsteht. Andererseits erzielen regelmäßig die jetzigen Gesellschafter der Personengesellschaft einen Übernahmegewinn oder einen Übernahmeverlust, der steuerpflichtig ist.

  Der Gewinn oder Verlust ergibt sich aus dem Unterschied zwischen dem ihnen anteilig zuzurechnenden Buchwert aus der Schlussbilanz der Kapitalgesellschaft und dem Wert, mit dem ihre Anteile an der Kapitalgesellschaft bisher steuerlich anzusetzen waren.

  Unabhängig von einem Übernahmegewinn- bzw. Übernahmeverlust haben seit in Kraft treten des SEStEG am 13.12.2006 die Anteilseigner die Gewinnrücklagen der Kapitalgesellschaft anteilig als Einkünfte aus Kapitalvermögen zu versteuern (§ 7 UmwStG), wobei die Kapitalgesellschaft darauf Kapitalertragssteuer entrichten muss.

Umweltstrafrecht

1. Überblick

Die Umweltkriminalität ist ein ständig an Bedeutung zunehmendes Thema.
In den *§§ 324 ff. StGB* werden die Straftaten gegen die Umwelt geregelt. Aber auch außerhalb des StGB gibt es spezielle Nebengesetze, die zu beachten sind:

- das Wasserhaushaltsgesetz (WHG),
- das Bundes-Immissionsschutzgesetz (BImSchG) und
- das Abfallgesetz (AbfG).

2. Einzelfragen

- **Die wesentlichen Tatbestände:** Dies sind die Gewässerverunreinigung (*§ 324 StGB*), die Bodenverunreinigung (*§ 324 a StGB*), die Luftverunreinigung (*§ 325 StGB*) und die Lärmverursachung (*§ 325 a StGB*) durch eine Anlage oder Maschine.
  Des Weiteren wird der unlautere Umgang mit gefährlichen Mitteln (*§ 326 StGB*) bestraft.
  Unter Strafe gestellt wird ferner die Gefährdung schutzbedürftiger Gebiete (*§ 329 StGB*).
  Zuletzt bestraft *§ 330a StGB* die schwere Gefährdung der Gesundheit oder des Lebens von Menschen durch Freisetzen von Giften.

- **Der Sorgfaltsmaßstab:** Er wird beim Geschäftsführer sehr hoch angesetzt, denn regelmäßig genügt bereits eine fahrlässige Verursachung, um eine Strafbarkeit zu begründen. Ferner wird in einigen Fällen bereits der Versuch unter Strafe gestellt.

- **Die Bestrafung:** Sie reicht von einer Geldstrafe in minder schweren Fällen bis hin zu einer Freiheitsstrafe von bis zu zehn Jahren.

3. Tipps und Beispiele

! • Kenntnis aller umweltrechtlichen Vorschriften: Sie wird vom Geschäftsführer nicht verlangt. Er muss aber sicherstellen, dass behördliche Verfügungen eingehalten werden. Kommt der Geschäftsführer seinen Pflichten nicht nach und entsteht der GmbH dadurch ein Schaden, kann diese ihn unter den Voraussetzungen des *§ 43 II GmbHG* in Regress nehmen.

- **Bereich der Abfallentsorgung:** Hier werden die häufigsten Delikte begangen. Den Geschäftsführer trifft eine gesteigerte Sorgfaltspflicht. Nicht ausreichend ist es, dass der Geschäftsführer lediglich ein gewerbliches Entsorgungsunternehmen beauftragt. Vielmehr trifft den Geschäftsführer eine weitreichende Erkundigungspflicht, ob das Entsorgungsunternehmen einerseits tatsächlich zur Abfallentsorgung fähig und andererseits auch rechtlich ermächtigt ist.

- **Verhinderung einer Strafbarkeit:** Der Geschäftsführer sollte stets genaue Informationen über das Unternehmen einholen und sich die notwendigen Genehmigungen zeigen lassen.

Unternehmergesellschaft

1. Überblick

Seit Inkrafttreten des MoMiG (→ *Reform*) am 01.11.2008 besteht die Möglichkeit der Errichtung einer so genannten Unternehmergesellschaft. Dabei handelt es sich nicht um eine vollkommen neue Rechtsform sondern eine Variante der GmbH. Die Höhe des Stammkapitals darf bei der Unternehmergesellschaft unterhalb von 25.000 Euro frei gewählt werden, muss aber mindestens 1 Euro betragen. Erhöht sich das Stammkapital der Unternehmergesellschaft auf mindestens 25.000 Euro, wandelt sich die Unternehmergesellschaft automatisch in eine normale GmbH um. Unternehmern und insbesondere Existenzgründern steht damit eine attraktive deutsche Rechtsform mit beschränkter Haftung zur Verfügung, die auch im internationalen Vergleich uneingeschränkt konkurrenzfähig ist. Dies gilt etwa im Hinblick auf die englische „Limited", in der bisher eine Alternative zur GmbH gesehen wurde. Die Praxis wird zeigen, ob sich die Unternehmergesellschaft als „GmbH-light" ähnlich erfolgreich etablieren kann wie die herkömmliche GmbH. Für den Geschäftsführer einer Unternehmergesellschaft gelten im Wesentlichen die Rechte und Pflichten eines normalen GmbH-Geschäftsführers, da sich die Unternehmergesellschaft bis auf wenige Ausnahmen nicht von einer herkömmlichen GmbH unterscheidet.

2. Einzelfragen

- **Firmenbezeichnung:** Anders als die GmbH muss die Unternehmergesellschaft in der Firma die Bezeichnung „Unternehmergesellschaft (haftungsbeschränkt)" oder „UG (haftungsbeschränkt)" führen (*§ 5a I GmbHG*). Diese Bezeichnung kann auch weiter verwendet werden, wenn sich die Unternehmergesellschaft aufgrund einer Erhöhung des Stammkapitals auf mindestens 25.000 Euro in eine herkömmliche GmbH umwandelt.

- **Stammkapital:** Das Stammkapital muss vor der Anmeldung zum Handelsregister in bar eingezahlt werden und kann, anders als bei einer herkömmlichen GmbH, nicht durch Sacheinlagen erbracht werden (*§ 5a II GmbHG*).

- **Pflicht zur Bildung einer Rücklage:** Um zumindest langfristig eine höhere Eigenkapitalausstattung der Unternehmergesellschaft zu erreichen, hat die Gesellschaft im Falle eines positiven Unternehmensergebnisses eine gesetzliche Rücklage zu bilden, in die ein Viertel des Jahresüberschusses (genauer: des um einen Verlustvortrag aus dem Vorjahr geminderten Jahresüberschusses) einzustellen ist (*§ 5a III GmbHG*). Es handelt sich insoweit um eine Gewinnrücklage, zu der die Unternehmergesellschaft, im Gegensatz zur herkömmlichen GmbH, verpflichtet ist. Anders als bei der Aktiengesellschaft gibt es keine Obergrenze für diese gesetzliche Rücklage. Die Verpflichtung der Unternehmergesellschaft zur Rücklagenbildung erlischt erst mit Umwandlung der Unternehmergesellschaft in eine herkömmliche GmbH durch Aufstockung des Stammkapitals auf mindestens 25.000 Euro. Die Rücklage ist gebunden und darf nur für Kapitalerhöhungen aus Gesellschaftsmitteln, zum Ausgleich eines Jahresfehlbetrages oder zum Ausgleich eines Verlustvortrages verwendet werden.

- **Einberufung der Gesellschafterversammlung bei Zahlungsunfähigkeit:** Der Geschäftsführer einer Unternehmergesellschaft ist bei drohender Zahlungsunfähigkeit verpflichtet, unverzüglich eine Gesellschafterversammlung einzuberufen (*§ 5a IV GmbHG*). Drohende Zahlungsunfähigkeit der Unternehmergesellschaft liegt vor, wenn diese voraussichtlich nicht in der Lage sein wird, die bestehenden Zahlungspflichten zum Zeitpunkt der Fälligkeit zu erfüllen.

3. Tipps und Beispiele

!

- **Vermeidung der Überschuldung:** Im Hinblick auf die normalerweise für die Gründung eines Unternehmens benötigte Finanzausstattung, hat der Geschäftsführer einer Unternehmergesellschaft zu berücksichtigen, dass diese sich stets der Gefahr einer Überschuldung aussetzt. Dies gilt insbesondere, wenn das Stammkapital der Unternehmergesellschaft nicht wesentlich mehr als 1 Euro beträgt. Im Falle der Überschuldung ist der Geschäftsführer verpflichtet, einen Insolvenzantrag zu stellen, wobei die Verletzung nicht nur Schadensersatzpflichten begründen kann (→ *Insolvenz*), sondern auch ggf. auch zur Strafbarkeit des Geschäftsführers führt (→ *Strafbarkeit des Geschäftsführers*).

- **Kostengünstige Gründung:** Wird die Unternehmergesellschaft unter Verwendung des vorgegebenen Musterprotokolls im vereinfachten Verfahren gegründet, kann eine Unternehmensgründung einschließlich der damit verbundenen Haftungsbeschränkung schnell und vergleichsweise preiswert verwirklicht werden. Das gilt insbesondere für Existenzgründer.

- **Sicherstellung der Verpflichtung zur Rücklagenbildung:** Der Geschäftsführer muss sicherstellen, dass die Gewinnrücklage eingestellt und nicht an die Gesellschafter ausgezahlt wird. Andernfalls führt dies ggf. zu einer persönlichen Haftung des Geschäftsführers der Unternehmergesellschaft (*§ 43 II GmbHG*). Allerdings ist es den Gesellschaftern unbenommen, Gewinne durch eine Festsetzung der Geschäftsführervergütung im Rahmen des steuerlich Zulässigen gar nicht erst anfallen zu lassen.

Unterkapitalisierung

1. Überblick

Unterkapitalisierung liegt vor, wenn die Eigenkapitalausstattung der Gesellschaft einschließlich Gesellschafterdarlehen eindeutig unzureichend ist, sodass ein Misserfolg mit sehr hoher Wahrscheinlichkeit zu erwarten ist.

2. Einzelfragen

- **Durchgriffshaftung:** In diesem Zusammenhang wird erörtert, ob im Falle einer Unterkapitalisierung eine Durchgriffshaftung (→ *Haftung*) gegen die hinter der Gesellschaft stehenden Gesellschafter angenommen werden sollte. Die Rechtsprechung des BGH lehnt dies nach wie vor ab und verlangt neben einer unzureichenden Kapitalausstattung eine vorsätzliche sittenwidrige Schädigung. In diesem Zusammenhang kommt zudem eine Haftung des Geschäftsführers wegen Insolvenzverschleppung in Betracht (→ *Insolvenz*). Vor dem Hintergrund, dass die Ausstattung der Gesellschaft mit Eigenkapital grundsätzlich im Ermessen der Gesellschafter steht, solange das vorgeschriebene Mindestkapital von 25.000 Euro erreicht wird, ist es schwierig zu bestimmen, wann genau eine Unterkapitalisierung vorliegt.
  Sonst müssten z. B. die Gesellschafter eines Bauunternehmens ständig befürchten, persönlich in Anspruch genommen zu werden, obwohl sie die Stammeinlage in Höhe von 25.000 Euro geleistet haben. Gerade bei Bauunternehmen werden die 25.000 Euro nicht ausreichend sein, wenn demgegenüber das Geschäftsvolumen betrachtet wird.

- **Vermeidung von Unterkapitalisierung:** Einer Unterkapitalisierung kann durch die Erhöhung des Mindestkapitals begegnet werden. Untersuchungen in diesem Zusammenhang haben ergeben, dass Existenzgründungen im Bereich der freien Berufe und Dienstleistungen einen Eigenkapitalbedarf in Höhe von durchschnittlich 46.000 Euro benötigen und Industrieunternehmen einen Betrag von durchschnittlich 150.000 Euro.

- **Unterkapitalisierung bei der Unternehmergesellschaft:** Das Thema einer Unterkapitalisierung stellt sich insbesondere bei einer Unternehmergesellschaft mit einem Stammkapital von nicht wesentlich mehr als 1 Euro. Noch mehr als bei einer normalen GmbH sind die Gesellschafter einer Unternehmergesellschaft gehalten, von Anfang an für ein ausreichendes Eigenkapital zu sorgen, um einen Insolvenz (wegen Überschuldung) bereits kurz nach der Gründung zu vermeiden.

Urlaub

Das BUrlG gilt für den Geschäftsführer nicht, denn er ist kein Arbeitnehmer. Dennoch hat der Geschäftsführer Anspruch auf einen angemessenen Urlaub. Regelmäßig wird die Dauer seines Urlaubs im Anstellungsvertrag geregelt werden. Sofern eine ausdrückliche Regelung fehlt, ergibt sich der Anspruch aus der Fürsorgepflicht der Gesellschaft. Kann der Geschäftsführer seinen Urlaub nicht antreten, ist der nicht genommene Urlaub eventuell finanziell abzugelten.
Der Geschäftsführer hat während seiner urlaubsbedingten Abwesenheit dafür zu sorgen, dass ihn eine Person vertritt.

V

Veräußerung von Anteilen

1. Überblick

Grundsätzlich ist es zulässig, Gesellschaftsanteile zu veräußern. In der Satzung kann aber die Veräußerung von Anteilen verboten oder beschränkt werden. Unter bestimmten Voraussetzungen ist auch ein gutgläubiger Erwerb von Gesellschaftsanteilen möglich. Maßgeblich dafür ist die Gesellschafterliste, die nunmehr beim Handelsregister geführt wird und angibt, wer Inhaber eines Gesellschaftsanteils ist.

2. Einzelfragen

- **Generelles Verbot:** Auch ein generelles Verbot ist zulässig, denn dem einzelnen Gesellschafter verbleibt immer noch das Austritts- und Kündigungsrecht aus wichtigem Grunde.

- **Vinkulierung:** Des Weiteren kann die Veräußerung von Gesellschaftsanteilen auch erschwert werden (so genannte Vinkulierung). Die Veräußerung von Gesellschaftsanteilen kann z. B. von der Zustimmung der Gesellschafter abhängig sein. Danach wäre eine Übertragung nur wirksam, wenn alle Gesellschafter oder die in der Satzung erforderliche Mehrheit zugestimmt haben. Die Zustimmung kann auf zwei Wegen eingeholt werden; zum einen über einen Gesellschafterbeschluss im Rahmen einer Gesellschafterversammlung und zum anderen über die Zustimmung jedes einzelnen Gesellschafters. Bis zur Erteilung der Genehmigung wäre eine Anteilsveräußerung schwebend unwirksam.

- **Haftung des Veräußernden:** Erfolgt keine Genehmigung durch die übrigen Gesellschafter, macht sich der veräußernde Gesellschafter gegenüber dem Erwerbenden schadenersatzpflichtig.

- **Durchführung der Veräußerung:** Die Veräußerung erfolgt durch Abtretung. Rechtsgrund der Veräußerung wird regelmäßig ein Kaufvertrag sein, worin sich der Verkäufer zur Abtretung der Gesellschaftsanteile verpflichtet. Der Vertrag muss notariell beurkundet sein (*§ 15 III, IV GmbHG*). Die Vorschrift ist zwingend. Im Übrigen muss bei der Veräußerung von Anteilen zwischen dem obligatorischen und dem dinglichen Geschäft unterschieden werden, d. h. zwischen der Verpflichtung zur Abtretung und der Abtretung selbst. Häufig kommt es vor, dass der Kaufpreis im Zeitpunkt der notariellen Beurkundung noch nicht gezahlt worden ist. Sofern der Anteil erst mit vollständiger Zahlung abgetreten werden soll, muss die Abtretung unter der aufschiebenden Bedingung der vollständigen Zahlung des Kaufpreises erfolgen. Enthält der Vertrag eine entsprechende Klausel nicht, geht der Anteil auf den Käufer mit sofortiger Wirkung über. Vorbehaltlich der erforderlichen Eintragung des Anteilserwerbs in der im Handelsregister aufgenommenen Gesellschafterliste (*§ 16 I GmbHG*), kann der Erwerber dann seine Rechte als Gesellschafter geltend machen. Einer Anmeldung des Anteilsübergangs bei der Gesellschaft bedarf es nicht mehr.

- **Anpassung der Gesellschafterliste:** Durch die GmbH-Reform (MoMiG) gewinnt die Gesellschafterliste für den Erwerb von Gesellschaftsanteilen eine herausragende Bedeutung (→ *Reform*). Gegenüber der Gesellschaft gilt zukünftig derjenige als Inhaber eines Gesellschaftsanteils, der in der im Handelsregister aufgenommenen Gesellschafterliste verzeichnet ist (*§ 16 I GmbHG*). Die Führung der Gesellschafterliste obliegt weiterhin dem Geschäftsführer, der unverzüglich nach Wirksamwerden jeder Veränderung in den Personen der Gesellschafter oder des Umfangs ihrer Beteiligung die von ihm unterschriebene Gesellschafterliste zum Handelsregister einzureichen hat. Die Änderung der Gesellschafterliste durch die Geschäftsführer erfolgt auf Mitteilung und Nachweis, d. h. hier der Vorlage einer Urkunde der Anteilsübertragung. Für die ordnungsgemäße Erfüllung dieser Pflicht haften die Geschäftsführer nunmehr sowohl dem Veräußerer als auch dem Erwerber für den daraus entstandenen Schaden (*§ 40 III GmbHG*).

- **Gutgläubiger Erwerb:** An den Inhaber eines Gesellschaftsanteils, der in der im Handelsregister aufgenommenen Gesellschafterliste eingetragenen ist, knüpft die Möglichkeit eines gutgläubigen Erwerbs. Geschützt wird nur der gute Glaube an die Verfügungsmacht des veräußernden Nichtberechtigten. Nichtexistente Geschäftsanteile können nicht gutgläubig erworben werden. Ein gutgläubiger Erwerb scheidet aus, wenn
  - die Gesellschafterliste zum Zeitpunkt des Erwerbs hinsichtlich des Geschäftsanteils weniger als drei Jahre unrichtig und die Unrichtigkeit dem Berechtigten nicht zuzurechnen ist;
  - dem Erwerber die mangelnde Berechtigung bekannt oder infolge grober Fahrlässigkeit unbekannt ist;
  - der Gesellschafterliste ein Widerspruch zugeordnet ist.

  Für zum Zeitpunk des in Kraft treten des MoMiG am 01.11.2008 (→ *Reform*) bereits bestehende Gesellschaften mit unrichtiger Gesellschafterliste findet der gutgläubige Erwerb aufgrund einer Übergangsfrist frühestens auf Rechtsgeschäfte nach dem 01.05.2009 Anwendung, vorausgesetzt, die Unrichtigkeit ist dem Berechtigten zuzurechnen. Ist die Unrichtigkeit dem Berechtigten nicht zuzurechnen, kann ein gutgläubiger Erwerb frühestens für Rechtsgeschäfte nach dem 01.11.2011 stattfinden.

Verdeckte Gewinnausschüttung

1. Überblick

Eine verdeckte Gewinnausschüttung wird immer dann angenommen, wenn alle oder einzelne Gesellschafter außerhalb der förmlichen Gewinnverteilung Leistungen aus dem Vermögen der Gesellschaft erhalten, ohne dass die Gesellschaft eine entsprechende Gegenleistung dafür erhält. Die Rechtsgeschäfte, welche zu einer verdeckten Gewinnausschüttung führten, sind grundsätzlich wirksam. Sie sind nur dann unwirksam, wenn sie gegen gesetzliche Vorschriften verstoßen. Im Falle einer verdeckten Gewinnausschüttung wird eine Vermögensminderung bei der Gesellschaft in steuerlicher Hinsicht nicht anerkannt. Damit erhöht sich der steuerrechtliche Gewinn der Gesellschaft um die verdeckte Gewinnausschüttung.

2. Einzelfragen

- **Typische Fälle:** Beispiele für verdeckte Gewinnausschüttungen sind überhöhte Geschäftsführergehälter, Erbringung von Bauleistungen durch die Gesellschaft zu einem unvertretbar niedrigen Preis, Zahlung eines weit überhöhten Kaufpreises an einen Gesellschafter. Gerade bei Familiengesellschaften muss darauf geachtet werden, dass Leistungen für den privaten Bereich der Gesellschafter nicht zu steuerlichen Nachteilen führen. Vor allem betroffen sind in der Regel Handwerkerleistungen oder fachliche Dienstleistungen.

- **Keine verdeckte Gewinnausschüttung:** Hier kommt es zwar zu einer Vermögensminderung, jedoch stellt das nicht zwangsläufig eine verdeckte Gewinnausschüttung dar. Die wohl in der Praxis häufigsten Fälle sind Buchungsfehler, z. B. falsche Dateneingabe. Hier wird regelmäßig keine verdeckte Gewinnausschüttung vorliegen, es sei denn, die Buchung stellt den gewollten Fall einer Vorteilsgewährung dar.

- **Rechte der benachteiligten Gesellschafter:** Hinsichtlich der Rechtsfolgen, die durch eine verdeckte Gewinnausschüttung eintreten, ist danach zu differenzieren, wodurch sie veranlasst wurden.
  - Beruht die Zuwendung auf einem Gesellschafterbeschluss und verstößt dieser gegen den Gleichbehandlungsgrundsatz, so ist dieser anfechtbar. Wird der

Gesellschafterbeschluss nicht angefochten, liegt ein wirksamer Gesellschafterbeschluss vor und die benachteiligten Gesellschafter können keine Rechte auf Schadenersatz mehr geltend machen.

- Haben dagegen die Gesellschafter ohne entsprechenden Gesellschafterbeschluss gehandelt, können die benachteiligten Gesellschafter Ausgleichsansprüche gegenüber der Gesellschaft geltend machen.

- **Regelung der Ausgleichsansprüche:** Der Umfang des Ausgleichsanspruchs bemisst sich danach, was die Gesellschafter unzulässigerweise erhalten haben. Damit eine eindeutige Rechtsgrundlage für eine Rückgewährverpflichtung im Falle einer verdeckten Gewinnausschüttung vorhanden ist, empfiehlt es sich in den Gesellschaftsvertrag Bestimmungen aufzunehmen, die die Rückgewähransprüche der Gesellschaft regeln.

- **Steuerliche Behandlung:** Bei Feststellung einer verdeckten Gewinnausschüttung ist der Betrag dem Einkommen der Gesellschaft außerhalb der Bilanz wieder hinzuzurechnen. Auf Gesellschafterebene wird hingegen das Einkommen des Gesellschafters entsprechend erhöht. Somit führt eine verdeckte Gewinnausschüttung auf Gesellschafterebene zu Einkünften aus Kapitalvermögen (Besteuerung nach dem Halbeinkünfteverfahren) soweit die verdeckte Gewinnausschüttung aufgedeckt und bei der Gesellschaft hinzugerechnet worden ist. Die seit 2007 geltende Regelung in *§ 32a KStG* garantiert insoweit eine korrespondierende Besteuerung der Gesellschaft und den Gesellschaftern. Wird beispielsweise bei einer Betriebsprüfung der Gesellschaft eine verdeckte Gewinnausschüttung (erhöhter Bezug von Arbeitslohn durch den Gesellschafter-Geschäftsführer) aufgedeckt, kann beim Gesellschafter die Besteuerung des Einkommens entsprechend korrigiert werden, auch wenn der Einkommensbescheid bereits bestandskräftig ist. Eine Doppelbesteuerung wird so vermieden. Für den Gesellschafter-Geschäftsführer bedeutet dies, dass der überhöhte Lohn nicht mehr zu den Einkünften aus unselbständiger Arbeit zählt (Besteuerung nach dem persönlichen Steuersatz), sondern in Einkünfte aus Kapitalvermögen umgewandelt wird, so dass eine Besteuerung nach dem für den Gesellschafter-Geschäftsführer regelmäßig vorteilhafteren Halbeinkünfteverfahren erfolgt.

3. Tipps und Beispiele

! Zu erwähnen ist, dass sich gerade der Geschäftsführer in doppelter Hinsicht pflichtwidrig verhält, wenn nur einzelne Gesellschafter eine Zuwendung erhalten: Einerseits verstößt er gegen den Gleichbehandlungsgrundsatz, denn nicht alle Gesellschafter erhalten eine Zuwendung, und andererseits verstößt er gegen seine Geschäftsführerpflichten.

Verdeckte Sacheinlage

1. Überblick

Eine verdeckte Sacheinlage liegt vor, wenn die gesetzlichen Regelungen für Sacheinlagen dadurch unterlaufen werden, dass zwar eine Bareinlage vereinbart wird, der Gesellschaft aber aufgrund einer im Zusammenhang mit der Übernahme der Bareinlage getroffenen Absprache im wirtschaftlichen Ergebnis nicht Geld sondern eine Sachleistung zufließen soll. Eine Legaldefinition findet sich neuerdings in *§ 19 IV GmbHG*. Durch die GmbH-Reform werden die Folgen für die Gesellschafter bei Annahme einer verdeckten Sacheinlage abgemildert. Für Geschäftsführer kommt es hingegen zu einer Erhöhung des Haftungsrisikos, insbesondere in strafrechtlicher Hinsicht.

2. Einzelfragen

- **Verdeckte Sacheinlage-Fallgruppen:**

  Eine verdeckte Sacheinlage wird regelmäßig in folgenden Fällen angenommen:
  - Fälle des Hin- und Herzahlens: Der Gesellschafter erbringt zunächst seine Bareinlage. Allerdings erfolgt kurze Zeit später (im zeitlichen Zusammenhang) eine Rückzahlung an den Gesellschafter und zwar in Erfüllung einer Verbindlichkeit. Beispielsweise wird eine Bareinlage geleistet und die Rückzahlung an den Gesellschafter erfolgt deshalb, weil dieser der Gesellschaft zeitnah eine Sachleistung (z.B. eine Maschine) verkauft hat. Gleiches gilt im Falle der Bareinzahlung und der Rückzahlung an den Gesellschafter in Form eines Darlehens, wie es insbesondere bei Verrechnungsabreden im Rahmen eines bestehenden Cash-Pooling der Fall ist.

  Keine verdeckte Sacheinlage liegt vor bei normalen Tagesgeschäften zwischen der Gesellschaft und dem Gesellschafter. Anderenfalls würden die Sacheinlagevorschriften den Leistungsverkehr zum Erliegen bringen.
  - Fälle des Aufrechnens: Der Gesellschafter ist zwar zur Bareinlage verpflichtet, rechnet diese aber mit Gegenansprüchen auf, die er gegenüber der Gesellschaft hat.
  - Fälle der Abtretung: Der Gesellschafter leistet seine Bareinlage, gleichzeitig tritt die Gesellschaft Forderungen an den Gesellschafter ab.

  Entscheidend in allen Fällen ist, dass ein zeitnaher Zusammenhang zwischen der Bareinlage und der Entnahme aus dem Vermögen der Gesellschaft besteht. Der erforderliche zeitnahe Zusammenhang wird von der Rechtsprechung des Bundesgerichtshofs bei einem Zeitraum von bis zu sechs Monaten vermutet. Nach einem Jahr dürfte hingegen keine verdeckte Sacheinlage mehr vorliegen. Maßgeblich ist, ob das Erwerbsgeschäft der Gesellschaft oder die durch die Gesellschaft getilgte Forderung auch schon bei der Gründung oder Kapitalerbringung als Sacheinlage des Gesellschafters eingebracht werden könnte.

- **Haftungsrisiko des Gesellschafters:** Bisher bestand im Falle einer verdeckten Sacheinlage für den Gesellschafter in der Insolvenz der Gesellschaft das durchaus realistische Risiko, einerseits die Bareinlage noch einmal leisten zu müssen aber andererseits die geleistete Sacheinlage nicht zurückzuerhalten. Aufgrund der GmbH-Reform kommt es nunmehr zu einer automatischen Anrechnung des Wertes der verdeckten Sacheinlage auf die fortbestehende Bareinlageschuld des Gesellschafters. Maßgeblich ist der Wert der verdeckten Sacheinlage im Zeitpunkt der Anmeldung der Gesellschaft in das Handelsregister oder im Zeitpunkt deren Überlassung an die Gesellschaft, falls diese später erfolgt (*§ 19 IV GmbHG*). Im Ergebnis beschränkt sich damit die Haftung des Gesellschafters auf den Differenzbetrag, um welchen der Wert der verdeckten Sacheinlage den Betrag der übernommenen Bareinlage unterschreitet. Die Beweislast für die Werthaltigkeit der verdeckten Sacheinlage trägt der Gesellschafter (*§ 19 IV 5 GmbHG*). Zu berücksichtigen ist, dass sich derartige Haftungsfragen für den betroffenen Gesellschafter grundsätzlich erst in der Insolvenz der Gesellschaft stellen werden.

- **Haftungsrisiko der übrigen Gesellschafter:** Im Falle einer verdeckten Sacheinlage gehen auch die übrigen Gesellschafter ein nicht unerhebliches Haftungsrisiko ein, da diese gem. *§§ 22, 24 GmbHG* für die rückständigen Einlagen gemeinschaftlich haften.

- **Haftungsrisiko des Geschäftsführers:** Der GmbH-Geschäftsführer setzt sich auch nach der GmbH-Reform einem erheblichen Haftungsrisiko aus. Sowohl im Falle der Gründung einer Gesellschaft als auch im Falle einer Kapitalerhöhung muss er versichern, dass die geschuldeten Bareinlagen zum Zeitpunkt der Anmeldung zum Handelregister bewirkt und endgültig zu seiner freien Verfügung geleistet sind. Andernfalls haftet er gem. *§§ 9a I, 43 II GmbHG* ebenso wie der betroffene Gesellschafter für die Differenz infolge der vorzunehmenden Anrechnung, soweit die fortbestehende Bareinlageschuld nicht realisierbar ist (→ *Haftung*). Zudem droht dem Geschäftsführer eine Strafbarkeit wegen falscher Angaben bei der Anmeldung zum Handelsregister (→ *Strafbarkeit des Geschäftsführers*), selbst wenn der Wert der verdeckten Sacheinlage den Wert der geschuldeten Bareinlage überschreiten sollte, wofür er im Übrigen die Beweislast trägt. Denn die Anrechnung erfolgt gem. *§ 19 IV 4 GmbHG* frühestens mit Eintragung der Gesellschaft bzw. mit Eintragung der Kapitalerhöhung (*§ 56 II GmbHG*) in das Handelsregister.

- **Heilungsmöglichkeiten der verdeckten Sacheinlage:** Die Rechtssprechung des BGH geht davon aus, dass die versteckte Sacheinlage heilbar ist (*BGH NJW 1996, 1473*):
  a) Zum einen durch eine Satzungsänderung von Bar- in Sacheinlage:
     - Gesellschafterbeschluss mit satzungsändernder Mehrheit, dass statt Bar- auch Sacheinlagen eingebracht werden können;
     - Angabe der einzelnen Gesellschafter und Gegenstand der Sacheinlage;
     - Bericht über die Änderung der Einlagendeckung von der Bar- zur Sacheinlage (von allen Geschäftsführern unterschrieben);
     - Nachweis der Vollwertigkeit der einzubringenden Sacheinlage durch eine von einem Wirtschaftsprüfer testierte Bilanz;
     - Gesellschafterbeschluss muss zum Handelsregister angemeldet werden;
     - Geschäftsführer versichern, dass die Sacheinlage werthaltig ist und der Gesellschaft von den Gesellschaftern übertragen worden ist.

  b) Die andere Alternative wäre die nochmalige Bareinlage und Rückforderung der Sacheinlage.

  Letztlich tritt eine Heilung auch durch Kapitalherabsetzung und nachfolgende Sachkapitalerhöhung ein. Die bestehenden Heilungsmöglichkeiten verdeckter Sacheinlagen werden durch die GmbH-Reform nicht abgeschafft oder eingeschränkt.

- **Verjährung:** Nach *§ 19 IV GmbHG* verjährt der Anspruch der Gesellschaft auf Leistung der Einlagen in zehn Jahren von seiner Entstehung an. Diese Regelung gilt seit 15.12.2004 und wurde notwendig, da die bis dahin geltende Regelverjährung von 3 Jahren (*§ 195 BGB n. F.*), eingeführt durch die Schuldrechtsreform mit Wirkung vom 01.01.2001, als zu kurz empfunden wurde. Vor der Schuldrechtsreform betrug die Verjährungsfrist für Einlageansprüche aufgrund verdeckter Sacheinlage sogar 30 Jahre. Geschäftsführer, die eine Verjährung fälliger Einlageforderungen zu verantworten haben, haften der Gesellschaft für den entstandenen Schaden persönlich, wobei dieser Anspruch in 5 Jahren verjährt, beginnend mit der Verjährung der Einlageforderung (*§ 43 GmbHG*).

3. Tipps und Beispiele

! Die Folgen der verdeckten Sacheinlage können von Anfang an vermieden werden, wenn in einem Zeitraum von mindestens sechs Monaten ab Eintragung der Gesellschaft im Handelsregister keine Gegenstände oder sonstigen Leistungen an einen Gesellschafter aus dem Gesellschaftsvermögen gewährt werden.

Verdecktes Eigenkapital

Von verdecktem Eigenkapital wird gesprochen, wenn sich die GmbH in einer wirtschaftlich kritischen Situation befindet, in welcher notwendige Kapitalzufuhren hauptsächlich durch Gesellschafterdarlehen oder stille Beteiligungen ersetzt werden.

Vergütung des Geschäftsführers

→ *Gehalt*

Verkehrssicherungspflicht

Die Verletzung von Verkehrssicherungspflichten durch den Geschäftsführer kann dessen persönliche Haftung gegenüber Dritten begründen (→ *Haftung*). Der Geschäftsführer hat die Pflicht, aufgrund seiner Organstellung durch geeignete Maßnahmen und regelmäßige Überwachung dafür zu sorgen, dass das Unternehmen angemessen organisiert ist, dass von dem Unternehmen keine rechtswidrigen Handlungen ausgehen und dass die Mitarbeiter bei ihrer Tätigkeit für die Gesellschaft keine unerlaubte Handlung begehen.

Kommt der Geschäftsführer seiner Verkehrssicherungspflicht nicht nach, können Dritte ihn persönlich in Anspruch nehmen. Er haftet ihnen dann unmittelbar persönlich (*§ 823 I BGB*), selbst dann, wenn feststeht, dass einer der Mitarbeiter die verletzungsbegründende Handlung begangen hat. Der Geschäftsführer haftet dann aufgrund Unterlassens. Eine Exkulpation (Schuldbefreiung) kommt bei der Verletzung einer Verkehrssicherungspflicht nicht in Betracht.

Verschmelzung

Verschmelzung stellt eine von drei Umwandlungsarten dar (→ *Umwandlung*). Im Zuge der Verschmelzung wird das gesamte Vermögen eines oder mehrerer Unternehmensträger auf eine bereits bestehende GmbH (Verschmelzung durch Aufnahme) oder neu gegründete GmbH (Verschmelzung durch Neugründung) übertragen (*§§ 2 ff. UmwG*). Bei der Verschmelzung durch Aufnahme übertragen alle Rechtsträger ihr gesamtes Vermögen auf einen anderen Rechtsträger. Mit Abschluss des Verschmelzungsvertrags und Eintragung im Handelsregister erlöschen alle übertragenden Rechtsträger. Im Wege der Gesamtrechtsnachfolge übernimmt der

übernehmende Rechtsträger das ganze Vermögen.
Eine Verschmelzung durch Neugründung wird angenommen, wenn mindestens zwei Rechtsträger auf einen neu gegründeten Rechtsträger übertragen werden. Für die GmbH sind die *§§ 46-59 UmwG* zu beachten.

Verschulden bei Vertragsschluss

1. Überblick

Eine vertragliche Haftung entsteht nicht erst im Zeitpunkt des Vertragsschlusses, sondern bereits dann, wenn die Parteien in Vertragsverhandlungen eintreten. Nicht erforderlich ist der spätere Abschluss eines Vertrags. Kommt letztlich kein Vertrag zustande, können Pflichtverletzungen im Zeitraum der „Vertragsanbahnung" einen Schadenersatzanspruch begründen.

2. Einzelfragen

- **Persönliche Haftung des Geschäftsführers:** Obwohl es sich um eine vertragliche Haftung handelt, kommt unter gewissen Voraussetzungen eine Eigenhaftung des Geschäftsführers in Betracht. Zwei Fallgruppen sind zu unterscheiden. Der Geschäftsführer haftet persönlich, wenn der Vertragspartner ihm besonderes Vertrauen entgegenbrachte und dies die Vertragsverhandlung maßgeblich beeinflusste oder wenn der Geschäftsführer an dem Zustandekommen des Vertrags ein eigenes wirtschaftliches Interesse hat.

- **Besonderes Vertrauen:** Besonderes Vertrauen wird dem Geschäftsführer entgegengebracht, wenn er eine zusätzliche von seiner Person ausgehende Gewähr für die Erfüllung des in Aussicht genommenen Rechtsgeschäfts bietet, er selbst werde die ordnungsgemäße Geschäftsabwicklung ohne Rücksicht auf die Situation der Gesellschaft sicherstellen. Das in Anspruch genommene Vertrauen muss deutlich über das „normale" Verhandlungsvertrauen hinausreichen, für dessen Verletzung allein die Gesellschaft als Vertragspartner einzustehen hat. Es ist nicht ausreichend, wenn der Geschäftsführer den Vertragspartner nicht auf die drohende Zahlungsunfähigkeit oder Überschuldung hinweist. Der Geschäftsführer haftet beispielsweise persönlich, wenn er seinem Vertragspartner zusichert, die Gesellschaft sei wirtschaftlich in der Lage, ihre vertraglichen finanziellen Verpflichtungen zu erfüllen.

- **Wirtschaftliches Eigeninteresse:** Unter welchen Voraussetzungen ein wirtschaftliches Eigeninteresse des Geschäftsführers in Betracht kommt, ist im Detail umstritten. Die teilweise sehr haftungsfreundliche Rechtsprechung ist überholt.

Es lassen sich gewisse Richtlinien aufzeigen. Ein haftungsbegründendes wirtschaftliches Eigeninteresse liegt nicht vor, wenn:
- der Geschäftsführer Allein- oder Mehrheitsgesellschafter ist,
- der Geschäftsführer eine Provision bei Abschluss des Vertrags erhält,
- der Geschäftsführer sich gegenüber Gläubigern der Gesellschaft persönlich verbürgt,
- der Geschäftsführer das Rechtsgeschäft zum Abschluss bringen will, um sein Ansehen in der Gesellschaft zu steigern.

Ein haftungsbegründendes wirtschaftliches Eigeninteresse liegt zumindest nach der Rechtsprechung vor, wenn
- der Gesellschafter-Geschäftsführer sich für die Gesellschaftsverbindlichkeit persönlich verbürgt hat,
- der Gesellschafter-Geschäftsführer schon bei Vertragsschluss die Absicht hatte, die Leistung an der Gesellschaft vorbei zum eigenen Nutzen einzusetzen.

Verschwiegenheitspflicht

1. Überblick

Der Geschäftsführer ist verpflichtet, über vertrauliche Angaben und Geheimnisse der Gesellschaft Stillschweigen zu bewahren. Unerheblich ist es, wann der Geschäftsführer über bestimmte Angelegenheiten Kenntnis erlangt. Eine Verletzung der Geheimhaltungspflicht, die grundsätzlich auch nach Beendigung der Geschäftsführertätigkeit andauert, kann strafrechtliche Konsequenzen gem. *§ 85 GmbHG* nach sich ziehen. Eine Verschwiegenheitsvereinbarung findet sich heute nahezu in jedem Geschäftsführervertrag.

2. Tipps und Beispiele

Die Verschwiegenheitserklärung sollte folgende Punkte enthalten:
- Verschwiegenheitspflicht bei vertraulichen Angelegenheiten,
- Verschwiegenheitspflicht gegenüber betriebsfremden Personen und ggf. gegenüber Betriebsangehörigen,
- Geschäftsführer hat engste Mitarbeiter ebenfalls zur Verschwiegenheit zu verpflichten,
- Dauer der Verschwiegenheitspflicht der engsten Mitarbeiter,
- Sanktionen gegenüber dem Geschäftsführer, wenn er gegen die Verschwiegenheitspflicht verstößt (Schadenersatz, Abberufung und Kündigung aus wichtigem Grunde),
- Entbindung von der Verschwiegenheitspflicht im Falle eines Prozesses.

Versicherung des Geschäftsführers

Im Zusammenhang mit der Anmeldung der GmbH zum Handelsregister müssen der oder die Geschäftsführer folgende Versicherungen abgeben:

- **Leistung der Einlagen:** Es muss gem. *§ 8 II GmbHG* versichert werden, dass die in *§ 7 II und III GmbHG* bezeichneten Leistungen auf die Gesellschaftsanteile bewirkt sind und dass der Gegenstand der Leistungen sich endgültig in der freien Verfügung der Geschäftsführer befindet (→ *Sonderkonto*). Bei erheblichen Zweifeln darf das Gericht auch Nachweise dafür verlangen (z. B. Einzahlungsbelege).

- **Persönliche Eignung:** Ferner müssen die Geschäftsführer gem. *§ 8 III GmbHG* versichern, dass keine Umstände in ihrer Person vorliegen, die ihre Bestellung unwirksam machen. Dabei erklären sie ausdrücklich, dass folgende Umstände nicht vorliegen:
  - Verurteilung wegen einer oder mehrerer der folgenden vorsätzlich begangenen und weniger als fünf Jahre zurückliegenden Straftaten: Insolvenzstraftat gem. *§§ 283 bis 283 d StGB*; Insolvenzverschleppung gem. *§ 15a InsO*: falsche Angaben gem. *§ 82 GmbHG oder § 399 AktG*; unrichtige Darstellung nach *§ 400 AktG, § 331 HGB, § 313 UmwG, § 17* Publizitätsgesetz; Vermögensdelikte gem. *§§ 263 bis 264a u. 265b* (Betrugstatbestände), *§ 266* (Untreue), *§ 266a* (Veruntreuen von Arbeitsentgelt) bei Verurteilung zu einer Freiheitsstrafe von mindestens einem Jahr,
  - bestehende gerichtliche oder behördlichen Berufs- oder Gewerbeverbote,
  - fehlende Belehrung über die gegenüber dem Registergericht existierende un beschränkte Auskunftspflicht zu den obigen Punkten.

  Im Zuge der GmbH-Reform (MoMiG) wurde die Liste der Bestellungshindernisse erheblich erweitert, insbesondere um die bisher nicht erfassten Betrugs- und Untreuedelikte.

Vertretung der GmbH

1. Überblick

Die GmbH als juristische Person benötigt, um im Verhältnis gegenüber Dritten handeln zu können, mindestens eine natürliche Person als Vertreter. Durch die GmbH-Reform (MoMiG) wurden Regelungen zur Führungslosigkeit und Passivvertretung der GmbH eingeführt, um Zustellungen an die GmbH in jedem Fall zu ermöglich und damit Missbräuchen bei der Verwendung einer GmbH vorzubeugen (→ *Reform*).

2. Einzelfragen

- **Gesetzlicher Vertreter:** Der gesetzliche Vertreter ist der Geschäftsführer der GmbH. Der Umfang seiner Befugnisse ergibt sich aus den *§§ 35 ff. GmbHG.* Die Vorschriften über die Vertretungsmacht sind nicht dispositiv. Damit kann der Geschäftsführer zwar im Innenverhältnis weit reichenden Beschränkungen unterworfen sein (→ *Weisung der Gesellschafter*). Diese Beschränkungen gelten aber, wie *§ 37 II GmbHG* zeigt, nicht im Außenverhältnis. Anderenfalls könnte ein Dritter nie sicher sein, ob der Geschäftsführer berechtigt ist, einen entsprechenden Vertrag zu schließen.

- **Weitere Vertreter:** Neben dem zwingenden gesetzlichen Vertreter können noch weitere Vertreter die Vollmachten erhalten haben, die GmbH vertreten. Zu nennen ist regelmäßig der Prokurist (→ *Prokura*) oder Handlungsgehilfe, aber auch der Generalbevollmächtigte.

- **Grundsätze der Vertretung:** Zwingend erforderlich ist, dass zumindest ein gesetzlicher Vertreter wirksam bestellt wurde. Hat die GmbH mehrere Geschäftsführer, besteht grundsätzlich Gesamtvertretungsmacht gem. *§ 35 II 2 GmbHG.* Zulässig ist es aber auch, dass jeder Geschäftsführer allein vertretungsberechtigt ist. Abweichungen vom Grundsatz sind zum Schutze des Verkehrs kenntlich zu machen und deshalb im Handelsregister einzutragen.
  Die Satzung kann genau festlegen, wie die Befugnisse im Einzelnen verteilt sind.

- **Passivvertretung der GmbH:** Ist die Gesellschaft ohne Geschäftsführer und damit führungslos, wird die Gesellschaft, soweit ihr gegenüber eine Willenserklärung abzugeben oder eine Zustellung zu bewirken ist, zwingend durch die Gesellschafter vertreten. Diese Regelung der Passivvertretung wurde durch die GmbH-Reform (MoMiG) eingeführt, um zu gewährleisten, dass insbesondere öffentliche Zustellungen an die Gesellschaft bei Führungslosigkeit nicht mehr verhindert werden können. Zugleich muss eine GmbH nunmehr zwingend eine inländische Geschäftsanschrift zur Eintragung in das Handelsregister anmelden (*§ 10 II GmbHG*). An diese Geschäftsanschrift können alle Zustellungen gegenüber der GmbH erfolgen und alle Willenserklärungen ihr gegenüber abgegeben werden, auch wenn sich der Geschäftsführer etwa dauerhaft im Ausland befindet oder untergetaucht ist (*§ 35 II 3 GmbHG*). Ferner besteht die Möglichkeit, zusätzlich gem. *§ 10 II GmbHG* eine empfangsberechtigte Person mit inländischer Geschäftsanschrift in das Handelsregister einzutragen, die für Willenserklärungen und Zustellungen an die Gesellschaft empfangsberechtigt ist (*§ 35 II 4 GmbHG*). Möchte ein Gläubiger eine öffentliche Zustellung bewirken, ist er verpflichtet, zuvor an die empfangsberechtigte Person zuzustellen, wenn eine solche im Handelsregister eingetragen ist (*§ 185 Nr. 2 ZPO*).

- Missbrauch der Vertretungsmacht: Sowohl beim Geschäftsführer als auch beim Prokuristen stellt sich das Problem, dass die Vertretungsmacht im Außenverhältnis nicht beschränkbar ist, obwohl im Innenverhältnis Beschränkungen möglich sind. Welche Folgen treten ein, wenn der Geschäftsführer oder der Prokurist ihre Vertretungsmacht missbrauchen (so genannter Missbrauch der Vertretungsmacht)?
  - Rechtsgeschäfte mit der Gesellschaft sind grundsätzlich wirksam.
  - Ausnahmsweise ist das Rechtsgeschäft unwirksam, wenn der Geschäftsführer/Prokurist mit dem Dritten bewusst zum Nachteil der GmbH handelt (Stichwort: Kollusion) oder der Dritte positive Kenntnis von der Beschränkung hat.

- **Vertretung vor Gericht:** Der Geschäftsführer ist grundsätzlich dazu berechtigt, alle Prozesshandlungen vor Gericht im Namen der Gesellschaft vorzunehmen. Kommt es dagegen zu einem Prozess zwischen der Gesellschaft und einem Geschäftsführer, wird die Gesellschaft nicht durch den betroffenen Geschäftsführer vertreten. In diesem Fall erfolgt die Vertretung:
  - durch einen weiteren Geschäftsführer,
  - wenn vorhanden durch den Aufsichtsrat (*§ 52 I GmbHG*),
  - durch einen von der Gesellschafterversammlung zu bestimmenden Prozessvertreter (*§ 46 Nr. 8 GmbHG*).

3. Tipps und Beispiele

Sind z. B. drei Geschäftsführer bestellt worden, kann bestimmt werden, dass ein Geschäftsführer alleinvertretungsbefugt ist, die anderen hingegen nur gemeinsam handeln können.
Möglich ist auch, dass ein Geschäftsführer zusammen mit einem Prokuristen die GmbH vertritt.

Vor-GmbH

1. Überblick

Bevor die GmbH wirksam entstanden ist, durchläuft die werdende GmbH verschiedene Gründungsstadien. Die Vor-GmbH stellt die letzte Stufe der werdenden GmbH dar, sodass die Gesellschafter hier schon regelmäßig mit ihrer geplanten Tätigkeit begonnen haben. Sobald mit der geschäftlichen Tätigkeit begonnen wurde, stellen sich unmittelbar haftungsrechtliche Fragen.

2. Einzelfragen

- **Entstehung der Vor-GmbH:** Die Vor-GmbH entsteht mit Abschluss des Gesellschaftsvertrags und endet mit Eintragung im Handelsregister. Zwar handelt es sich noch nicht um die künftige GmbH, jedoch entspricht die Vor-GmbH ihrem Wesen nach bereits der künftigen GmbH. Sie ist bereits Trägerin von Rechten und Pflichten und kann insbesondere rechtsgeschäftliche Verpflichtungen eingehen.

- **Steuerliche Aspekte:** Die Steuerpflicht der GmbH beginnt bereits mit Abschluss des Gesellschaftsvertrags, also mit Entstehen der Vor-GmbH, denn die Vor-GmbH kann bereits Rechte erwerben und Pflichten eingehen, die automatisch auf die GmbH übergehen, sobald sie im Handelsregister eingetragen ist.

- **Haftungsverhältnisse:** Die Haftungsverhältnisse in der Vor-GmbH gestalten sich wie folgt:
  - Die Vor-GmbH ist eine Organisation sui generis. Damit findet das GmbHG Anwendung, soweit nicht die Rechtsfähigkeit vorausgesetzt wird, denn Zweck der Vorgesellschaft ist Herbeiführung der GmbH durch Eintragung.
    Sie ist selbst Schuldnerin aus Geschäften während der Gründungsphase.
  - Der Handelnde (meist Geschäftsführer) haftet unbeschränkt neben der Vor-GmbH gem. *§ 11 II GmbHG* persönlich. Die Anforderungen an den Handelnden sind sehr hoch, z.B. muss die Person als oder wie ein Vertretungsorgan der Vor-GmbH auftreten (→ *Haftung*). Mit Eintragung der Gesellschaft ins Handelsregister geht das Gesellschaftsvermögen mit allen für die Vor-GmbH begründeten Rechten und Verbindlichkeiten auf die GmbH über. Insoweit erlischt die Handelndenhaftung gem. *§ 11 II GmbH* ohne Weiteres.
  - Die Haftung der Gründer bzw. anderer Gesellschafter in der Vor-GmbH ist heftig umstritten. Hierbei herrscht Streit, ob sie überhaupt haften und in welcher Höhe.
    Die Rechtssprechung orientierte sich ursprünglich an der Haftung des Kommanditisten (*§§ 171 I, 172 IV HGB*). Danach bestand eine persönliche und beschränkte Außenhaftung gegenüber den Gläubigern in Höhe ihrer Einlageverpflichtung. Ist die Einlageverpflichtung erbracht worden, erlischt die persönliche Haftung.
    Der BGH geht mehr dazu über, eine unbeschränkte Innenhaftung der Gesellschafter und Gründer der Vor-GmbH anzunehmen. Die unbeschränkte Haftung gilt bis zur Eintragung für die nicht durch das Stammkapital gedeckten Anfangsverluste (so genannter Verlustdeckungsanspruch). Anstelle einer Außenhaftung gegenüber den Gläubigern tritt eine Innenhaftung gegenüber der Vor-GmbH.

- Ein Sonderproblem besteht lediglich dann, wenn die Gesellschafter einer Vor-GmbH ihre Absicht, die Eintragung als GmbH zu erreichen, aufgeben, ohne ihre geschäftliche Tätigkeit sofort einzustellen.
  Grundsätzlich wird die Gesellschaft dann zur Gesellschaft bürgerlichen Rechts (GbR) oder zu einer OHG. Insofern ist es dann konsequent, die Gesellschafter persönlich und unbeschränkt nach den zivilrechtlichen Vorschriften unmittelbar haften zu lassen (*BAG ZIP 1998, 1149; BAG ZIP 2000, 1546; BSG DStR 2000,741*).
  Anzumerken ist, dass es in der Praxis häufig schwierig sein wird, die fehlende Eintragungsabsicht nachzuweisen, weshalb dann doch wieder von einer Innenhaftung ausgegangen werden sollte (*BGH NJW 1996, 1210*)

3. Tipps und Beispiele

- **Hinweis auf die Vor-GmbH:** Es ist notwendig, im Geschäftsverkehr deutlich darauf hinzuweisen, dass es sich noch nicht um die zukünftige GmbH handelt. Erreicht wird das durch einen entsprechenden Zusatz („GmbH i. G." oder „in Gründung"). Ferner sollte der Geschäftsführer der Vor-GmbH auf diesen Umstand bei Vertragsverhandlungen entsprechend hinweisen und darüber hinaus in Verträge eine entsprechende Klausel aufnehmen: „Der Geschäftsführer ist berechtigt, das eingegangene Vertragsverhältnis aufzulösen, falls die GmbH nicht entstehen sollte." Grund einer solchen Klausel ist, dass andernfalls der Geschäftsführer trotz eines Hinweises persönlich für die eingegangenen Verbindlichkeiten gem. *§ 11 II GmbHG* haftet, denn allein ein Hinweis auf die Vor-GmbH schließt eine persönliche Haftung nicht aus (*BGH NJW 1983, 2822*).

- **Absicherung gegenüber Gesellschaftern:** Ferner sollte sich der Geschäftsführer von den Gesellschaftern eine schriftliche Ermächtigung geben lassen, bereits jetzt unternehmerisch tätig zu werden. Hintergrund ist, dass der Geschäftsführer einer Vor-GmbH noch nicht über die unbeschränkte Vertretungsmacht (→ *Vertretung der GmbH*) verfügt, wie bei der späteren GmbH. Die Vertretungsmacht des Geschäftsführers einer Vor-GmbH beschränkt sich auf Tätigkeiten, die im Zusammenhang mit der Gründung stehen, z. B. die notwendigen Einlagen einzufordern. Andernfalls würde der Geschäftsführer wiederum persönlich haften und zwar als Vertreter ohne Vertretungsmacht.

Vorkaufsrecht

Die Satzung kann im Falle, dass ein Gesellschafter seinen Anteil veräußern will, den übrigen Gesellschaftern ein Vorkaufsrecht einräumen. Findet der Gesellschafter einen Interessenten, kann dieser den Anteil nur dann erwerben, wenn der Gesellschafter seinen Anteil zunächst den übrigen Gesellschaftern angeboten hat und diese von ihrem Vorkaufsrecht keinen Gebrauch machen.

Tipps und Beispiele:

! Das Vorkaufsrecht greift nicht ein, wenn ein Gesellschafter seinen Anteil verschenkt. Sollen auch andere Verpflichtungsgeschäfte erfasst werden (z. B. Tausch oder Schenkung), muss ein generelles „Erwerbsvorrecht" in die Satzung aufgenommen werden. Auf diese Weise kann die Zusammensetzung des Gesellschafterkreises gesteuert und das Eindringen unerwünschter Personen verhindert werden.

W

Weihnachtsgeld

Es besteht die Möglichkeit, dass die GmbH ihrem Geschäftsführer ein Weihnachtsgeld auszahlt. In jedem Fall ist es ratsam, dass vorher eine schriftliche Einigung über dessen Höhe und die Zahlungsvoraussetzung erfolgt.
Notwendig ist diese Vorgehensweise beim beherrschenden Gesellschafter-Geschäftsführer. Ansonsten liegt eine verdeckte Gewinnausschüttung vor.

Weisung der Gesellschafter / Weisungsgebundenheit

1. Überblick

Der Geschäftsführer ist nach der gesetzlichen Regelung gem. *§ 37 I GmbHG* an Weisungen der Gesellschafterversammlung gebunden. Die Regelung in *§ 37 II GmbHG* stellt aber klar, dass Beschränkungen im Innenverhältnis grundsätzlich keine Wirkungen im Außenverhältnis, d.h. im Verhältnis zu Dritten, entfalten (→ *Vertretung der GmbH*).

2. Einzelfragen

- **Umfang der Weisungsbefugnis:** Die Gesellschafterversammlung kann nicht nur generelle Anweisungen erteilen, sondern auch spezielle Einzelanweisungen, die einzelne Rechtshandlungen betreffen. Auf diese Weise kann die Gesellschafterversammlung gezielt auf die Unternehmenspolitik Einfluss nehmen.

- **Auswirkungen der Weisungsgebundenheit:** Die Gesellschafterversammlung kann zum einen festlegen, welche Geschäfte zustimmungsbedürftig sind (→ *Zustimmungsbedürftige Geschäfte*). Weiterhin kann die Gesellschafterversammlung als oberstes Gesellschaftsorgan durch Einzelanweisungen direkten Einfluss auf die Geschäftsführung nehmen. Der Geschäftsführer muss die Weisungen beachten, selbst dann, wenn sie unzweckmäßig erscheinen.

- **Verstoß gegen Weisungen:** Kommt ein Geschäftsführer einer erteilten Weisung nicht nach, ist zu differenzieren.
  - Betrifft die Weisung, z.B. die konkrete Vertragsgestaltung, einen Dritten, kommt der Vertrag entsprechend der Vereinbarung zwischen der Gesellschaft

und dem Dritten zustande. Und zwar auch dann, wenn der Inhalt der Vereinbarung gravierend von der erteilten Weisung abweicht. Im Außenverhältnis hat, wie *§ 37 II GmbHG* zum Ausdruck bringt, eine Weisung an den Geschäftsführer grundsätzlich keine Bedeutung.

– Im Innenverhältnis zieht der Verstoß Schadenersatzansprüche nach sich sowie die Möglichkeit, den Geschäftsführervertrag aus wichtigem Grunde zu widerrufen und den Geschäftsführer aufgrund desselben Grundes abzuberufen. Solche Ansprüche entstehen auch dann, wenn der Geschäftsführer der Weisung allein deswegen nicht nachkommt, weil er sie für unzweckmäßig erachtet.

- **Unbeachtlichkeit der Weisung:** Nur in Ausnahmefällen ist eine Weigerung zulässig und zwar dann, wenn die Weisung gegen eine gesellschaftsvertragliche Regelung verstößt. Hier ist zu beachten, dass dieser Fall nicht einschlägig ist, wenn der Gesellschaftsvertrag geändert wurde. Ferner ist die Weigerung zulässig, wenn die Weisung gegen öffentlich-rechtliche Pflichten verstößt (z. B. gegen das Steuerrecht).
  Schließlich darf der Geschäftsführer die Ausführung einer Weisung verweigern, wenn die Weisung gegen zwingende gesetzliche Vorschriften verstößt, z. B. *§ 138 BGB* (Sittenwidrigkeit) oder bei Missachtung der Ausschüttungssperre gem. *§ 30 GmbHG*. Unbeachtlich ist dementsprechend ebenfalls eine Weisung, die darauf gerichtet ist, den Geschäftsführer daran zu hindern, seine Pflicht zur Beantragung der Eröffnung des Insolvenzverfahrens bei Zahlungsunfähigkeit oder Überschuldung der Gesellschaft zu erfüllen.

3. Tipps und Beispiele

! • **Einflussnahme bei Familiengesellschaften:** Die Möglichkeit der Gesellschafterversammlung, konkret auf die Geschäftspolitik Einfluss zu nehmen, macht die GmbH als Gesellschaftsform insbesondere für Familienunternehmen interessant. Ein ursprünglich als Personengesellschaft geführtes Unternehmen kann in eine GmbH umgewandelt werden, womit sich das Haftungsrisiko der Gesellschafter reduzieren lässt. Das Familienunternehmen behält aber dennoch den maßgeblichen Einfluss in der Gesellschaft, selbst wenn ein Nichtgesellschafter zum Geschäftsführer bestellt wird.

• **Exakte Kompetenzverteilung:** Der Geschäftsführer sollte, bevor er seine Tätigkeit in der Gesellschaft aufnimmt, genaue Regelungen formulieren, die es ihm ermöglichen, weitestgehend persönlich und fachlich ungebunden zu sein.
Es ist daher zulässig, dass die Gesellschafter auf ihren Einfluss in der Gesellschaft verzichten und ihrem Geschäftsführer die Stellung und vor allem die Kompeten-

zen eines aktienrechtlichen Vorstandes einräumen. Die Kompetenzen in der AG sind eindeutig formuliert und zudem besteht nicht die Möglichkeit, dass ein Organ dem anderen konkrete Weisungen erteilt. Die Organe kontrollieren sich lediglich untereinander. In der GmbH besteht dagegen die Möglichkeit, dass ein Organ in die Kompetenzen des anderen eingreift.
Zu beachten ist, dass die Gesellschaftsversammlung durch die Änderung der Satzung in der Lage ist, ihre Kompetenzen gegenüber dem Geschäftsführer auszuweiten. Jetzt ist der Geschäftsführer an Weisungen der Gesellschaftsversammlung gebunden, denen er sich nur dadurch entziehen kann, indem er den Vertrag aus wichtigem Grunde kündigt.

Wettbewerbsrecht

1. Überblick

Das Wettbewerbsrecht umfasst

- das Gesetz gegen den unlauteren Wettbewerb (*UWG*),
- das Gesetz gegen Wettbewerbsbeschränkungen (*GWB*) und
- das Geschmacksmustergesetz (*GeschbMG*) und
- das Gesetz über den Schutz von Marken und sonstigen Kennzeichen (MarkenG).

Grundgedanke des Wettbewerbsrechts ist, dass es einen Wettbewerb gibt. Dies will insbesondere das GWB gewährleisten. Regeln für einen fairen Wettbewerb stellt insbesondere das UWG auf. Ziel ist es, insbesondere Mitbewerber und Verbraucher vor unlauterem Verhalten zu schützen.

2. Einzelfragen

- **Wettbewerbsbeschränkungen:** Sie können aufgrund vertraglicher Vereinbarung (Kartelle) und infolge faktischer Machtstellung eines Teilnehmers am Markt entstehen. Die Zulässigkeit richtet sich nach dem Gesetz gegen Wettbewerbsbeschränkungen (*GWB*). Ziel ist es, die Förderung und Erhaltung der Marktwirtschaft sicherzustellen und wirtschaftliche Macht dort zu beseitigen, wo sie die Wirksamkeit des Wettbewerbs beeinträchtigt.

- **Verstöße gegen das Verbot der Wettbewerbsbeschränkungen:** Sie stellen eine Ordnungswidrigkeit dar und werden gem. *§ 81 GWB* (*§ 38 GWB a.F.*) mit einer Geldbuße bis zu 1 Mio. Euro geahndet.

- **Wettbewerbsstraftaten:** Dazu zählen u.a. Submissionsabsprachen (*§ 298 StGB*) und Angestelltenbestechung (*§ 299 StGB*).

- **Verstöße gegen das UWG:** Sie haben regelmäßig einen Unterlassungsanspruch zur Folge. Daneben gibt es Schadenersatzansprüche. Hier gilt gegenüber dem Zivilrecht eine Besonderheit. Der Geschädigte muss seinen Schaden nicht konkret berechnen, sondern kann dafür eine fiktive Lizenzgebühr oder die Herausgabe des Gewinns verlangen, der durch die wettbewerbswidrige Maßnahme erzielt wurde.

3. Tipps und Beispiele

! Verstöße gegen Wettbewerbsbeschränkungen: Sie führen zunächst dazu, dass der Geschäftsführer zur Durchsetzung vollstreckbarer Unterlassungsansprüche mit einem Ordnungsgeld belegt wird. Erst dann kann die GmbH mit einem Ordnungsgeld belegt werden. Weil die Ordnungsgelder sehr hoch sind, sollte der Geschäftsführer sich im Innenverhältnis freistellen lassen. Dann kann der Geschäftsführer im Falle der Inanspruchnahme Rückgriff bei der GmbH nehmen. Deshalb ist zu empfehlen, dass der Geschäftsführer im Geschäftsführervertrag eine Vereinbarung trifft, wonach er für fahrlässige Verstöße im Innenverhältnis nicht haftet.

Wettbewerbsverbot

1. Überblick

Es liegt in der Natur der Sache, dass ein Geschäftsführer während seiner aktiven Tätigkeit einem Wettbewerbsverbot unterliegt, auch wenn eine entsprechend ausdrückliche Regelung im Gesellschaftsvertrag fehlt. So darf er Tätigkeiten, die eindeutig in den Geschäftsbereich der GmbH fallen, nicht privat für sich durchführen.

2. Einzelfragen

- **Umfang des Wettbewerbsverbots:** Selbst Bereiche, die die GmbH erst in Zukunft erschließen wird, werden vom Wettbewerbsverbot erfasst. Dieses generelle Wettbewerbsverbot erstreckt sich auch auf die Tätigkeit bei Konkurrenzunternehmen.

- **Befreiung vom Wettbewerbsverbot:** Sieht der Gesellschaftervertrag die Möglichkeit einer Befreiung des Geschäftsführers vom Wettbewerbsverbot vor, so kann die Befreiung im Wege des einfachen Gesellschafterbeschlusses beschlossen werden. Enthält dagegen der Gesellschaftsvertrag eine solche Vorschrift nicht, so muss der Gesellschaftsvertrag entsprechend geändert werden. Die Befreiung vom Wettbewerbsverbot wird in diesen Fällen mit Eintragung der Änderung des Gesellschaftsvertrages in das Handelsregister wirksam.

- **Ausnahme vom Wettbewerbsverbot:** Allerdings ist zu beachten, dass Fälle möglich sind, bei denen der aktive Geschäftsführer, obwohl keine Befreiung vom Wettbewerbsverbot ausdrücklich vereinbart wurde, dennoch keinem Verbot unterliegt. Voraussetzung ist, dass der Gesellschaft bei der Gründung die wettbewerbliche Tätigkeit des Geschäftsführers bekannt war, denn dann wird angenommen, dass alle übrigen Gesellschafter die weitere Tätigkeit billigen. Ratsam ist es aber trotzdem, die Befreiung vom Wettbewerbsverbot ausdrücklich im Gesellschaftsvertrag zu formulieren.

- **Beendigung:** Das Wettbewerbsverbot endet zwar mit dem tatsächlichen Ausscheiden des Geschäftsführers aus seiner Organstellung. Allerdings ist es dem ehemaligen Geschäftsführer auch weiterhin untersagt, Verträge, die er während seiner Tätigkeit geschlossen hat oder hätte schließen können, an sich zu ziehen (*BGH DB 1977, 158; BGH ZIP 1989, 986*).

- **Nachvertragliches Wettbewerbsverbot:** Die Gesellschaft kann, um ihre Geschäftsinteressen auch nach Ausscheiden des Geschäftsführers zu wahren, ein nachvertragliches Wettbewerbsverbot vereinbaren.
  Das kann einmal in der Form geschehen, dass dem Geschäftsführer eine über *§ 85 GmbHG* hinausgehende Verschwiegenheitspflicht auferlegt wird (*BAG ZIP 1988, 733*). Ferner kann eine Kunden-/Mandantenschutzklausel vereinbart werden.
  Insgesamt müssen bei einem nachträglichen Wettbewerbsverbot dreierlei Dinge beachtet werden:
  - Zum einen darf das Wettbewerbsverbot nur erlassen werden, damit berech--tigte Interessen der Gesellschaft gewahrt werden.
  - Zum anderen muss das Wettbewerbsverbot zeitlich auf zwei, maximal drei Jahre beschränkt sein.
  - Zuletzt wird die Gesellschaft dem ausscheidenden Geschäftsführer, außer bei einer Kunden-/Mandantenschutzklausel, eine angemessene Entschädigung in Geld gewähren müssen.

Etwas anders stellt sich die Lage beim Gesellschafter-Geschäftsführer dar. Auch er unterliegt während seiner Zeit als Geschäftsführer dem grundsätzlich uneingeschränkten Wettbewerbsverbot. Beendet der Gesellschafter-Geschäftsführer nur seine Tätigkeit als Geschäftsführer, nicht aber als Gesellschafter, unterliegt er aber weiterhin wettbewerbsrechtlichen Beschränkungen. Das ergibt sich aus der Treuepflicht des Gesellschafters gegenüber der Gesellschaft.
Ein weiter bestehendes Wettbewerbsverbot gilt jedenfalls immer beim beherr-

schenden Gesellschafter und zwar unabhängig davon, ob er jemals Geschäftsführer war. Entscheidend sind vor allem zwei Kriterien: Einmal muss der Gesellschafter über eine Gesellschafterstellung verfügen, die es ihm ermöglicht, Einfluss auszuüben. Darüber hinaus muss der mögliche Einfluss auch tatsächlich ausgeübt werden.

- **Verstoß gegen Wettbewerbsverbot:** Verstößt der Geschäftsführer gegen das Wettbewerbsverbot, so kann die Gesellschaft zum einen Unterlassung und zum anderen Schadenersatz verlangen.
  Des Weiteren kann der Verstoß gegen das Wettbewerbsverbot noch weiterreichende Konsequenzen mit sich bringen, denn unter Umständen rechtfertigt ein entsprechender Verstoß die Abberufung des Geschäftsführers aus wichtigem Grund (→ *Abberufung des Geschäftsführers*) und gleichzeitig die Kündigung des Anstellungsvertrags.
  Ferner wird häufig in dem Verstoß gegen das Wettbewerbsverbot zugleich eine verdeckte Gewinnausschüttung angenommen (→ *Verdeckte Gewinnausschüttung*).

3. Tipps und Beispiele

! Der Anstellungsvertrag des Geschäftsführers könnte damit folgende Klausel zum Wettbewerbsverbot aufweisen:

Wettbewerbsverbot

1.) Herr Müller ist verpflichtet, sowohl während seines Dienstverhältnisses als auch danach, über alle geschäftlichen Angelegenheiten, insbesondere die, die als Geschäfts- oder Betriebsgeheimnisse anzusehen sind, Stillschweigen zu bewahren. Zu den geschäftlichen Angelegenheiten gehört auch der Inhalt dieses Vertrags. Die in seinen Händen befindlichen Schriftstücke, die sich auf Angelegenheiten der Gesellschaft beziehen, einschließlich Entwürfe, Auszüge, Abschriften etc. sind jederzeit auf Verlangen der Gesellschaft, spätestens mit Beendigung des Bestellungsverhältnisses oder bei Freistellung zurückzugeben.

2.) Herr Müller bedarf der vorherigen Zustimmung der Gesellschafter, wenn er sich während seiner Dienstzeit an einem Unternehmen beteiligen will, das auf dem Gebiet der Gesellschaft Geschäftsbeziehungen unterhält. Die Zustimmung ist auch erforderlich, wenn sich Herr Müller nur mittelbar beteiligt. Entsprechendes gilt für eine beratende oder sonstige Tätigkeit für ein solches Unternehmen.

3.) In den ersten zwei Jahren nach seinem Ausscheiden aus den Diensten der Gesellschaft bedarf Herr Müller der Zustimmung der Gesellschafter, wenn er sich auf den in 2.) Satz 1 beschriebenen Gebieten betätigen will. Die Zustimmung darf nicht verweigert werden, wenn eine Verweigerung unter Abwägung der Interessen der Gesellschaft und Herrn Müllers unbillig wäre.

Widerruf

→ *Abberufung des Geschäftsführers*, → *Bestellung des Geschäftsführers*, → *Prokura*

Wirtschaftsjahr

1. Überblick

Am Ende eines Wirtschaftsjahres werden die Abschlüsse gemacht und das Jahresergebnis ermittelt. Das Wirtschaftsjahr darf eine Dauer von zwölf Monaten nicht überschreiten. Zulässig ist es aber, dass der Zeitraum unterschritten wird (so genanntes Rumpfgeschäftsjahr). Häufig stimmen das Wirtschaftsjahr und das Kalenderjahr überein, wobei dies nicht zwingend ist.

2. Einzelfragen

- **Aufgabe der Geschäftsführer:** Mit Ablauf des Wirtschaftsjahrs beginnt eine dreimonatige Frist, nach deren Ablauf der Geschäftsführer den Jahresabschluss und den Lagebericht erstellt haben muss (→ *Jahresabschluss*).

- **Änderung des Wirtschaftsjahres:** Soll das Wirtschaftsjahr in Zukunft vom Kalenderjahr abweichen, sind folgende Schritte einzuhalten:
  - Satzungsänderung vor Beginn des neuen Wirtschaftsjahrs,
  - Umstellung ist zum Handelsregister anzumelden,
  - Zustimmung des Finanzamts, ansonsten erfolgt keine steuerliche Anerkennung.

  Keiner Zustimmung des Finanzamts bedarf es hingegen, wenn das abweichende Wirtschaftsjahr dem Kalenderjahr angepasst wird.

X, Y, Z

Zahlungsunfähigkeit

1. Überblick

Nach der Insolvenzordnung stellt Zahlungsunfähigkeit einen Eröffnungsgrund für das Insolvenzverfahren (→ *Insolvenz*) dar. Die GmbH ist zahlungsunfähig, wenn die Gesellschaft ihre fälligen Zahlungsverpflichtungen aller Voraussicht nach ganz oder zum Teil nicht mehr erfüllen kann.

2. Einzelfragen

Die Zahlungsunfähigkeit ist abzugrenzen von der bloßen Zahlungsstockung, die keinen Insolvenzeröffnungsgrund darstellt. Nach der neueren Rechtsprechung (*BGH NJW 2005, 3062*) ist eine Zahlungsstockung anzunehmen, wenn der Zeitraum nicht überschritten wird, den eine kreditwürdige Person benötigt, um sich die benötigten Mittel zu leihen. Dafür werden drei Wochen als erforderlich, aber auch als hinreichend angesehen. Zudem gelten folgende Vermutungsregeln:

- Beträgt eine innerhalb von drei Wochen nicht zu beseitigende Liquiditätslücke des Schuldners weniger als 10 % seiner fälligen Gesamtverbindlichkeiten, ist regelmäßig noch von einer Zahlungsfähigkeit auszugehen. Anders soll es nur dann sein, wenn bereits absehbar ist, dass die Lücke demnächst mehr als 10 % erreichen wird.
- Liegt die Liquiditätslücke des Schuldners bei 10 % oder mehr, ist regelmäßig von Zahlungsunfähigkeit auszugehen, sofern nicht ausnahmsweise mit an Sicherheit grenzender Wahrscheinlichkeit zu erwarten ist, dass die Liquiditätslücke demnächst vollständig oder fast vollständig beseitigt werden wird und den Gläubigern ein Zuwarten nach den besonderen Umständen des Einzelfalls zuzumuten ist.

3. Tipps und Beispiele

! Zur Vermeidung einer persönlichen Haftung ist der Geschäftsführer angehalten, die Möglichkeit einer Zahlungsunfähigkeit ständig zu kontrollieren und zu diesem Zweck ggf. eine Liquiditätsbilanz zu erstellen. Eine Liquiditätsbilanz führt einerseits die aktuell verfügbaren und kurzfristig verfügbar werdenden Mittel auf und setzt diese zu den Verbindlichkeiten, die an demselben Stichtag fällig werden und eingefordert sind, ins Verhältnis.

Zeichnungsbefugnis

1. Überblick

Die Zeichnungsbefugnis des Geschäftsführers ergibt sich aus den allgemeinen zivilrechtlichen Regelungen über die Stellvertretung (*§§ 164 ff. BGB*). Die frühere explizite Regelung über die Zeichnungsbefugnis in *§ 35 III GmbHG* wurde im Zuge der GmbH-Reform (MoMiG) zum Zwecke der Deregulierung gestrichen.
Damit Rechtsgeschäfte wirksam sind und die GmbH verpflichtet wird, ist es erforderlich, dass der oder die Geschäftsführer (hängt von den Vertretungsverhältnissen ab, → *Vertretung der GmbH*) handschriftlich unterzeichnen und den Firmennamen hinzufügen, etwa durch einen Firmenstempel. Entscheidend ist, dass der Geschäftsführer erkennbar im Namen der GmbH zeichnet.
Wirksam sind – selbstverständlich – auch mündliche Erklärungen, soweit nicht durch Gesetz oder Vereinbarung eine andere Form vorgeschrieben ist.

2. Tipps und Beispiele

! Besonders sollte darauf geachtet werden, dass der Unterzeichnende den haftungsbeschränkenden Zusatz „mbH" nicht weglässt. Anderenfalls besteht die Möglichkeit, dass der Geschäftsführer nach Rechtsscheingrundsätzen wie ein persönlich haftender Gesellschafter einer OHG oder BGB-Gesellschaft haftet (→ *Rechtsscheinhaftung*).

Zeitvertrag

1. Überblick

Anstellungsverträge eines Geschäftsführers werden häufig zunächst auf einen beschränkten Zeitraum hin abgeschlossen. Dies rechtfertigt sich damit, dass die ansonsten auf höchstens sechs Monate festgelegte Probezeit gem. *§ 622 III BGB* gerade bei qualifizierten Tätigkeiten zu kurz ist. Insofern bestehen auch keine rechtlichen Bedenken, beim GmbH-Geschäftsführer eine längere Probezeit als zulässig zu erachten. Vor allem vor dem Hintergrund, dass der Geschäftsführer kein Arbeitnehmer im arbeitsrechtlichen Sinne ist, können Zeitverträge abgeschlossen werden.

2. Einzelfragen

- **Abschluss des Zeitvertrags:** Der Abschluss eines Zeitvertrags hat zur Folge, dass eine ordentliche Kündigung durch beide Seiten innerhalb dieses Zeitraums nicht möglich ist. Die Sicherheit für beide Seiten, die durch solche Verträge erzielt wird, muss den Nachteilen eines solchen Vertrags gegenübergestellt werden, denn der

Geschäftsführer kann in diesem Zeitraum kein interessantes Angebot annehmen und die Gesellschaft kann sich mit Ausnahme von groben Pflichtverletzungen nicht von ihrem Geschäftsführer trennen.

- **Verlängerungsklauseln:** In der Praxis werden häufig Zeitverträge mit Verlängerungsklauseln abgeschlossen. Auch diese sind zulässig und können folgendermaßen lauten:
  „Nach Ablauf der Fünf-Jahres-Frist verlängert sich der Vertrag um fünf weitere Jahre. Oder: Der Vertrag gilt fortan auf unbestimmte Zeit."

Zeugnis

Jeder Geschäftsführer und auch der Gesellschafter-Geschäftsführer hat bei Beendigung seines Anstellungsverhältnisses gem. *§ 630 BGB* Anspruch auf ein qualifiziertes Zeugnis. Auszustellen hat dieses dasjenige Organ, welches für die Bestellung des Geschäftsführers zuständig ist (→ *Bestellung des Geschäftsführers*).
Ein Zeugnis über die Leistung und Führung muss sich auf die gesamte Vertragsdauer erstrecken. Unter der Dauer des Dienstverhältnisses ist die rechtliche und nicht die tatsächliche Dauer des Anstellungsverhältnisses zu verstehen.
Ein Zeugnis über Leistungen und Führung darf nicht einzelne Vorfälle hervorheben, sondern muss die Gesamtleistung und Führung insgesamt beurteilen.

Zustimmungsbedürftige Geschäfte

1. Überblick

Der Geschäftsführer kann im Rahmen seiner Vertretungsmacht Rechtsgeschäfte für die GmbH tätigen. Obwohl er damit nach außen unbeschränkt handeln kann, können ihm gleichwohl im Innenverhältnis Beschränkungen dahingehend auferlegt werden, dass die Vornahme von Rechtsgeschäften von der vorherigen Zustimmung der Gesellschafter abhängig ist (→ *Weisung der Gesellschafter / Weisungsgebundenheit*). Wird dem Antrag auf Zustimmung durch die Gesellschafter nicht entsprochen, ist der Geschäftsführer verpflichtet, die geplante Maßnahme zu unterlassen. Kommt er der Anordnung nicht nach und schließt das Rechtsgeschäft ab, so ist dieses aufgrund der unbeschränkbaren Vertretungsmacht wirksam (→ *Vertretung der GmbH*). Allerdings handelt der Geschäftsführer gegenüber der GmbH pflichtwidrig, weshalb die GmbH den Geschäftsführer mit sofortiger Wirkung abberufen, das Anstellungsverhältnis kündigen und eventuelle Schadenersatzansprüche gegenüber dem Gesellschafter geltend machen kann.

2. Einzelfragen

- **Aufgabenkreis der Gesellschafter:** Zunächst ist *§ 46 GmbHG* zu erwähnen. Die dort genannten Aktivitäten behält das Gesetz – sofern der Gesellschaftsvertrag nichts anderes bestimmt – ausdrücklich den Gesellschaftern vor.

- **Zustimmungspflichtige Geschäfte:** Des Weiteren sind sämtliche Geschäfte zustimmungspflichtig, bei denen Entscheidungskompetenzen der Gesellschafter berührt werden. Wann dies der Fall ist, bestimmt sich zum einen nach der Unternehmenspolitik. Über sie befinden nicht der oder die Geschäftsführer, sondern die Gesellschafter. Worauf sich die unternehmenspolitischen Grundsätze in der Gesellschaft beziehen und welchen Umfang sie haben sollen, legen die Gesellschafter in einem konkreten Beschluss fest. Die anschließenden Gesellschafterbeschlüsse, welche die Grundsätze fortführen, zeichnen eine Linie, aus der die Geschäftsführer entnehmen können, was in ihrer Gesellschaft zur Geschäftspolitik zählt. Den Gesellschaftern steht es daneben frei, in einer Geschäftsordnung oder auch in einer Einzelweisung zu präzisieren, was im Einzelnen zur Unternehmenspolitik gehört. Zum anderen berühren ungewöhnliche Maßnahmen die Entscheidungskompetenz der Gesellschafter. Ungewöhnliche Maßnahmen werden ebenfalls, wie die Ziele der Unternehmenspolitik, durch die Gesellschafter definiert. Zu den ungewöhnlichen Maßnahmen zählen solche, die außerhalb des statutarischen Unternehmensgegenstands oder die im Widerspruch zur festgelegten Unternehmenspolitik stehen. Eine ungewöhnliche Maßnahme stellt beispielsweise die Ausgliederung wesentlicher Unternehmensteile auf eine andere Gesellschaft dar.

  Neben den vorbenannten gesetzlichen Regelungen können weitere zustimmungspflichtige Geschäfte in der Satzung, der Geschäftsordnung oder im Anstellungsvertrag des Geschäftsführers aufgeführt werden.

- **Typische zustimmungsbedürftige Geschäfte**
  - Auflösung der Gesellschaft
  - Errichtung und Auflösung von Zweigniederlassungen
  - Beteiligungen an anderen Unternehmen
  - Erwerb und Veräußerung von Grundstücken

3. Tipps und Beispiele:

Das Gesetz regelt die Zustimmungsbedürftigkeit von Geschäften des Geschäftsführers durch die Gesellschafter nur in einzelnen Vorschriften. Sollen weitere bestimmte zustimmungspflichtige Geschäfte formuliert werden, ist es empfehlenswert, diese nicht unbedingt in die Satzung aufzunehmen, sondern vorzugsweise in den Anstellungsvertrag des Geschäftsführers. Zum einen ist es umständlich, weitere zustimmungspflichtige Rechtsgeschäfte aufzunehmen und zum anderen sie umgekehrt wieder zu löschen. In beiden Fällen müsste jemals die Satzung geändert werden. Im Anstellungsvertrag hingegen lassen sich individuell auf den einzelnen Geschäftsführer bezogen die ihm zustehenden Befugnisse regeln.

Zwangsvollstreckung

Die Pfändung des GmbH-Vermögens kann erst erfolgen, wenn ein entsprechender Titel gegen die GmbH erwirkt wurde. Liegt dieser vor, können noch ausstehende Forderungen sowie die ausstehenden Einlagen, Ersatzansprüche gegen die Gesellschafter und Geschäftsführer und die angeforderten Nachschüsse gepfändet werden. Die Zwangsvollstreckung in den Gesellschaftsanteil erfolgt gem. *§ 857 ZPO*. Es wird ein Beschluss des Gerichts mit dem Gebot ergehen, keine Verfügungen über den Anteil vorzunehmen. Der Beschluss wird mit Zustellung an den Gesellschafter wirksam. Demgegenüber ist eine Zustellung an die GmbH nicht erforderlich. Die Verwertung erfolgt durch Veräußerung, wenn eine entsprechende Anordnung vom Gericht vorliegt.
Von der Pfändung des Anteils werden auch die Surrogate (ersatzweise eingebrachte Vermögensgegenstände) des Anteils erfasst, somit auch der Abfindungsanspruch bei Ausschluss oder Austritt. Demgegenüber werden der Gewinnanspruch und der Vergütungsanspruch für Nebenleistungen nicht von der Pfändung erfasst. Sollen diese ebenfalls gepfändet werden, bedarf es dazu einer gesonderten Pfändung. In diesen Fällen bedarf es eines Pfändungs- und Überweisungsbeschlusses, der erst wirksam wird, wenn er der Gesellschaft als Drittschuldnerin zugestellt worden ist.

Zweigniederlassung

Die Zweigniederlassung, auch Filiale genannt, ist im Gesetz nicht definiert. Einerseits muss die Zweigniederlassung Teil des Hauptunternehmens und von der Hauptniederlassung abhängig sein. Andererseits muss sie räumlich von der Hauptniederlassung getrennt sein. Weiterhin wird ein selbstständiges, auf Dauer angelegtes Auftreten im Rechtsverkehr gefordert. Die Selbständigkeit wird deutlich durch die eigene Geschäftsleitung, den eigenen Ein- bzw. Verkauf und die getrennte Gewinnermittlung.
Für die Zweigniederlassung einer inländischen GmbH gilt *§ 13 HGB* und für ausländische GmbHs gelten die *§§ 13 d–13 g HGB*. Das zum 01.01.2007 in Kraft

getretene Gesetz über elektronische Handelsregister und Genossenschaftsregister sowie das Unternehmensregister (EHUG) hat das Recht der Zweigniederlassung vereinfacht. Die führende Eintragung erfolgt künftig bei dem Gericht der inländischen Hauptniederlassung. Mit der Einführung elektronischer Handelsregister (R Reform) wurde es als nicht mehr sinnvoll angesehen, die Eintragungen nebst den dazu notwendigen Unterlagen bei den Gerichten der Zweigniederlassungen zu führen, wie es bisher der Fall gewesen ist. Die bisherigen Regelungen in *§§ 13 a–13 c HGB* wurden dadurch funktionslos und ersatzlos aufgehoben.
Die Vertretungsmacht der bestellten Prokuristen kann auf die Tätigkeit in der Zweigniederlassung beschränkt werden (→ *Prokura*).
Grundsätzlich wird das Einkommen des Unternehmens einheitlich ermittelt. Ausnahmen ergeben sich nur für Zweigniederlassungen, die sich im Ausland befinden. Regelmäßig wird dem Betriebsstättenstaat Besteuerungsrecht eingeräumt. Danach werden Betriebsstätten im Inland besteuert. Nach *§ 14 KStG* wird auch eine Organschaft einer inländischen GmbH zu einer Zweigniederlassung eines ausländischen Unternehmens anerkannt. Es müssen lediglich die Voraussetzungen des *§ 13 HGB* vorliegen.

Stichwortverzeichnis

S

T

U

V

W

Z